奥运主题校运会(开封金明中小学,2008 年)

一 7 班集体合影(苏州星湾学校,2010 年)

全国第二届"小学语文青年教师教学大赛"与
学生合影(苏州科技城实验小学校,2020 年)

和学生一起阅读(深圳南湾学校,2021 年)

毕业合影(深圳南湾学校,2023 年)

深圳市精品课程汉字研究小组　　　　　　　线上讲座(深圳南湾学校,2020 年)

(深圳南湾学校,2019 年)

全国青年教师教学大赛课堂　　　　　　　"三名"工作室联合研讨活动

(苏州科技城实验小学校,2020 年)　　　　(深圳南湾学校,2021 年)

《教育家》"大国良师"活动专题研讨(成都中和中学,2023 年)

广东省中小学教师信息技术应用能力提升工程 2.0 专项科研课题 "'二十四节气深圳表达'项目式学习与信息技术深度融合的实践研究"部分成果

谷雨:压花留住春天

立夏:斗蛋比赛

寒露:和乐农场收割稻谷

霜降:我们的收获节

获奖:深圳市"自然探秘"十佳团队

立春·推文

雨水·推文

惊蛰·推文

春分·推文

清明·推文

谷雨·推文

立夏·推文

小满·推文

芒种·推文

夏至·推文

小暑大暑·推文

立秋处暑·推文

白露秋分·推文

寒露霜降·推文

立冬小雪·推文

大雪冬至·推文

小寒大寒·推文

"三味"语文与育人"三味"

王凤华 著

浙江工商大学 出版社

ZHEJIANG GONGSHANG UNIVERSITY PRESS

·杭州·

图书在版编目(CIP)数据

"三味"语文与育人"三味" / 王凤华著. — 杭州：
浙江工商大学出版社，2024.5
ISBN 978-7-5178-6012-9

Ⅰ. ①三… Ⅱ. ①王… Ⅲ. ①小学语文课－教学研究
Ⅳ. ①G623.202

中国国家版本馆 CIP 数据核字(2024)第 087403 号

"三味"语文与育人"三味"
"SANWEI" YUWEN YU YUREN "SANWEI"

王凤华 著

责任编辑	吴岳婷
责任校对	林莉燕　张　超
封面设计	胡　晨
责任印制	包建辉
出版发行	浙江工商大学出版社
	(杭州市教工路 198 号　邮政编码 310012)
	(E-mail:zjgsupress@163.com)
	(网址:http://www.zjgsupress.com)
	电话:0571－88904980,88831806(传真)
排　版	杭州朝曦图文设计有限公司
印　刷	杭州钱江彩色印务有限公司
开　本	710mm×1000mm　1/16
印　张	24.5
字　数	406 千
版印次	2024 年 5 月第 1 版　2024 年 5 月第 1 次印刷
书　号	ISBN 978-7-5178-6012-9
定　价	98.00 元

"三味"语文成就"三味"人生

（代序）

王凤华老师三十多年杏坛耕耘的心得《"三味"语文与育人"三味"》即将付印，惠我先阅。拜读一遍，胜义纷呈，获益良多，有动于衷，所以不揣鄙陋，勉书片语，聊充序文，且以致贺。

近几年来，因我所在的韩山师范学院创建国家教师教育创新实验区，配合地方"强师工程"建设，为地方基础教育提供优质服务，我们与中小学有了更多的联系。我有幸接触了多位优秀的中小学语文教师，也拜读过他们的著作，每次都有一些收获。而凤华老师新著的《"三味"语文与育人"三味"》一书不同凡响，让人眼前一亮，耳目一新。

作为名副其实的小学语文教学名师，凤华老师深入探索了小学语文教育的本质，深化和创新了对"三味"语文的研究，将自己多年的经验与见解融入书中，为我们呈现了一本富有味道、充满智慧的教学指南。全书篇章结构既严整合理，又独具匠心，既有宏观的理论分析，又有具体的课题研究实践。上篇既有关于"三味"语文的深入解读，又提供了各体裁课文的教学策略；所举的案例既扎根教学实践，又富有一定的认识高度；关注点既有传统教研问题，又不乏国内外的新问题。下篇育人"三味"部分从班级建设、团队建设到个人成长，以生动的语言、丰富的案例和实用的教育方法，展示了如何通过教师智慧来实现育人目标。这些教育随笔无一不是经验之谈、心血之作，许多话题放大了，都可以是一个重要的研究课题，而凤华老师结合自己的教育实践与思考，娓娓道来，笔风清新隽永，温婉可读，耐人寻味，发人深思，言有尽而意无穷。此外，书中阐述了语文教学的内涵和外延，不仅注重学生的语文能力培养，更关注思维品质和人文素养的培养，这种培养学生的良好品德、帮助学生感悟生活的美好、激发学生的思辨能力和创新精神等的教育理念，对当今某些教育"怪病"而言，无疑是一剂良方。

总之,这本书可以说无愧于深圳教育先行示范区的高度,凤华老师无愧于"大国良师"、"粤派名师"工作坊主持人、深圳市及龙岗区名教师工作室主持人、学科专家的美誉。作为一名曾经的中小学语文教师(而且是并不成功又不知道如何改进的中小学语文教师),如今培养中小学语文教师的高校教师,阅读本书时,我时常忍不住拍案叫绝。

书中有关"三味"语文理念的建构与思考,展现了凤华老师对语文教育的独到见解,尤为深得我心。许多语文名师的示范课,已经成为师生炫技逞才的表演课,与语文课程核心素养渐行渐远。凤华老师提倡"语文味",引导学生体味汉字之美、句子之妙、篇章之精到,从而有效培养学生的语用能力。凤华老师的语文教学实践不仅教授孩子们知识和技能,更引导他们用语文去思考、表达和沟通。这种综合育人的思路,使得语文教学不仅仅是一种功利性的教学,更是培养学生成长的有效途径,这种正本清源在当下思潮中诚为难得。

一些孩子,会在老师们有意无意的揠苗助长与逢场作戏中,成为无所不通又一无所通的小大人。凤华老师力主语文教学要有"儿童味",强调教学要贴近学生的认知特点和心理需求,注重培养学生的学习兴趣和主动性,这正是儿童教育的根本宗旨。著名语文特级教师王崧舟教授提倡"好课三味",即生活味、文化味、情思味,影响深远;我家乡南通的小学语文名师王爱华老师同样主张"三味课堂"(语文味、儿童味、家常味),凤华老师则更强调"研究味",认为现代教师不但要做教育者,还要做教育的思考者、研究者、实践者、表达者,要时刻把培养学生解决真实问题的能力放在心上。她在语文教学和名教师工作室管理中,也要求老师具备深入的学科研究能力,不断探索和创新,提升自身的教学水平,我想这也是有的放矢地针对当下许多小学老师不爱读书、不爱研究,因而学生更不爱读书、不爱研究的弊病,并非随便一提,所以特别可贵。

凤华老师曾经说过这样一段话:"教师要做语文教育的使者,成为语文的化身,用自己的言行与课堂彰显语文的魅力,传递语文的真味。"我以为,这是真正悟透语文教学真谛的老师才讲得出的话,而且讲得很有诗意。我很喜欢,还曾在课堂上把它分享给我的学生。我也很愿意把这本《"三味"语文与育人"三味"》郑重推荐给我的学生们,这本书必将成为他们未来的教学指南与参考。我也坚信,凤华老师的《"三味"语文与育人"三味"》会被更多老师铭记于心,并用心去体会、实践。

我同样期待全国能够涌现出更多凤华式的名师,这样,"幼有善育、学有优教"的梦想就能够更快、更好地在深圳乃至全国落地,深圳教育在基础教育领域先行示范,打造民生幸福标杆以及经济社会高质量发展的目标,一定会顺利实现。

周录祥

于韩山师范学院

2024 年 2 月 6 日

目 录

第二编:连接·共生·辐射——青年团队"一体两翼"促成长

第三编:做精神明亮的人——从"学科教学"走向"学科育人"

上 篇

『三味』语文

"三味"语文之何谓与何为

何谓:"三味"语文的核心要义与建构思考

在《义务教育语文课程标准(2022年版)》(以下简称"新课标")发布的背景下,如何立足学生核心素养的培养与提升,建构新的教与学模式,开展积极的语文实践活动,是当下许多教师关注和思考的问题。"三味"语文回应新课程、新课标的呼唤,尊重教育教学基本规律,积极尝试素养导向、学科育人的教学实践,创新教与学的模式开展语文教育教学,切实引领儿童成长。

一、"三味"语文的缘起和发展

"三味"语文的"三味",起源于"三味书屋"。中学时代,学过鲁迅先生的《从百草园到三味书屋》一文后,"百草园"和"三味书屋"这两个带着有趣数字的地方,园子里的美女蛇,书屋里那位极方正严厉、个高且瘦的老先生,就一起深深留在了我的记忆里,每每想起三味书屋,就如圣地一般向往不已。当了老师后,我就开始跟着课本去旅行,特意去了绍兴鲁迅先生故里,走进了年少梦想之地,进一步了解了"三味书屋"的内涵。

三味书屋是寿镜吾(菊叟)老先生私塾的一间书屋,是鲁迅童年时在浙江绍兴求学的学堂。据说,它最早并不叫"三味书屋",而叫"三余书屋",取自裴松之注《三国志》中的"冬者岁之余,夜者日之余,阴雨者时之余也"。后来是寿镜吾先生的祖父将其名字改为"三味书屋"。

关于"三味"的内涵,坊间有多种说法,没有统一定论。有人解读为"读经味如稻粱,读史味如肴馔,读诸子百家味如醯醢",也有人说是"诗书味之太羹,史为折俎,子为醯醢也",大都是用食物的美味指代读书的悠长美好滋味。其中,我更信服寿镜吾先生之孙关于"三味"的解释:"布衣暖,菜根香,诗书滋味长。"含义为"读书人要甘于过清苦自足的生活,专心治学从而获得深长的滋味"。这更符合寿家"读书传家"的家规家训,也更亲切温暖近人情,我很喜欢。

对于"三味"之名,使用者众多。在知网查询得知,"三味"在小学语文界已有众多名家论说,如浙江杭州王崧舟老师提出的"好课三味":生活味、文化味、情思味;江苏南通王爱华老师倡导的"三味课堂":语文味、儿童味、家常味;江苏苏州胡修喜老师践行的"三味语文":儿童味、语文味、生活味。各赋其意,各美其美,又美美与共,味味相通。

笔者所提出的"三味"语文教学主张,有来自少年时代对《从百草园到三味书屋》文字的天然喜爱,有来自对鲁迅先生的尊敬和对他笔下"三味书屋"的向往,更源自自己三十多年来对小学语文教学的不断思考与实践。在新课程、新课标背景下,笔者愈发坚持小学语文的教学要具有语文"三味"——儿童味、语文味和研究味。

二、"三味"语文的理论基础

"三味"语文立足于 2016 年教育部颁布的《中国学生发展核心素养》,以培养"全面发展的人"为核心,主要指学生成长应具备的,能够适应终身发展和社会发展需要的必备品格和关键能力。

"三味"语文基于德国生理学家普赖尔的《儿童发展心理学》和弗洛伊德的"儿童经历对个体毕生发展的重要性"等相关理论,遵循客观性、系统性、理论联系实际等儿童教育原则,重视儿童发展的规律和年龄阶段的心理特征。

"三味"语文的三个维度——儿童味、语文味和研究味是一个整体,共同指向新课标中语文课程核心素养"文化自信、语言运用、思维能力、审美创造"的落实。

三、"三味"语文的内涵与解读

1. 儿童味

卢梭的自然主义儿童观指出要"放下成人在智力、体力和权力上的优越感,基于平等主义和自然主义视角发现和对待儿童"。现代的"儿童存在论"

和"完整儿童观"更加关注儿童全面而具体的发展,提出"孩提之心就是一切学问的原点和基础"。儿童本位是当今语文改革的重点和一方"良药",研究儿童应是我们施教的起始点和立足点,这与新课标倡导的"要遵循学生身心发展规律和核心素养形成的内在逻辑""根据学段特征,突出不同学段学生核心素养发展的需求"等理念一脉相承,研究儿童是义务教育阶段语文教学的实践起点。

儿童味有两个维度:童心和童趣。儿童天然就有成长的愿望,儿童味的语文是有童心、有童趣、有发现,指向儿童真实生活,珍视学生内心渴望与经验构建的语文。它对教师有着更高的要求,排斥教师一厢情愿地灌输和控制;倡导教师要平视、珍视儿童眼中的世界;摒弃脱离学情的教学。要求以儿童的兴趣和认知为起点,充分了解儿童的生活状态和成长需要,顺应儿童身心发展规律来设计引领教学活动,真正满足儿童言语与精神共生的需要,从儿童视角设计语文教学。

儿童视角是学习任务设定的基本标尺。学习任务的设定要注意贴近学生真实情感的体验,贴近社会生活,要以典型、多样、综合、开放为设计的基本原则,"以学习者为中心"是教学的逻辑起点。要以儿童的学习为主线,而不是以教师的教学为主线。学生真正成为学习的主人,不再是简单地接受性学习,也不再是被教师牵着鼻子走来走去,而是在学习任务引导下,主动积极地阅读与鉴赏、表达与交流、梳理与积累、思考与探究,以"适合"为标准。要以儿童的学习为主线,而不是以知识内容为主线。与以往那些按照学习内容的体裁、题材等整合知识的路径不同,儿童味的语文是以学生学习的行为为主线,选择和重组学习内容,以"运用"为目的。儿童的成长是我们施教的出发点和目标定位,教学真正的精彩应该是学生的精彩。"儿童味"是语文教学的中心与重心所在。

2. 语文味

语文是一门学科,也是一门科学。"语文味"毫无疑问是专属于这个学科的重要特质。语文课程区别于其他课程最重要的特点,就在于它的根本宗旨是培养学生正确理解和运用国家通用语言文字的能力,而非其他。语文的本体就是语言文字的理解和运用,语文的本位就应是在真实的语言运用情境中,通过积极的语言实践,培养学生对语言文字的理解和运用能力。与此同时,培养学生思维能力,提升其审美水平,丰厚其文化底蕴,使其言意兼得,文可载道,从而全方位综合地提升学生的语文核心素养。

"语文味"有两个维度:语用和文化。学生学习语文的过程是语文素养发展的过程,也是精神生长的过程。这与义务教育阶段语文课程"工具性和人文性的统一"这一基本特点是契合的。"语文味"要求教师必须尊重语文学习规律,遵循基本教育常识,用语文的方法教语文。它倡导"关注体式,尊重常识、建构策略",回到语言运用实践本身,通过披文入情、生发情感、品味语言、学习积累、运用实践等方法,一起探究细微处、精妙处、空白处、创新处,开掘文本独有的教学价值,引领学生做文本的知音,使学生在积累语言经验、习得语言表达方式的同时,得到中华优秀传统文化、革命文化、社会主义先进文化的滋养和引领,从而培养对国家通用语言文字的深厚情感。

如果说语文教育是一棵树,"语文味"就是树的根基,它是语文的"恒定之维",不可撼动。

3. 研究味

在日新月异的时代背景下,教育要让学生为未来生活做学习准备,以满足未来社会生活工作的需要,"能探究、善思辨"是其必备素养,这也是"研究味"的两个维度。儿童是天生的生活好奇者、学习提问者、问题探究者,提问、探究与思考是其本能,这些本应成助力儿童全面健康成长的加速器,但却在长期讲究标准化答案、唯一性答案的教育中逐渐消失,成为基础教育中的稀缺品和阻碍学生素养发展的短板。

教知识不如教思维。研究味的语文,其核心任务是让学生具有问题意识、学会独立思考、思辨探究、发出声音。语言的背后是思维。教师要善于在语文学习中链接现实生活,创设具有思维含量的真实情境,通过丰富而有内在逻辑的语言实践活动,让学生脑子"转起来",研究"搞起来",思维"辨精彩",从而培养学生的探究精神、独立思考和思辨能力,让我们的孩子从"学生"转变成长为"研究生""思考者"和"探究者"。要有效改变语文教学中的"牵引过度""虚假繁荣"等现象,用研究、合作与探究,真正提升教与学的思维质量,真正教给学生"带得走""用得了"的能力。"研究味"是语文教育的进阶。

四、"三味"语文的建构与思考

"三味"语文的三个方面是一个整体。"语文味"是语文教学的应有之义，是学科本位必然固守的基石；"儿童味"是遵循发展规律必须重视和强调的重点；"研究味"是为适应未来学习与生活必要的进阶。三者相互交融，互相促进，遵循整体教育哲学的"整体、融合、转化"原则，不可割裂而论。对照新课标，"三味"语文的三个方面表征着三个核心质量坐标，共同指向语文课程核心素养"文化自信、语言运用、思维能力、审美创造"四个方面的理解和落实。详见图1。

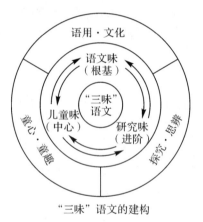

图1　"三味"语文的建构

温儒敏教授曾用"以一带三"来概括梳理语文核心素养的四个方面的关系，通过基础的"一"即"语言运用"的教学，把其他"三"个方面即"文化自信""思维能力"和"审美创造"带进来，彼此融为一体，在运用实践中得到综合提升。"三味语文"可以理解为"以一带多"，"一"指作为基石的"语用味"，"多"是指儿童味、研究味以及其他方面。正所谓"道生一，一生二，二生三，三生万物"，以"三味"为基础的教学理念还有许多生发和延展的可能。"三味"语文希望给孩子们的童年语文学习生活留下鲁迅先生笔下"三味书屋"般的扎实基础与美好回忆。

何为:以鲁迅单元为例谈"三味"语文实施策略

"三味"语文关照下的教学,需要立足学生核心素养的提升和发展,打通文本与学生、作者与儿童、教与学之间的经脉,开展积极的语文实践活动,从而促进多维对话和多元思维的碰撞,让语文更富有意味。笔者以统编教材六年级"鲁迅单元"的设计和实施为例,谈谈"三味"语文的教学策略。

一、单元文本分析与定位

一个单元就是一个微型的、完整的学习故事。"鲁迅单元"是指统编教材六年级上册第八单元以"走近鲁迅"为主题的单元。内容包括鲁迅先生写的两篇文章,分别是节选自小说《故乡》的《少年闰土》和散文《好的故事》,还有两篇纪念鲁迅的自读课文《我的伯父鲁迅先生》和诗歌《有的人》。《好的故事》课后的阅读链接、"语文园地"中的名言名句都在围绕单元主题"走近鲁迅"展开,突出单元主题。本单元总目标是通过多种文体,从不同视角、不同表现手法,创设阅读情境,让学生感受文学之美,初步感知鲁迅先生可亲可敬的立体形象,从而潜移默化地形成精神成长。这一单元内容编排与新课标中三大文化主题中的"革命文化"高度相关。

要达成单元目标就要处理好两个问题:一是要找到合适的"进入方式",从而让鲁迅先生的形象不再冰冷而扁平,而是温暖而立体的。二是要解决"阅读策略"的问题,摒弃从参考资料中的已知概念梳理求证的"演绎式阅读",转变为从学生阅读的真实感受出发,由表及里,由浅入深的"发现式阅读"。这两个问题的解决,可以把我们的教学意图转化为学生自觉自愿的理解接受,符合儿童的心理接受逻辑。

本单元是小学阶段第一次单独为一位作家设置单元。钱理群教授认为,鲁迅先生的作品是需要我们用一辈子来读的,因为它们是中华民族原创性、源泉性的经典。教材编者也有意识地要儿童在成长阶段留下对鲁迅的初识印象,打上人生的精神底色,因而本单元是对深度解读鲁迅作品渐进而有益的铺垫和衔接。

对于小学生学习鲁迅作品,李怡教授建议:"主要是让儿童通过阅读活动,体会感知鲁迅童心童趣和富有情感的一面。"这是鲁迅之所以成为鲁迅非常重要的人性基础,也是符合这个学段孩子年龄特征和认知水平的学习。对于第一次接触鲁迅相关作品的小学生,教师如何正确把握教学之"度"和教授之"法",寻到鲁迅作品与学生生命的契合状态和策略,是需要在实践中深度思考的问题。

二、任务群关照下的大单元设计

新课标指出学习任务群是课程内容的主要组织与呈现形式,大单元教学是课程实施的理想方式。任务群可以依托大单元教学来进行实践活动,大单元教学作为载体也可以更好地促进任务群的落地与实施。学习任务群和大单元教学两者是相互关联、相互促生的表里关系。从学习任务群的内容取向到大单元教学的实践主导,较好地完成了教材从"编者意图"到"教师实践"之间的转换、连接和实施运用。

教师作为教材的实际使用者和教学的具体实施者,需要对现行统编教材的单元编排和材料使用有新的理解和认知。要遵循语文核心素养形成的内在逻辑,以其为纲,以学生学习实践为主线,以系列任务为导引,开展积极的语文实践活动,创造性地使用教材。因而,任务群关照下的大单元设计要从整体视角统筹单元目标、主题、任务、情境、内容、实施、评价等多种元素,通过"解读教材—定位入群—单元统整—策略推进—评价反思"的路径进行教学实施,从而以线串珠,创设真实阅读情境,引领学生感知文学语言之美,学习表达真情实感,从而促进自我的精神成长。

本单元人文主题"有的人活着,但他已经死了;有的人死了,他还活着。"节选自臧克家纪念鲁迅的诗歌《有的人》,指向对鲁迅先生的了解与缅怀。单元语文要素一"借助相关资料,理解课文主要内容",体现了对本单元选文特质的观照,可以作为学习支架帮助理解文本内涵,同时也是对五年级学习的"结合资料,体会课文表达的思想感情"方法的运用和延伸。要素二"通过事情写一个人,表达出自己的情感"从文学阅读到达创意表达,指向单元习作目标"有你,真好"。

综上,本单元人文主题和语文要素共同指向新课程标准"文学阅读与创意表达"任务群第三学段的"学习内容",适合确定为"文学阅读和创意表达"任务群关照下的大单元学习。

大单元教学赋予教师更大的自主权,要"用教材教"而不是"教教材",因而在大单元设计时,立足文本与学情,可以将主题、情境、任务进行适当整合和调整,比如立足学情,把单元主题调整为"亲爱的鲁迅先生",设置让孩子"在故事里,走近鲁迅"的情境和主线,一线穿珠,在"倾听:鲁迅讲好的故事""感怀:听大家讲鲁迅的故事""表达:我们来讲鲁迅故事"等子任务的推进中,达成"鲁迅先生,有您,真好"的单元习作任务,并通过网上冲浪、文创大赛等学生喜闻乐见的创新型语文实践活动进行进一步的拓展和学习。具体设计如图1。

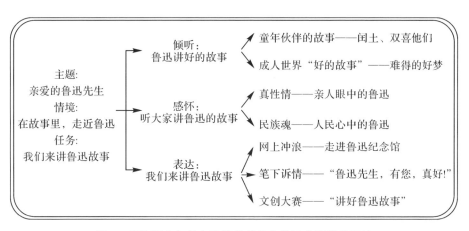

图1　部编版六年级上册第八单元大单元主题教学设计

三、运用策略推进语言实践活动

在开展"亲爱的鲁迅先生"大单元教学时,可以通过对接与关联、转化和创新、扩容与对比等三组设计策略,创造性地开展语文教学活动,寻找儿童与作品之间的契合点、连接点,打通精神通道。

1. 对接与关联,用语文的方式阅读鲁迅

对接与关联,是有效解决学生阅读鲁迅作品时产生的"文字不通"问题的策略,也是关联"文"与"心"、过去和当下、他人与自我的过程。

学生阅读鲁迅作品,最直接的困难是阅读时有"文字不通"之感。钱理群教授认为鲁迅的语言以口语为基础,融入了古汉语、绍兴方言、外来语等成分,它既有规范化的一面,也有突破规范的一面。所以"不通"的原因大致有二:一是文化和语言在发展进程中产生的时代隔阂;二是鲁迅个性化、开创性的语言风格及方言有难理解的地方。

对接与关联,需要教师正确理解和把握"规范"与"不规范"之度,"文有定法,又无定法"的辩证关系,采取"有所讲,有所不讲"的解决办法,从而解决问题,凸显语文味。结合单元目标,对学生必须要弄懂的内容,比如体会少年闰土形象,就需要"直面文本",阅读文字,理清楚讲明白;有些学生难理解的点,比如感受《好的故事》背后的深刻蕴意,可以采取"借助阅读链接"做支架等方式,帮助学生来深入理解;对于有些学生读不太懂的内容,还可以先缓一缓,让学生在多次接触文本后,试着联系上下文去感悟;对于不要求学生现阶段就读懂的地方,可以"艺术留白"地"跳过去"暂时不讲,把问题留在那里,放一放,待学生在成长过程中增长了阅历和阅读能力后再行解决。

对接与关联,需要教师遵循语文教学的基本规律,以语文的方式感知人文鲁迅,而不是刻意拔高鲁迅形象,虚妄地进行作品鉴赏。要想以"语文的方式阅读鲁迅",就要具体分析和把握鲁迅作品中"文"和"心"的契合点,既要教学生"为文",同时又要"育心"。其中最关键的一点,就是要带领学生发现每一篇作品"文"和"心"的契合点。《少年闰土》在文章最后几段中,先后四次出现不同程度的"不知道":"那时并不知道""现在也没有知道""素不知道"

"所不知道",这反复的写法就是我们要抓住的"文"眼,教师可以以此为切入点:文中的"我"为什么有这么多"不知道"? 谁又"知道"这么多? 他是怎么讲给"我"知道的? 在梳理解决一系列问题的同时带领学生走进文本、读懂文本、解决问题。然后回到反复的语句中,"由文到心",联系学生真实生活发表个人见解:像闰土这样"知道"这么多的伙伴你想拥有吗? 为什么? 你身边有这样的伙伴吗? 谈一谈。最后再链接本文的写作背景和补充《故乡》中与中年闰土相见的材料,让学生进一步领悟到小说的内涵和意蕴,对闰土这一人物形象的认知就更加清晰完整了。这就是"会文章之意,而及学生之心"了。

2. 转化和创新,以儿童的视角走近鲁迅

钱理群教授认为鲁迅的文字具有音乐性、画面感和镜头感。转换和创新,就是基于儿童的阅读兴趣和想象能力,把文本的文字表达转换为声音、音乐、画面、色彩等可感的创新表达,从"教语文"到"用语文教儿童",以儿童的视角走近鲁迅。

朗读,可以把文字变成起伏的音符,学生从中捕捉语言,生发联想,触动心灵,走近作品和作者。《少年闰土》的语言半文半白中带着浓浓的绍兴语言特点,以"我"和闰土对话的形式叙述了四件令"我"向往不已的稀奇事。其间儿童眼光、儿童叙述俯拾即是,很适合学生间的趣味表演读。《好的故事》是小学阶段的"难学之文",但只要沿学而导,"难文简教",引领学生发现鲁迅在文中把具有家乡特色的生活场景和一系列有意味的奇特物象勾连铺叙,采用的叙述方式是"横式结构"后,带领学生采用想象画面读、为文段配合适音乐的配乐读、师生接龙读等方式反复"进入",从中感受散文特点和作者诗化语言清新灵动、错落有致的特色,从而达到"难文易教"的目的。诗歌《有的人》通过每一小节对两种人的鲜明对比和词句的反复,在情感上层层递进,不断增强和积淀诗歌的感染力,特别适合教师范读、学生感悟对比读。通过朗读,因声求情,可以感受作品的语言魅力;通过研读,披文入情,可以体会作者文字背后的深意;通过赏读,以声传情,可以揣摩其间蕴含的情感。诵读,架起儿童与文本、与作者接近的桥梁,成就儿童阅读经历中情感和生命相结合的"高峰体验",教学就成功了大半。为进一步激发朗读兴趣,提升品读意趣,还可以鼓励学生将朗读音频传至喜马拉雅平台、鲁迅博物馆公众号"我要朗

读"等栏目"发表"交流。

图像，是儿童最为熟悉也非常喜欢的符号系统。当今处于读图时代，图像和色彩更契合儿童的心理需求，由文生图，凸显文字的画面感，能更快捷有效地建构意义系统。鲁迅被称为一位隐藏的绘画与色彩大师，在写作中他会巧妙地把对事物的细致观察所得，进行美术式的文字描摹，并把色彩背后的情绪抒发、心理意识暗含其中。作为教师，我们要将这一帧帧经典画面用儿童喜欢的方式进行勾勒、再现、渲染，以此寻到理解文本、走近鲁迅的"通幽曲径"。

鲁迅在《少年闰土》一文中展现了许多画面，尤其以第一段"月夜瓜田刺猹"的色彩最为鲜明动人，"深蓝的天空""金黄的圆月""碧绿的西瓜""项带银圈"等词语，构成了一幅色彩清新、静谧和谐的"童年故乡图"。文中雪地捕鸟、海边拾贝等也都颇具画面感和色彩美。《好的故事》第五段中"澄碧的小河""水银色的火焰""青色的天空"是雅净的冷色调；第七段中的"瘦削的一丈红""大红花""斑红花""缕缕的胭脂水""泼辣奔进的红锦带"组成了以红色为主色的暖色调。这一冷一暖两种色调和谐而美好，与文章首尾对"昏沉的夜"的描写进行画面对比，会带给学生强烈的感官反差，联系理解画面背后的内涵就容易了很多。

在教学中，我们还可以引导学生通过自己的阅读理解和丰富想象，将这些文字色彩尝试用美术的绘画色彩描绘出来，感受文图的转化之妙。然后回到文本，探究鲁迅是如何将绘画语言转化为文学语言的。这样在图画和文字、色彩和表达中走个来回，最能唤起儿童的审美体验和阅读兴趣。

文字具有镜头感。儿童对表演的热爱欣赏有助于将文本内容转换为课本剧、微型话剧等进行展示。《少年闰土》中有"我"和闰土的相识、相熟、分别，再补充中年相遇的场景，很适合排成一个完整的课本剧《迅哥儿和闰土》，其间两个孩子几次童趣盎然的对话，亦可以转换为《迅哥儿童年趣事》中的几幕小戏。《我的伯父鲁迅先生》在学生总结事件小标题后，可以分小组将每个小故事进行场景设置、补充情节、刻画人物，排演成独幕剧进行班级展演。在排演中，学生需要读透文本、厘清思路、活化人物、拿捏细节、斟酌语言，才能把剧目演好。在编排过程中，学生就必须从以往的被动阅读，改变为积极自主地阅读与思考，并反复进入文本，领会文本内涵和作者意图。在这些带有游戏性的活动中，教师要不故作深刻，不强加意义，而是以赤子之心俯下身子与学生平行,用儿童的思维和心理去引导,与学生一起描述他们心目中的人和事,在文本与作者和儿童之间,搭建起沟通的桥梁。

3. 扩容与对比,塑造自己心目中的鲁迅

每一个人心中,都有一个不尽相同的鲁迅。扩容与对比,既可以解决教材容量有限的问题,还可以培养、提升儿童的探究意识与思辨能力,更有效地达成教学目标。本单元语文要素提示要"借助相关资料,理解课文主要内容"来帮助学生走近作者,理解文本。"相关资料"可以是教材中的注释和课后"阅读链接",还可以是师生借助图书馆、网络查询等途径收集补充的资料。

在教学《少年闰土》时,教师可以适时补充介绍鲁迅童年时的家庭背景,并拓展阅读《故乡》中"再见中年闰土"的片段,然后进行对比阅读,重点是使学生感受闰土童年和中年形象的巨大反差,体会小说背景带来的深度思考,同时学习作者对人物的描写方法。

在鲁迅作品中,像少年闰土这样鲜活质朴的儿童形象还有很多,可以让学生收集资料,进行"鲁迅笔下的儿童群像"项目式研究,学生会通过扩容,认识《社戏》中的双喜、阿发,《从百草园到三味书屋》中的同窗,《阿长和〈山海经〉》中的哥儿,《五猖会》中的"我"等和学生年龄相当的儿童形象。在阅读过程中,要尊重学生对作品和人物的独特感受,引导学生对比异同点,从而帮助学生了解鲁迅以人性和童心的视角来观察写作的特色,感受"亲爱的鲁迅先生"童心童趣和富有情感的一面。

《好的故事》一课的学习中,因为文本阅读理解有难度,就要进一步落实语文要素。课前师生共同搜集补充作者写作的时代背景;课中结合《少年闰土》的"回乡"主题,用好课后的两篇"阅读链接";课后还可以拓展阅读鲁迅《影的告别》等散文诗,增强对鲁迅追寻精神故园、向往美好世界愿望的理解。

《我的伯父鲁迅先生》和《有的人》都是纪念鲁迅先生的作品,可以在学生完成自读任务的同时,推荐学生自主收集、阅读、分享同类纪念文章,如郁达夫的《回忆鲁迅》、林语堂的《悼鲁迅》、萧红的《鲁迅先生生活散记》等,鼓励有兴趣的同学走进许寿裳所著《我所认识的鲁迅》等书籍进行对比阅读,向鲁迅再靠近。教学中,建议立足信息时代,带领学生网上冲浪,走进线上的多家鲁迅纪念馆进行学习;在绍兴鲁迅纪念馆公众号中可以跟随音频讲解走进百草园和三味书屋,遇到少年闰土,"云体验"令鲁迅魂牵梦绕的童年故居。在北

京鲁迅博物馆公众号里聆听"先生的道理",在线趣味验证某句话是否是"鲁迅说过的话";在上海鲁迅纪念馆跟着"专家导赏",了解鲁迅日常饮食、穿衣、出行的趣闻……借此还原一个"亲爱的鲁迅先生"——一个不只是革命家、思想家、文学家,还是艺术家、生活家、幽默家的鲁迅形象。

在通过多维度的充分扩容与对比后,让学生借助思维工具梳理鲁迅故事,形成自己心目中的鲁迅形象,进而完成"鲁迅先生,有您,真好!"的习作练笔,绘写自己心中独一无二的鲁迅形象和鲁迅故事。举办"我们来讲鲁迅的故事"主题分享会进行交流,让学生在阅读与表达的过程中,品读鲁迅文字之美,体味鲁迅情感之丰,感受鲁迅思想之锐,在积极的语文实践中,触动自身心灵和生命,寻到与鲁迅之间的精神连接点和生命契合点,在自我的精神家园中悄然播下种子。也许,这就是鲁迅作品在儿童成长过程中的意义所在。

"三味"语文之教学策略
——统编教材小学语文教学研究

第一编

导言

关注文体特质，教出"这一类"的特性

语文教学要有语文味。新课标中的教学建议指出,学生要在不同学段阅读不同文体的文学作品,五六年级学生还要"能发现不同类型文本的结构方式和语言特点,感受作品内容、表现形式上的不同"。歌德说:"作品的内容人人都能看得见,但作品的含义却是有心人才能领悟,而作品的形式对于大多数人而言是个秘密。"因而,我们语文阅读教学除了要关注作品的内容写了什么、想表达什么,还要关注作品的体裁和风格。作品的体裁和风格就是文体。文体是一种高级的语言形式,是作者思维的体现,正如王荣生教授所言:"阅读,就是一种文体思维。"

统编教材中,涉及图画书、儿歌、童话、寓言、神话、散文、小说、诗歌、民间故事等不同体裁风格的课文。教师需要在学生阅读前进行定位与解读,做好三个"知音",备出"这一类"文体的特征。一做文本的"知音":"文体不同,各如其面。"教师教学要避免"千课一面"的现象,就要在研读文本的时候,具有文体意识,确定文体特征,然后深入研读。二做学情的"知音":在授课之前,教师需要通过学习单、调查问卷、访谈等方法了解学生对文本认知的层面和基础,然后制定或调整教学目标和教学内容。三做课程的"知音":在认知文体、解读文本、了解学情的基础上精准定位教学的起点和终点,进行教学设计,提升学生素养。

文体意识决定阅读姿态。只有教师先"识体而备",后"识体而教",才能引导学生逐渐具有文体意识,达成"识体而学""识体而用"的目标。小学阶段的学生因年龄较小、阅历较浅,是还不够成熟的读者,他们的阅读旅程应该是在教师有意识地引导下的不断成长开悟、能力提升的过程。教师应带领学生在对不同文体有初步的感性认知基础上,激发阅读兴趣,探究文体的秘密,提

升阅读水平和审美品位。通过教出"这一类"文本的特点,打下感性的经验基础,让学生感受不同文体的特性与美好,从而真正落实课标提出的"体会语言文字的特点和运用规律,培养语言文字运用能力"的目标。

工作室近年来一直致力于小学语文教学"识体而教"的专项研究。研究过程分三步走:第一步,从研究小学语文统编教材的学段编排入手,对有明显文体特征的相关单元或文章进行分类整理。第二步,根据不同文体先开发一个相关课例,花时间琢磨这种文体的特点,提炼其核心价值,研制其基本教学策略,做好"教一课"的工作。同时,还要通过研究一篇感念一组,由一篇带一类,比如教《盘古开天地》一课时,我们会把小学阶段不同年段编排的其他神话《精卫填海》《女娲补天》《普罗米修斯》等都综合起来看,研究神话在不同学段的教学侧重点。第三步,把实践中的问题当作课题来研究,在探究中重视理论提升,将研究成果形成一组文章,包括对这一课、这一类的文本研读、教学设计、教后反思、评价建议以及相关案例和论文。就这样研究一课,感念一类,逐渐形成一个系列,扎扎实实地进行"识体而教"一课、一组、一系列的"1+1+1"模式研究。三个"1"由个例到一类,由实际操作到课题研究,再到理论提升,一脉相承,层层深入。

培养学生的文体意识固然重要,但我们认为小学阶段的文体教学研究,不应是"文体分析课",而应是"文体意识"的培养课。"文体教学"是初中、高中乃至大学语文的教学任务,作为小学教师,我们不能越俎代庖,"种了别人的地,荒了自己的田"。小学语文教学要思考的是:教师如何定位教材中课文的"文体",如何把握教学中"文体"的使用度,如何彰显文体的魅力,将"文体意识"自然巧妙地传递给学生。正如崔峦老师所言:"在阅读教学中要增强课标意识、目标意识、年段意识,使所上的课是那个年段的,符合那一类课型的、符合那一种文体特点。"要既得意、得言,又得体、得法、得能。

如琢如磨，磨出"这一篇"的个性

好课是备出来的，如何备课，我推荐并遵循于漪老师的"三次备课"方法。于漪老师说她年轻时"一篇课文，三次备课"的苦功成就了如今的她。第一次备课是"定模"，这是备好课的前提和基础。要求教师独立备课，不看参考书与文献，不急于找名家实录、获奖课例，而是先把"自我"投进去，清清爽爽地走进文本，通过反复诵读、细细研读、揣摩思考，按照自己对单元、文本、学情的个人理解分析撰写教案初稿。第二次备课是"定向"，这是对比参考、"旁征博引"的阶段。在有了独立思考的基础上，参看教参、文献、优秀课例，广泛涉猎，仔细对照第一稿，扬己长，补所短，进一步完善优化。第三次备课是"定位"。所谓"实践出真知"，将教学设计在课堂上进行实践。发现教学效果好的，就保留；发现不适合学情的，就改进；发现明显问题的，就删减。上完课后，务必做好课后反思，再次在课堂实践打磨。这"三次备课"在实践中绝不是仅仅三次，备课其实是反反复复地思考、实践、打磨、再实践的过程，有了这样的打磨提升，"这一篇"的定位就愈发准确，"这一课"的个性也渐渐凸显，教师个人的教学风格也在其间慢慢养成。

我第一次实施"三次备课"法，是备《夸父追日》的公开课时。初始备课时，我认真研读教材，把文本反反复复地读，将整个单元仔仔细细研究，然后立足学段和文体特点，有了自己的思考和教学设计。在此基础上，我开始认真阅读借鉴一些有质量的文本解读和设计，发现许多设计中都有将课文和《山海经》的古文对照读讲的过程。对照自己的设计，原本也有这个诵读赏析环节，但最后却放弃了。原因有二：一是该篇古文是初中一年级的课文，我认为没有必要越俎代庖。二是讲授古文内容，不符合我既定的课堂目标，也不符合三年级学生的学情，他们在古文理解上有困难。考虑再三，不适合自己课堂和学生的，再精妙的环节也要壮士断腕，忍痛割爱。在后面的课堂实践中，又反复打磨，增加了思辨"夸父追日"环节，让学生对夸父的行为，对神话的传承有了更深层面的了解。

通过实践,我认为这"三次备课"中,第一次备课非常必要且不可或缺,但最容易被忽略或跳过。第二次备课大家都会做,但广采博纳要掌握"度",不要被"乱花迷眼"而失去自我。第三次备课是实践出真知,再思考、再推敲、再实践,是把这一篇、这一课上出味道的必经之路,最为重要,要如切如磋,反复打磨。

国画大师齐白石曾对学生说:"学我者生,似我者死。"许多老师喜欢听名师的课,然后"搬"到自己的课堂上来,但往往效果不佳。其中原因有很多,我认为学习名师的最佳路径,不是"搬",而是"思",是在听课前自己先思考、先备课,想一想如果这堂课我来上,该如何上;在听课之中对照自己的设想,记下自己的所得和不同意见;听课之后反思课堂,揣摩名师教学现场背后的思考和设计思路,有所领悟后再因"地"制宜地备出"三有"设计,才能真正备出"这一篇"独有的个性,备出自我的风格来。

首先是眼中有"标"——课标。新课标对每个年段的教学都提出了具体要求和达成目标,教师首先要深入研读课标,明确年段目标,定位准确,不越位、不缺位,避免内容泛化、无学段重点,"种了别人的地,荒了自己的田"。课标指出语文课程内容主要是以学习任务群的方式呈现和组织,在教学设计中,要关注不同层面任务群的设置与定位,围绕适合的学习主题,突出情境、实践、综合的特点,设计一系列有相互关联,有内在逻辑的语文实践活动,让学生拾级而上。

其次是眼中有"本"——文本。阅读教学是教师、学生、文本、作者、编者之间多元、多维度的对话过程,是"缘文会友觅知音"的过程。江苏徐杰老师在《教出"这一篇"的个性》里面有这样两句话:"文本都是有个性的。每一个文本都是独立的、有姿态的、有个性的生命。"教师在进行本文研读和教学设计时,就要想办法教出这一篇的生命来。"没有教者的真诚与深刻,就没有精彩的生成。"在学生学习之先,教师必须对文本进行深入的钻研,与文本对话,与作者对话,进行语言和思维的碰撞,解读、发现这篇文章的"个性",解密这篇文章语言架构的"密码",引领学生有意识地触摸文本。

触摸文本最好的办法,首先是读。备课时,教师要反复诵读感悟,读出感觉。上课前,学生要充分预习,自主读上几遍。课堂上,还要设计多形式有层次的读,"读好了也就理解了"。在《夸父追日》教学设计中,我通过让学生默读、朗读、同伴读、表演读、边读边思、边读边批注等多种形式,带领学生一步步进入文本。

　　教学中不仅要求不宪政读好课内的文本,还要把学生读的目光引向课外,举一隅而以三隅反,由读一篇到读多篇、读一本,达到对课文内容和思想的补充、强化和升华,从而使整个课堂显得更加厚重、有料、有味,充分体现语文教学鲜明的语文味和成长性。

　　最后是心中更要有人——学生。冰心先生曾告诉我们:"朋友,春天在哪里? 当你春游的时候,记住'只拣儿童多处行',是永远不会找不到春天的!"是的,只拣儿童多处行,出游如此,教学亦是如此。所有的"教"都是为着"学",新课标倡导"以学习者为中心",正如康德所言"人是目的"。教学不只是关注教师如何教,更是要关注学生如何学,实质上是要关注"教学生如何去学的方法"。我们要牢牢捍卫儿童立场,让学生站在课堂的中央。树立"以生为本"的教育观,用儿童眼光去解读文本,充分了解学生理解的起始点、难点、盲点、兴趣点,寻找到他们的最近发展区,呈现以儿童为中心的"三味"语文。

　　在《夸父追日》一课试讲时,有听课老师提出问题:"在上课之初,老师说'这节课我们换种学习的方式,不讲课文,我们来读读课文,讲讲故事',感觉思路挺新鲜,很特别,是怎么想到这样设计的呢?"

　　这背后的思考是这样的,在符合语文教学规律的基础上,以学生的切实需要和发展作为根本来设计教学,找准文本把握的基点,以学定教、努力创新,"一切为着学生"。而选择"不讲课文,讲故事"的课堂叙述方式,这个想法是受到了莫言演讲的启发。

　　2012年诺贝尔文学奖获得者中国作家莫言在瑞典学院发表主题为"讲故事的人"的演讲时说:"我是一个讲故事的人。因为讲故事我获得了诺贝尔文学奖。……在今后的岁月里,我将继续讲我的故事。"我想,作为语文教师,更应该成为一个会讲故事的人。因为《夸父追日》是神话,神话的"话",本就是话本、故事的意思,所以采用"讲故事"的方式串联整个教学过程是适宜的。

　　教学中设计的"讲故事"环节是多维度、多层面推进的:1. 以"讲故事"激趣(儿童立场);2. 讲"一句话故事"(学法指导:学习概括);3. 讲故事的神奇之处(凸显文体特点);4. 思辨能力培养:别人是怎么讲这个故事的(对比《列子》和陶渊明诗中的相关内容),发表自己的观点;5. 一篇引多篇,讲好中国神话故事。这是我对"讲故事"几个推进阶段的理解和设计。

"一生二,二生三,三生万物。"这是庄子对道的阐述。"三"在中国人眼中具有特殊意味。我们前面谈到的"三次备课""三有设计"这几个"三",又何止仅仅是"三"呢?每一节课,我们每次解读,每次授课,每个班级,都会有新的发现,新的思考,所以每次都会有板块的修改和细节的打磨,反反复复,如切如磋,如琢如磨。正所谓"磨兮琢兮焕玲珑",这"磨"的过程就是在经验和方法上不断做"加法",在设计和教学中不断做"减法"的过程,也是自己文本解读能力提升,教学思维成熟,专业"行深"的过程。

神话

识体而教:统编教材小学语文神话教学策略与实践

一、"识体而教"势在必行

"识体而教"这四个字是近年来许多语文教师越来越清晰、越来越迫切的主张,想法何来呢? 源于无奈的教学现状:现今众多的小学语文教学缺乏文体意识,众课同法,千课一面,童话没有童话的美好,神话缺少神话的味道。这就像一位主妇,不管面对什么样的菜品,却只会用一种方法烹饪,结果让人胃口全无。小学六年的语文教学,如果课课如此,真是教师教得无趣,学生学得痛苦。

相信每位有专业成长愿望的老师都不愿进这样的课堂:僵化的模式教学,课堂没有节奏,没有变化,没有生成,因循守旧,气氛沉闷。也不会愿意做这样的老师:教书一辈子却只会教一堂课:整体感知、字词教学、分析感悟、小结作业。因而,在新课标、新课程视域下,"识体而教"势在必行。

二、让学习真正发生

"识体而教",就是要基于文体特征,发掘每个文本独特的教学价值,采用适宜的教学策略,让学生识体而学,让学习真正在课堂上发生。"识体而教,改变教的策略和学的方式。"我们工作室一直在立足"文体"这个点深挖一口井,做"识体而教"的先行者和研究者。我们先教一篇:开发几个神话课例,花时间琢磨这种课例的教法,教出神话的文体特征,提炼核心价值和教学策略。然后,教一类:教一篇的同时还要研究这一组、这一类,比如,教《盘古开天地》,我们会把《女娲补天》《夸父追日》《后羿射日》等创世神话都综合起来研究。就这样研究一课,感念一组,逐渐形成一个系列,做成一个课程、一个课程群,然后研究一个课题、一个课题群。

三、神话选材的意义

神话作为人类童年精神文明的产物,反映了远古时代人民对世界的认知和理解,表达了人类先民朴素的愿望和美好理想。作为最早的人类艺术创作形式之一,中国神话因瑰丽的想象、神奇的情节、深刻的思想内涵成为中华民族的精神财富和人类文化的瑰宝。

"文化自信"是新课标核心素养四个维度中的一个,新课标在总目标第二条中指出,要培养学生"热爱中华文化的博大精深,汲取智慧,弘扬社会主义先进文化、革命文化、中华优秀传统文化,建立文化自信"。作为民族精神特征和民族自我意识的追寻,神话对儿童精神发展的价值,不可取代。

四、神话的文本特征

什么是神话?我国古时并没有"神话"这样一个词语,这是近代从外国输入进来的。高尔基说:"一般说来,神话乃自然想象,是对自然的斗争以及社会生活在广大的艺术概括中的反映。"袁珂先生在《中国古代神话》中这样阐述:神话是人类社会童年时期的产物。从神话中,我们可以看到古代劳动人民的思想观念是怎样的:他们怎样设想世界的构成,怎样歌颂人民的英雄,怎样赞美劳动和斗争等。神话,永久的魅力,表达祖先对世界的认识,人类童年时代飞腾的幻想。

我们今天为什么还要读神话呢?现代神话学大师坎贝尔、神话思维的研究者卡西尔等专家,都从不同的角度和层面探讨了神话的现实意义,肯定了神话中包蕴的无穷的精神力量。查尔斯·盖雷在《我们今天为什么要读神话》中说:"学习古代神话能为研究一个种族的精神发展史提供线索,还能为欣赏诗歌和其他艺术门类奠定基础。"神话之于儿童,是童年不可或缺的精神食粮。作为教师,我们要使现在的儿童汲取远古神话的营养,就需要引导他们去体验神话万古长存的魅力,需要采用适合的方式去教学神话。

神话中两个字"神"和"话"都在揭示它的文本特点。

(一)神话的"神"

1. 神话里的"神",可以理解为"神人"

大部分神话里都有一个"英雄"。这些英雄,大都具有超自然力量和勇于牺牲的精神,比如夸父、普罗米修斯等。人类一直都有英雄崇拜的情结,从古至今,从未改变。原始人面对大自然总是自感渺茫,总是缺乏安全感和归属感,因此将很多依赖心投射到英雄,投射到神话中的"神"身上。

2. 神话中的"神",还可以理解为"神奇"

神话是"历史上的人类童年时代的产物",通过超自然的形象和幻想的形式来讲述充满神奇的幻想的故事,它们表现了古代人民与自然力的斗争和对理想的追求。

神话把远古人民的认识和世界万物的生长变化都蒙上了一层奇异的色彩。我们每个人的童年时期都会对身边的世界充满好奇心,被成人称为"十万个为什么"。同样,人类的童年时期,也是处在丰富的新奇感中,万事万物都让当时的人类感到不可思议,无法解释。孩子的问题,会有大人去为其解释。人类童年时期的问题呢,唯有依靠天马行空的想象了,因而神话本身就是想象的产物。

对我们的学生而言,他们能感受到的神话性体现在哪里呢? 想象,竭尽所能地进行夸张与想象。

(二)神话的"话"

让我们再来谈谈神话的"话"字。有人说,神话是成人解释宇宙的孩子话。这个"话"明确无误地表明神话是一种口头文学,是在人们代代口口相传中流传下来的,有话本、故事的意思,所以它不需要逐词逐句地分析讲解,需要的是带有自己温度与情怀的主观性讲述。我们常看到身边有些年逾古稀的老人虽目不识丁,但讲起神话故事来语言却活泼生动,绘声绘色,充满传奇色彩。

五、神话教学的基本策略——以四上神话单元为例

(一)教学"四"定位

1.课标定位

课标中学段目标的相关要求。

阅读定位:

(1)能初步把握文章的主要内容,体会文章表达的思想感情。

(2)能复述叙述性作品的大意,初步感受到作品中生动的形象和优美的语言,关心作品中人物的命运和喜怒哀乐,与他人交流自己的阅读感受。

习作定位:

(1)观察周边世界,能不拘形式地写下自己的见闻、感受和想象,注意把自己觉得新奇有趣或印象最深、最受感动的内容写清楚。

(2)在单元习作《我和_____过一天》中,尝试运用自己平时积累的语言材料,特别是有新鲜感的词句。

2.单元定位

本单元以神话组织单元,是继三年级上册童话单元、三年级下册寓言单元之后,第三次以文体组织单元。编排了《盘古开天地》《精卫填海》《普罗米修斯》三篇精读课文和《女娲补天》一篇略读课文。《盘古开天地》是四年级上册神话单元第一篇精读课文,肩负着神话教学策略引领的任务。

人文要素:

神话,永久的魅力,人类童年时代飞腾的幻想。

语文要素:

(1)了解故事的起因、经过、结果,学习把握文章的主要内容。

(2)感受神话中神奇的想象和鲜明的人物形象。

(3)展开想象,写一个故事。

神话单元的编排,就是要引领学生进一步了解神话的特点,帮助学生形成对神话这种文学体裁的初步认识。四篇课文运用多种形式引导学生感受神话神奇的想象和鲜明的人物形象。

"交流平台"引导学生从神奇的想象、人物个性鲜明、借用神的故事表达对世界的认识等方面,总结、梳理神话的特点,并在语文园地的"词句段运用"中予以强化。

3. 学情定位

学生在阅读经验中,会听过、读过、看过一些神话故事,比如《西游记》中的故事、哪吒的故事、《嫦娥奔月》等,在课文学习中,学过《羿射九日》,对神话会有一些感性认识,这是本单元学习的基础。"引导学生感受神话神奇的想象和鲜明的人物形象"是本单元学习的重点之一。教师需要带领学生立足课文中具体生动的语言文字,引导他们发挥丰富的想象力,采用想象画面、课文留白、品味文字等方法加以引导。

"了解故事的起因、经过、结果,学习把握文章的主要内容。"是第二学段阅读教学需达成的目标之一,也是学生学习的难点。学生在三年级已经有"了解文章的主要内容"的学习基础,本单元将进一步提升概括能力。同时,也为本册第七单元"关注主要人物和事件,学习把握文章的主要内容"做学习准备。最好的知识是关于方法的知识,教学时,教师要引导学生学习运用不同方法把握文章主要内容。

4. 单篇定位

《盘古开天地》(创世神话):

(1)边读边想象画面,说说你心目中的盘古是什么样的。

(2)从课文中找出你认为神奇的地方,说说盘古开天地的过程。

选做:课后收集中国的神话故事读一读,然后讲给同学听。

《精卫填海》(文言文):

(1)正确、流利地朗读课文。背诵课文。

(2)结合注释,用自己的话讲讲精卫填海的故事。

(3)精卫给你留下怎样的印象? 和同学交流。

《普罗米修斯》:

(1)朗读课文,注意读好众神的名字。

(2)按照起因、经过、结果的顺序,讲一讲普罗米修斯"盗"火的故事。

(3)故事中哪个情节触动了你? 和同学交流。

(4)阅读链接:燧人钻木取火

《女娲补天》(略读课文):

课文导语:女娲补天这个神话故事,处处充满着神奇的想象。默读课文,说说故事的起因、经过和结果。发挥自己的想象,试着把女娲从各地捡来五种颜色石头的过程说清楚,说生动。

本单元中除《普罗米修斯》一课外,其他三篇中国神话都出自袁珂的《中国神话故事》,都发源于《山海经》。

(二)单元课文学习图表

课文	学习概括	感受神奇	感受神人	拓展阅读
盘古开天地	1.起因、经过、结果 2.其他概括方法	如何"开"	神奇—人物	中国古代神话:夸父追日、炎帝尝百草等
精卫填海		如何"填"	神奇—人物	文言转白话
普罗米修斯		如何"盗"	情节—人物	燧人钻木取火
女娲补天（略读）		如何"补"	情节—人物	共工怒触不周山、女娲造人
单元统整	1.发现神话的秘密　2.思辨神话的传承意义			

(三)神话教学策略

1.教学策略一

联系已知,感知神话,激发兴趣。

2.教学策略二

感受神话特点,丰满人物形象。

(1)发现神话的秘密:"神"与"话"。

(2)读出神话的神奇,扩展情节,发现神奇。

(3)讲出神人的魅力,补充细节,讲好故事。

3.教学策略三

了解神话,给予故事更多感性的色彩。

通过课文学习和搜集资料,谈谈你对神话的理解。

4.教学策略四

探究神话,思辨传承意义。

(1)你觉得远古神话和现代科学有关联吗?

(2)作为现代人,我们相信科学,你觉得还需要读神话吗?

神话语言质朴简约,寓意深远,值得我们去好好探索研究一番。循着文本的文体特征,把神话教成神话,当"工具"与"人文"共舞,"文体"与"语用"齐飞,我们才能使语文教学朝着更为本真自然的方向发展。用语文的方式教语文,用儿童的方式看语文,用研究的态度品语文,才能让我们的教学彰显个性,学生得法、得能。

凸显"三味":从《夸父追日》的教学实践谈"改课"三追问

"课程教学改革的结果我们必然要落实和体现在课堂上,改课才是课改的'牛鼻子'。"这是成尚荣先生几年前曾经提出的观点。身为一线教师,笔者赞同这个说法,教育这场自救运动必然要从课堂这个主阵地开始并深化。以学为中心的改课,是语文教学的基本法则,在实践中,我们必然要认真追问三个基本问题。

一、追问"教":是否"用语文的方式教语文"

钱梦龙老师说他每教一篇新课文,都会自觉地课前自问:"我教的是一门什么课?为什么要教这门课?应该怎样教这门课?如果这样教对促进孩子们的发展有什么意义和价值?"这些问题在一些人眼里会觉得很"虚",但实质上它关系到教学的整体走向,决定着教学的成功或失败。这种意识其实就是要求我们要重视语文本体教学内容,把教学重心真正落在"学习语言文字的运用"上,让"语文课更有语文味儿",从而较为清晰地区分语文课程的"本职任务"和"兼职任务"。

《夸父追日》是人教版教材第六册的一篇神话故事。在常态化的语文课堂教学中,一些老师会将自己认知的内容作为主要目标,造成目标的错位,给语文教学加入过多"非语文"的额外负担,"种了他人的地,荒了自己的田"。下面这样的设计教学就是如此。

(1)导入课题,创设情境。

(2)品读"向往光明、奋力追日"段落,体会古人执着探索的精神和征服大自然的愿望和意志。

(3)品读"累渴而死,化身大山桃林"文段,感受夸父的执着追求,无私奉献。

(4)拓展升华,总结夸父精神。

叶圣陶先生曾说,语言文字是语文教学的重心。虽然语文教学富有"教育意义",但这不是它的"专任"。如何以语文本体教学内容为重,扎实语文教学之"根",用语文的方式教语文呢?笔者围绕"学习语言文字的运用"为重心,对本课做了三个板块的安排:

> 板块一:梳理故事,学习概括。
> 板块二:感受神奇,讲述故事。
> 板块三:感悟形象,学习思辨。

在"梳理故事,学习概括"板块,笔者指导学生边读边思,学写批注;"感受神奇,讲述故事"是本课的重要板块,笔者精讲"追日",然后总结学法,让学生学习迁移运用;第三板块"感悟形象,学习思辨"中,笔者引导学生积累词语,联系上下文对"长叹一声"一处进行想象练笔。整堂课的教学目标准确瞄向语文本体性的教学材料,指向学生语言的积累运用和提升拓展。

重视语文本体教学内容是不是就会造成语文课情感态度价值观教育任务的落空,让非本体教学内容无法落实呢?不是的,本课对夸父形象和精神的赞颂,没有"贴标签",而是在融入感情朗读、讲述故事、批注练笔的过程之中,润物无声,水到渠成。

二、追问"学":儿童是否站在学习的中央

教育是一个主动的、建设的、上升的过程,而不是一种告知与被告知的事情。改课意味着重建一种课堂生活方式和生活秩序,新课标告诉我们,课堂应当以学生为主体,以学生为中心,我们需要追问的是,我们面对学生的学情基础,究竟了解了多少、研究了多少。

《夸父追日》的课堂上,笔者结合三年级学生对神话故事的喜爱,以"神奇

藏在哪儿"为教学主线,引导学生多角度、多层面地学故事、讲故事:(1)以争做"故事大王"激趣:立足儿童年龄、学段特点;(2)讲"一句话故事":学法指导,学习概括;(3)合作讲出"神奇之处":凸显文本特点,培养想象能力;(4)思辨能力培养:别人是怎么讲(解读)这个故事的:陶渊明的诗、《列子》的褒贬;(5)一篇引多篇:探寻神话的秘密。整堂课上,有预设,但更多的是学生自己思考、生生交流、教师与学生的思维碰撞,学生或欢乐讲述、或静心思考,始终沉浸在学习探索的快乐之中。

基于三年级学生对神话故事的好奇与喜爱,结合神话的文本特点,让学走在教的前头,让学走进学生的生活,笔者设置了两个学习环节。

课前,笔者进行了读神话的"前置性小研究",请学生自读后填写,认为有难度的可以求教身边的"小先生":

神话故事	主要人物	英雄事迹(为了什么、做了什么、结果怎样)
《盘古开天地》		
《女娲补天》		
《后羿射日》		
《夸父追日》		
你的问题是:		

上课结束,不是学习的结束,而是新的学习的开始,笔者立足"前置小研究",由学前到学后,由单篇到群组,将课堂研讨延伸到课外,进行了"课外系列研究":

神话故事	主要人物	英雄事迹 (为了什么、做了什么、结果怎样)	我发现 神话的秘密
《盘古开天地》			
《女娲补天》			
《后羿射日》			
《夸父追日》			
(其他的神话故事)			

正如康德所言:"人是目的。"所有的"教"都是为着"学",教学中,笔者摒弃常态化的课堂流程,用儿童眼光去解读文本,充分了解学生理解课文的难

点、兴趣点、盲点、起始点,寻找到他们的最近发展区,用激情和故事多角度地撬动学生的学习动力,把学生的思维点燃,努力呈现"欲+鱼+渔"的生本课堂。

三、追问"法":共同体学习是否适时适情

什么是教学呢?教学不是单向的教师教学生学,而是教师教会学生学习,指引、帮助学生真正学会学习,从而能够进行创造性学习,最后到达享受学习快乐的境界。学习是一门科学,课堂上共同体学习的核心技术不应是监控小组如何学习,而应是适时适情地选择合作学习的时机。

课中,在和学生一起进行"感悟形象,学习思辨"环节学习中,结合《列子》对夸父追日的质疑,笔者提出问题:"有人说夸父是个失败者,不值得赞颂,你的看法是什么呢?"话音刚落,有几只小手就迫不及待地举起,还有些学生面有疑色,笔者想,这不正是一个合作学习、思维碰撞的好时机吗?就笑着说:"有位专家说,世界上最冒风险的事,就是不假思索太快举手。静心把想法和理由梳理一下,先在小组里讲述、倾听、补充,再告诉我你们的想法吧。"

这是一场"不期而遇"却又"适时合情"的思想交流,经过合作学习,有学生说:"夸父是个失败者,但他有梦想,能坚持,依然让我感动。"有学生说:"夸父是个巨人,也是位英雄,我尊重他,我想用一句话证明我的观点'不以成败论英雄'"……就在这样自然流淌的交流中,情感态度价值观的教育水到渠成,同时,"一个故事,不同声音"的开放解读,也让学生的思辨能力得到了提升。

佐藤学教授在《静悄悄的改变》中指出:"只有课堂改变,学校才会改变。"神话中,夸父为追寻光明而确定目标,奋力追日,我们的语文课堂也应该"以学习者为中心",不断追问教学的真谛,适时适情地选择方法,去建构全新的学习生态。

(本文发表于《学园》2017 年第 12 期)

落实语文要素　走进创世神话

——《盘古开天地》教学设计

【教材分析】

《盘古开天地》是统编教材四年级上册神话单元的第一篇课文。

引导学生"感受神话中神奇的想象和鲜明的人物形象"是本单元语文要素。教师需要带领学生立足课文中具体生动的语言文字,引导他们发挥丰富的想象力,采用想象画面、填充留白、品析文字等方法加以引导。"盘古开天地"是我国最早的创世神话之一,著名的神话学家袁珂先生曾用"一切都还得从盘古叙起,不管此说的出现或先或后"确定了这个神话的重要性。课文讲述了盘古在混沌中,用斧子和身体开天辟地,造就宇宙万物的伟大故事。学生在自己已有的阅读、生活经验中,对神话有初步的了解。在课文学习中,二年级学过《羿射九日》,学生对神话已有一定的感性认识,这些都是本单元学习的基础。本课教学要立足学情,关注神话文本特点,设计三大板块:概括故事,感受"神奇";朗读品味,感悟"神人";比较故事,发展思维。运用多种形式引导学生感受神话神奇的想象和鲜明的人物形象,达成学习目标。

【教学目标】

1.通过梳理故事,学习概括内容。

2.小组合作学习发现神奇,讲好故事。

3.阅读比较创世神话,思辨发展思维。

【重点难点】

讲好故事;学习思辨。

【教学时数】

一课时。

【教学过程】

板块一:概括故事,感受"神奇"

导入:今天我们学习一个伟大的神话故事——《盘古开天地》(齐读课题)。

(一)一段话

1.大神盘古开辟了天地,老师也想送给大家几个关于天和地的词语。

齐读:顶天立地　　昏天黑地　　改天换地　　开天辟地

2.带着理解读:词语是有温度有感情的。老师范读:顶天立地(加动作)。

3.学着老师的样子,带着理解,加上动作,更有味道地读一读。

4.这些词语是从哪里来的? 如果你真的读懂了故事,你就能从课文中读出这些词。下面,请默读课文,把这些词写在相关的段落旁边,写完同桌之间讨论讨论。

5.巡视交流:你在哪一段旁,写了什么词?

6.调整词序:按照故事的发展,这几个词的顺序应该怎样排列呢?

(齐读):昏天黑地　　开天辟地　　顶天立地　　改天换地

7.概括大意:你发现了吗? 这些词其实是每段话段意的浓缩,你能用上这几个词,用几句话讲讲这个神话故事吗?

(1)宇宙最早是( ),一片混沌。盘古用斧子( ),他( )让天地成形。最后累倒,身体化生万物,让世界( )。

(2)评价:会读书的人,会把一篇长长的故事读成一段话。

(二)一句话

1.课文中有句话,也告诉了我们课文的主要内容。

2.找一找,画出来,读一读。

(三)一个词

1.谁能从这一句话中读出一个关键词?你读出了哪个词语?(创造)

2.生字:创造(生字卡片)。

(1)读准字音:这两个字也是我们本课的生字。

(2)了解字义:请大家注意观察这两个字的部首,"创"(立刀旁),让我们联想到了盘古开天辟地用的(斧子),"造"是(走之底),表示动作。让我们想到盘古顶天立地,站了不知多少年。像盘古这样做前所未有的事,这就是"创造"。

(3)写好生字:理解了,还要写好这两个字。

关注关键笔画:"创"左宽右窄,第三笔是横折钩。"造"先里后外,走之底捺要写平。老师描写。

(4)学生描一遍,写一遍。要求:提笔即是练字时,关注写字姿势:头正、身直、脚踏地。

(四)一个字

1."创造"这个词还可以凝练成课题中的一个字——"开"。

2.关注这个字,读好课题。关注这个词,读好最后一句话。

板块二:朗读品味,感悟"神人"

过渡:我们不但要做故事大王,还要做声音魔法师。想不想感受下盘古用身体创造的美丽世界是什么样的?送你一件法宝(板书:想象)。

(一)朗读感悟

1.想象画面:请大家闭上眼睛,插上想象的翅膀,听老师朗读,想象画面。

2.交流:你看到了什么场景?

3.朗读:学着老师的样子,读好这段话。

4.读出诗味:读着读着,这段话也变了,变成了一首小诗,让我们像诗人一样读一读:

　　盘古倒下以后,他的身体发生了巨大的变化:

　　他呼出的气息,变成了四季的风和飘动的云;

　　他发出的声音,化作了隆隆的雷声;

　　他的双眼,变成了太阳和月亮;

　　他的四肢,变成了大地上的东、西、南、北四极;

　　他的肌肤,变成了辽阔的大地;

　　他的血液,变成了奔流不息的江河;

　　他的汗毛,变成了茂盛的花草树木;

　　他的汗水,变成了滋润万物的雨露……

5.小结:熟读成诵,希望大家记住的不只是这些文字,还有它带给我们的画面和感动。

(二)对比思考

1.阅读:知道这段话改编自哪里吗?默读文段。

(1)首生盘古,垂死化身。气成风云,声为雷霆,左眼为日,右眼为月,四肢五体为四极五岳,血液为江河,筋脉为地里,肌肉为田土,发髭为星辰,皮毛为草木,齿骨为金石,精髓为珠玉,汗流为雨泽,身之诸虫,因风所感,化为黎甿。　　　　　　　　　　　　　　　　　　——《五运历年纪》

(2)先儒说盘古泣为江河,气为风,声为雷,目瞳为电。古说盘古氏喜为晴,怒为阴。　　　　　　　　　　　　　　　　　　　　　——《述异记》

2.比较:相似的内容,不同的表达方法,你喜欢哪种?谈谈你的想法。(预设:汉文字的奇妙与美丽。各美其美,课文易懂,像诗歌;古文语言凝练,想象力丰富)

3.想象续写:你能循着这美丽的文字,用神奇的想象(结合板书),接着说一说吗?

他的( ),变成了( )的( )……

用古文说:( )为( )……

4.全班交流,感受神奇:这变化带给你什么样的感受?为什么?

(三)神人形象

1.让我们带着感动,再来回顾整个神话,请谈谈你心中的盘古是什么样的?

2.适时请学生板书、填学习单(神奇、想象丰富/牺牲自我)。

3.小结:结合板书(牺牲自我、了不起)这就是我们的大神盘古。(神奇的想象)这就是我们的远古神话。

板块三:比较故事,发展思维

(一)一篇带多篇:读世界创世神话

过渡:盘古开天地,让我们想到了几个问题——宇宙是怎么形成的,世间万物是怎么来的,你的小脑瓜里思考过这些问题吗?这些问题,世界上许多民族的老祖先也思考过,你瞧,这是最早用文字记录的盘古开天地的故事。

1.中国创世神话:"天地混沌如鸡子,盘古生其中……"

(1)指导朗读:能挑战一下读一读吗?让我们在古琴的伴奏下,读读千年前古人的文字,聆听这来自远古的声音。(老师读第一句,学生跟读)

(2)讲解:能明白大意吗?鸡子,就是鸡蛋。你们这么小,就能读懂古人千年前的文字,厉害!老祖先流传下来的文化,怎么样?更厉害!

2.世界创世神话

过渡:这里还有其他国家的创世神话,想看吗?

(1)阅读资料:埃及、伊朗、印度等创世神话。

(2)不动笔墨不读书,边读边把你感兴趣的地方或者有发现的地方画出来。

3.有意思吗?(远古人类祖先充满神奇的想象力)

4.有发现吗?(适度讲解"宇宙卵""英雄创世""垂死生化"等神话母题)它们都有相似的主题。

5.有问题吗？批判思维：

(1)人类的老祖先们,怎么会想象出像盘古开天地这类的神话故事呢？

(2)我们现代人都相信科学,还有必要去读神话、讲故事吗？

6.神话小研究:有意思的神话,还有许多秘密等你发现,还有许多问题没有解决,我们也来做个小研究吧,和小伙伴们一起写出属于自己的答案。

神话小研究:世界是怎么来的

各国神话	共同点	不同点	我的发现和推论	我提出的问题
中国				
古埃及				
伊朗				
印度				
我找到的其他神话				

(二)一篇带一本:推荐神话读物

1.小结:许多神话,大都会以这句话来开始它的故事——"很久很久以前",我希望在"很久很久以后",依然有像你们一样被神话吸引的孩子。

2.拓展推荐阅读:今天的课就要结束了,希望同学们就此走进阅读神话、研究神话的大课堂,推荐几本书给大家:《山海经》《创世神话卷》《人类最初的故事》。

感受神话神奇　思辨阅读神话故事

——《夸父追日》教学设计

【教材分析】

夸父追日是我国最早的著名神话之一,讲述了夸父奋力追赶太阳、长眠虞渊的故事,弘扬了夸父身上的奉献精神和牺牲精神。诗人陶渊明曾写诗赞道:"夸父诞宏志,乃与日竞走。俱至虞渊下,似若无胜负。神力暨殊妙,倾河焉足有! 余迹寄邓林,功竟在身后。"它表达了古代劳动人民对光明的向往,以及征服大自然的雄心壮志。《夸父追日》是人教版三年级第六册的一篇略读课文。课标指出,阅读是学生的个性化行为,不应以教师的分析代替学生的阅读实践,应让学生在主动积极的思维和情感活动中加深理解和体验,受到情感熏陶,获得思想启迪。在教学时,教师要鼓励学生自读自悟,培养自主阅读能力,抓住关键词句,从文中感悟神话的神奇,体会夸父追日精神的可贵和其执着、奉献精神。

【教学目标】

1.自主阅读课文,梳理故事,概括故事。

2.小组合作学习,发现神奇,讲好故事。

3.联系生活,学习思辨,感悟神人。

【重点难点】

讲好神话故事,感悟人物精神,提升思辨能力。

【教学时数】

一课时。

【教学过程】

板块一:梳理故事,学习概括

(一)导入新课

1.猜故事:

(1)听故事猜:一个大力神,用一把斧子开辟了天地(盘古开天地)。

(2)看词语猜:大窟窿   七彩石   五彩云霞(女娲补天)。

(3)看图联想:后羿射日。

(4)小结:这些都是什么故事?带给你最大的感受是什么?(板书:神奇)

2.趣导入:这三个故事都出自同一本书——《山海经》,今天再带来一篇《山海经》中的神话故事(出示插图)。(板书:32.夸父追日)

(二)词语学习

1.出示词串一。

拿着手杖、提起长腿、迈开大步、伏下身子

颓然倒下、长叹一声、奋力一抛、闭上眼睛

(1)你发现这组词语是写了什么?(动作)换一种读的方法,边做动作边读。

(2)"颓然倒下"是怎样倒下? 课文中写谁"颓然倒下"? 是的,像课文中写的一样,夸父像一座大山轰隆隆地垮下来。读好"颓然倒下"。

2.出示词串二。

漫长的黑夜、西斜的太阳、巨大的手臂、金色的光辉,又红又亮的火球、枝叶茂密的桃林、鲜果累累的桃林、味道鲜美的桃子。

(1)男女生分读。

(2)多音字:累。本意:将加工好的丝线缠绕成线团,将线团堆放在一起,以备纺织使用。(出示"累"字的篆体写法)表示果实连续成串时读第二声。

积累运用:(出示图片:桃子满枝头)鲜果累累、果实累累、硕果累累。

词不离句:山的南边,有一大片枝叶茂密、鲜果累累的桃林,那是夸父的手杖变成的。

(三)梳理课文

将词语送回课文,读好课文。

1.师生接龙读课文。老师读第一段。

读了这一段,我们知道夸父追日是因为他不喜欢黑暗,＿＿＿＿＿＿＿＿＿。圈画词语:喜欢光明。

2.学生读第二段:这段写夸父在做什么?(追日)他怎么追日的?(板书:奋力追日)

3.男生读第三段,女生读第四段,齐读第五段。

夸父死后变成了大山、手杖变成了桃林。(板书:大山、桃林)学生批注。

(四)学习概括

1.概括:运用提炼的词语,能用简单的话讲讲这个故事吗? 学生自由练习、交流。

2.小结学法:读着读着,我们把一段话读成一个词,把词语用自己的话连成几句话,这叫概括。

过渡:想成为故事大王,会讲几句话故事还不够,神话当然要讲出神奇才行,那神奇藏在哪里呢?

板块二:感受"神奇",讲述故事

(一)找神奇

1.同桌交流:神话故事里处处藏着神奇,请选出一处你认为最神奇的地方,用这样的句式和同桌交流一下。

(1)我找到最神奇的地方在(　　)段;

(2)它神奇在(　　);

(3)我能读出神奇。

2.全班交流。

(二)讲神奇

1.第二段:追日速度的神奇。

预设:于是夸父拿着手杖,提起长腿,迈开大步,像风似的奔跑,向着西斜的太阳追去,一眨眼就跑了两千里。

(1)找神奇:说说它神奇在哪里? 学生补充。(快吗? 比火箭还快。可能吗? 现实不可能,但什么可能? 神话可能,我们老祖先丰富的想象力可能,这就是神话的神奇之处。)

(2)读神奇:你能读出这种神奇吗?

(3)讲神奇:我们的眼前出现了一幅画面,巨人夸父正在追太阳呢! 你能听到什么声音? 夸父此时在想什么? 这让你想到了什么? 加入想象,谁能试着讲一讲?

(4)小结方法,学习迁移:请每位同学再挑选一处你认为想象神奇的地方,自己先读读练练,然后在四人小组里展示。

2.第三段:饮水的神奇。

预设:夸父伏下身子,去喝黄河、渭河里的水。咕嘟咕嘟,霎时间两条大河都给他喝干了,可是还没止住口渴。

(1)小组推荐同学来展示。

(2)评价指导:关注"咕嘟咕嘟""霎时间"的读法。

(3)讲好故事:现在把自己想象成夸父,加上动作,你一定会读得更神奇。

3.第四、五段:倒地变化的神奇

预设:第二天早晨,当太阳从东方升起,金光普照大地的时候,昨天倒在原野的夸父,已经变成了一座大山。山的南边,有一大片枝叶茂密、鲜果累累的桃林,那是夸父的手杖变成的。

(1)夸父的手杖为什么会变成桃林呢?这是一片什么样的桃林?

(2)讲故事:你能加入想象,讲好这段话吗?

4.讲述完整故事。

设计理念:紧紧抓住神话"神奇"的特点,通过找神奇、讲神奇,让学生充分感受神话的魅力,激发学生讲好神话故事的兴趣,引导学生学习讲好神话故事。

板块三:感悟"神人",学习思辨

(一)感受形象

1.这个故事最早被文字记载于两千多年前的《山海经》,让我们翻开《山海经》第8卷《海外北经》,这是祖先用37个字给我们讲述的《夸父追日》故事,你有什么办法读懂它吗?(联系课文)

引读:"夸父与日逐走,入日;渴,欲得饮,饮于河、渭;河、渭不足,北饮大泽。未至,道渴而死。弃其杖,化为邓林。"

2.你们喜欢故事中的夸父吗?喜欢他什么?请同学们在学习单上写一写,你心目中的夸父是怎样的:

我心目中的夸父是＿＿＿＿＿＿、＿＿＿＿＿＿的,因为＿＿＿＿＿＿。

3.积累词语

(1)还有许多词语也在表达着大家对夸父的喜爱!

齐读:坚持不懈、勇于牺牲、志向宏大、向往光明、造福后人……

(2)告诉你,如果你真的读懂了故事,你就能从课文中读出这些词语。下面,请同学们再次带着思考,默读课文,把这些词语恰当地送回到课文中。

(二)学习思辨

1.观点一:诗人陶渊明在读《山海经》时,还写了一首诗赞颂夸父:夸父诞宏志,乃与日竞走。……除迹寄邓林,功竟在身后。

成语"夸父追日":比喻有宏大的志向或巨大的力量和气魄。

2.观点二:战国思想家列子却写"夸父不量力,欲追日影……",因而现在有了这样一个歇后语:夸父追日——不自量力。

3.思辨:面对这截然相反的两个观点,你怎么看?还有人说,盘古开天地、后羿射日、女娲补天都成功了,可夸父却失败了,他是个失败者,你认为他的精神还值得赞颂吗?

4.小结:同一个故事,我们要允许有不同声音、不同观点、不同说法出现。这样,看待事物才更全面,故事也才更让人回味无穷。

设计理念:感受夸父这一"神人"形象,再次体会神话魅力。通过对夸父不同的评价,让学生多角度读故事,学习思辨。并通过课后学习单,延伸神奇。

(三)探秘神话

同学们,今天,我们读了、讲了一个神话故事(课题),记住了这个巨人——夸父,聆听了不同看法,这就够了吗?不,还不够,《山海经》里还有许多神话故事,请和小伙伴们一起,读读这些神话故事,填填这张表格,去探索中国远古神话的秘密吧。

神话	主要人物	英雄事迹 (为了什么、做了什么、结果怎样)	神奇之处	我发现 神话的秘密
盘古开天地				
女娲补天				
后羿射日				
夸父追日				

设计理念:神话类型课文在教材中占比不大,所以要拓展,把课外的拿到课内来读。群文阅读、整本书阅读,可以让学生在阅读中发现这类故事的叙事结构的相似和不同之处,进而发现神话的秘密和阅读的方法。

童话

聚焦主题：小学语文童话单元定位与教学策略

一、童话是什么

童话是以儿童为阅读对象，在现实生活的基础上，以符合儿童想象力的情节，采取夸张、拟人、想象、象征等方法编织而成的一种富于幻想色彩的故事。它是一种有趣的文体，讲述的是最贴近孩子生活的故事，使孩子在故事中获得智慧与审美体验，是一种比较适合儿童阅读的文学体裁。

最初童话故事的听众除儿童之外也包括成人。19世纪之后，童话渐渐转变成儿童文学的一部分。现代，童话故事的阅读对象已基本是儿童。童话大都是给儿童看的，因而应该适应儿童的审美需求与阅读兴趣。布鲁诺·贝特尔海姆的著作《永恒的魅力：童话世界与童心世界》当中说："童话就是儿童的梦，其作用是帮助儿童在想象中减轻困扰他们的无意识的压力。""在童话的幻想世界中，人获得了一种想象中的胜利感，一种从人的各种局限中超越出来的解放感、自由感，这种超越感、胜利感、解放感、自由感自然带给人一种审美的愉悦"，呈现出非常欢快的儿童游戏色彩。

童话像神话一样，都可以把两个字分开去理解。"童"指的是儿童，"话"指的是口头故事，童话就是讲给儿童听的故事。自然，故事就应当是童话的核心。没有故事，童话必然不能吸引儿童。儿童文学理论家朱自强教授就说："儿童文学其实就是故事文学。"作为教师，如果想讲好童话，我们必然要用儿童的眼光去解读童话，去给学生讲述童话。童话中的人物是虚构的，可分为拟人体童话、超人体童话、常人体童话和科学童话四大类。中国台湾作家林良有一本书叫《童话的特质》,他认为童话人物有三个特点:物我关系的混乱、一切的一切都是人、夸张的"观念人物"。在现实世界里,人是复杂的,并没有"单一观念"的人物。但是在童话故事里,单一、夸张的人物很多,比如《灰姑娘》中令人讨厌的后母。儿童自有认知世界的一套独特的方法,这一点我们可以从爱德华·泰勒说的"万物有灵"当中去感知,还有皮亚杰的"物我不分"的理论观点都可以得到验证。

幻想是童话最基本的特征,也是童话的灵魂。童话区别于别的故事之处,就在于它能够借助神奇的、无限的幻想力量,让我们平时见到的各种平凡人物和现象展现出不平凡的奇异光彩,为我们的小读者展现一个奇幻到不可思议的世界,而童话的小读者们也从不怀疑幻想中的离奇。

童话作家陈伯吹告诉我们:童话的长处就是它从来不曾疾言厉色地扬起戒尺来教育他的小读者,更不是伸着指头训斥式的道德教育,而是让儿童在童话中自然而然地获得新鲜的"活水"。童话的道德教育是润物无声的。他们会跟着童话中的情节去哭,去笑,他们凭借直觉和真诚,能迅速辨别道德问题的实质,他们喜欢好人,痛恨坏蛋,同情弱小,他们会努力"学好",证明自己也是个"好人",他们也能借助童话释放自己内心的"小恶魔",这就是潜移默化的童话道德教育。

二、童话的阅读目标

统编教材中主要在第一、二学段安排了部分童话内容。《义务教育语文课程标准(2011年版)》第一学段的阅读目标提出让学生阅读浅近的童话、寓言、故事,向往美好的情境,关心自然和生命,对感兴趣的人物和事件有自己的感受和想法,并乐于与人交流。第二学段提出能复述叙事性作品的大意,初步感受作品中生动的形象和优美的语言,关心作品中人物的命运和喜怒哀乐,与他人交流自己的阅读感受。

三、童话教学的误区

查理·芒格说过,对于复杂的适应系统以及人类的大脑而言,如果采用逆向思考,问题往往会变得更容易解决。如果你们把问题反过来思考,通常就能够想得更加清楚。逆向思考能够帮助你们解决正面思考无法处理的问题。我们在准备进行童话教学的时候,也可以运用逆向思考,先来看看童话教学不要误入哪些误区。

(一)误区一:给童话贴标签

新课标当中提出:阅读是学生的个性化行为,教师应加强对学生阅读的指导引领和点拨,但不应以教师的分析来代替学生个体独特的阅读理解。要引导学生感受文学之美,学习表达自己的独特感受,从而促进学生的精神成长。

很多老师会关注我们的教学用书和一些网上资料,资料当中往往就会有一个简单、统一的标准。比如《蜘蛛开店》,有些参考资料中有一句话说:"小蜘蛛是因为思维、处事方式简单,所以才自讨苦吃,事与愿违。"如果我们仅仅把这个句子传达给学生,让他们记住,这么简单、统一,这样解读童话就错了,我们希望学生的理解是他们在读故事的过程当中,潜移默化地得到感悟,点到为止。越是优秀的童话,越有发掘的空间,越能培养高级审美情感和思维品质。在中、高年级的童话教学中,教师更需要设计开放的话题,营造宽松自由的对话空间,通过对话将童话故事中蕴藏的丰富意蕴凸显出来。

(二)误区二:缺少童话味

我很赞同这样一句话:"真正有意思的一定是有意义的,有意义的却不一定是有意思。"作为工具性和人文性统一的语文课,如何把握好"有意思"和"有意义"的度,是我们每一位语文老师都需要在实践当中研究的课题。

刚才是运用逆向思维说了误区,下面再从正面展示一位美国教师带学生学习童话故事《灰姑娘》的课堂教学案例。在课堂中,老师用了5个问题和学生一起走进这篇童话当中进行探讨。认真分析,我们会发现,每个问题背后都有教师的精心设计。

1.你们喜欢故事里面的哪一个人物？不喜欢哪一个？为什么？——指向学习评价人物。

2.如果在午夜12点的时候，辛黛瑞拉没有来得及跳上她的南瓜马车，你们想一想，可能会出现什么情况？——指向培养丰富的想象。

3.如果你是辛黛瑞拉的后妈，你会不会阻止辛黛瑞拉去参加王子的舞会？你们一定要诚实哟！——指向代入角色，自我认知。

4.辛黛瑞拉的后妈不让她去参加王子的舞会，甚至把门锁起来，那么她为什么能够去，而且成为舞会上最美丽的姑娘呢？——指向感受童话的奇妙。

5.这个故事有什么不合理的地方？——指向求异思维和批判思维培养。

这五个问题看上去有些不太相关，其实每一个问题背后都有对学生语文课程核心素养的指向。我们说优秀的童话作品既是"有意思"的，也是"有意义"的，好的童话教学也是如此。这位老师用这五个问题，在轻松随意间带领学生领略经典童话的魅力，尊重学生，让学生享受到丰富的情感体验，以及在老师的引领下深度阅读的愉悦。

四、童话单元教学策略

(一)统编教材中的童话单元

统编教材选用了大量的童话作品，仅1至4册就选用童话29篇，占选文总数的34.1%。作为小学语文教学的重要组成部分，童话教学对激发儿童阅读兴趣、陶冶儿童情操以及培养儿童创造性思维有重要的作用。统编教材当中除了在不同单元当中有一篇或者两篇童话，还特意安排了一些童话单元，见表1。

表1 统编教材中的童话单元(部分)

学段	内容
二年级上册第八单元	《纸船与风筝》《风娃娃》《狐假虎威》《狐狸分奶酪》
二年级下册第七单元	《大象的耳朵》《蜘蛛开店》《青蛙卖泥塘》《小毛虫》

学段	内　容
三年级上册第三单元	《卖火柴的小女孩》《那一定会很好》《在牛肚子里旅行》《一块奶酪》
四年级下册第八单元	《宝葫芦的秘密(节选)》《巨人的花园》《海的女儿》

(二)童话单元的特征

统编教材创新设计从三年级开始,在每个单元设有"导语",采用"人文主题"与"语文要素"的方式双线组织单元的结构。人文主题:即课文选择大致按照内容类型进行组合。比如三年级上册第三单元的人文主题是:乘着想象的翅膀,游历奇妙的童话王国,看花儿跳舞,听星星歌唱。四年级下册第八单元的人文主题是:奇妙的童话,点燃缤纷的焰火,照亮我们五彩的梦。大家如果把三年级到四年级这两个单元的人文主题串联一下,就会发现它们的主题是前后呼应的,它们相互关联,形成一条童话贯穿全套教材的显性线索。

语文要素,即将"语文素养"的各种基本"因素"——基本的语文知识、必需的语文能力、适当的学习策略和学习习惯等,分解成若干个知识或能力训练点,由浅入深、由易及难,均匀地分布在不同的教学单元和教学内容中。三年级上册童话单元的语文要素有两个:一是感受童话丰富的想象,二是试着自己编童话,写童话。四年级下册第八单元的语文要素是:感受童话的奇妙,体会人物真善美的形象,按自己的想法新编故事。三年级的时候是编童话,写童话,四年级在此基础上提出了新的要求,即按照自己个性化的想法去新编童话故事,有了不同方面的提升。从中我们可以看出,"人文主题"与"语文要素"双线组织单元结构,既促进学生形成正确的价值观、人生观,又保证了语文综合素养的基本训练,使教学有一条大致可以把握的线索,也有层级序列较为清晰的梯度结构。

(三)童话单元教学策略

汪潮教授在《不同文体教学》一书中指出:"一般来说,文学作品具有三个层次:语言符号—文学形象—文学蕴含。"童话教学应有以下不可缺少的三个基本教学策略:一是识别语言符号,即学习语言,感受童话的语言美;二是再现文学形象,即培养想象,体悟童话的形象美;三是挖掘童话意蕴,即培养思维,理解童话的内涵美。

1.营造情境激趣:营造阅读童话的真实情境,激发阅读期待。就是我们要联系学生的生活实际和学情特点,通过设置童话的场景、童话的意境,通过图片、音乐、讲述营建一个童话的"阅读场",激发学生的阅读期待。

2.学习童话语言:统编教材当中选入的童话故事,具有语言儿童化、口语化,情节相对简单、形象鲜明、结构反复,具有"讲故事"的特征,对我们中低段学生学习语言来说,是非常适合且有利的,我们要引导学生通过朗读、表演、积累这些有意味的语言。

3.多维引发想象:挖掘童话空白点、延伸点,展开合理、丰富的想象。短短的一篇童话故事,老师们应该关注童话没有讲的空白点,童话指点了而没有讲透的延伸点,然后引领学生去进行合理、丰富的想象,从而还原没有写出的场景,丰满人物形象,启迪孩子的思维。

4.自然理解意蕴:童话教学中人文精神教育的本质是真善美的教育。这一审美的专门化决定了童话教学独特的美育功能是以美育人,以文化人。因此,童话教学要引导儿童品味语言,获得审美发现,注重情感体验,提升发现美、鉴赏美的能力。童话故事当中蕴含的美好的情感需要孩子感悟,"让孩子像个孩子",将道德教育春风化雨,滋润无声,让学生浸润其间,将真善美悄然根植。

5.积极拓展阅读:统编教材当中选用的童话数量,已经比以前的人教版教材有了很大的提升,但是,对于这个年龄段儿童的阅读需求来说,还是远远不够的。因此,我们教师在教完一篇童话的时候,建议补充或推荐相关的阅读资料,比如:推荐阅读相同主题或者是同一作家的作品,或补充类似或对比主题的童话,从而延续童话,丰富童话,提升童话教学的品质。

在实施教学策略时,我们要准确把握文本以及作者的意图。尊重文本作者的创作主体性是我们能够主动感受和理解文本的基本前提。

比如四年级下册的童话单元中,《宝葫芦的秘密(节选)》的作者张天翼在序言中有对王葆这个人物的评价:"王葆并不是个坏孩子,他挺想学好,肯做好事,关心集体,热爱同学,就是有点懒,不爱动脑筋,什么都想现成的。但是他绝不愿意享用偷来的东西,所以当他明白宝葫芦给他的东西是怎么来的以后,他就坚决地把宝葫芦砸碎,烧掉,再也不要它了。"我们在解读《宝葫芦的秘密(节选)》时,会发现课文只是小说的开头部分,我们只有把握了作者的写作意图,再回到课文当中,才能够更好地去解读文本。这就要求教师在上课之前,解读文本的时候就要阅读、研究、消化作品的原著,多角度、多内容地去研究作品内部的、真正的联系和内涵,走真正的内涵发展之路。

(四)如何落实单元语文要素

统编教材的教学目标以单元"语文要素"的样态来呈现,教什么、学什么都十分清晰。可以去除种种遮蔽,让教师对每个单元学什么、用什么有更为明晰的认识,使语文教学更加有章可循,有效保证教学的下限。教师的教学智慧,就体现在如何转化的过程中。"要素",带有一定的概括性和方向性,不是学习目标的具体描述,因而教师在一篇篇课文的具体教学中,就需要进行再一次解读,将单元语文要素细化为每一课的学习目标。在解读的时候,老师们一定要做到以下两点:

1.站在两个角度来看语文要素。从教师教学的角度看,语文要素明确地体现了各个单元的主要教学目标,为教师提供了明确指引,能有效避免教学中的随意性和模糊性。从学生学习的角度看,语文要素可以帮助学生明确学习方向和重点,自主规划学习活动,自我评价学习效果。各单元的语文要素总体上来看比较清晰,但它并不等同于"操作说明书",如果只是简单地把语文要素当作静态的知识去贴标签,让学生识别记住这些所谓的知识,语文教学就可能变得有知无趣,有知无用。

2.落实单元语文要素的三个原则。一是紧扣单元语文要素拟定教学目标。我们的语文教材当中是三种学习方式,讲读课文是学习和训练单元语文要素的重要抓手;自读课文是巩固和运用单元语文要素的主要方式;课外阅读让学生通过前面的方法找到自己学习的门径。二是凭借助学系统设计教学活动。充分利用好精读课文的"课后习题","略读课文"前的导语,"快乐阅读吧"的阅读贴士。三是依据课型特点拿捏教学关系。精读课以"例"示理,学生悟方法;略读课以"例"悟理,学生用方法;课外阅读指导课以"例"用理,学生练方法。

儿童意趣:小学语文低年段童话教学策略例谈

美国诗人惠特曼在一首诗当中说:"有一个孩子每天向前走去,他看见最初的东西,他就变成那东西,那东西就变成了他的一部分。"儿童是人生旅途中最重要的一个生命阶段,一个人的童年经历会关系到他一生的发展。所以"让儿童成为真正的儿童",就成了一个重要的教育话题。童话之于儿童,是童年不可或缺的精神食粮。童话教学作为小学语文教学的重要组成部分,对激发儿童阅读兴趣、陶冶儿童情操以及培养儿童创造性思维有重要的作用。统编教材低年段选用了大量的童话作品,凸显了童话教学在低年段儿童成长中的重要影响。其中1—4册选用童话29篇,占选文总数的34.1%。

童话,无疑是儿童时期的首推读物。童话篇目的增加与更新,让我们切实感受到统编教材编者在确定课文体裁的选择时,更加凸显儿童立场,贴近儿童现实、符合儿童精神需求,这是教材人性化、儿童化方面一个很大的改变,这种文体观的改变,无疑会极大地提高儿童的学习兴趣和教育价值。

但在教学中我们会发现一种奇怪现象,儿童自己读来津津有味的童话,等教师教完反而觉得味同嚼蜡了。这不得不让我们反思:如何"以童话的方式教童话"?下面以统编教材二年级下册第20课《蜘蛛开店》为例,谈谈低年段童话阅读教学的实施策略。

一、探索:童话文本的目标建构

1. 童话阅读教学的实施策略,首先表现在具体教学目标的定位上。我们将《蜘蛛开店》第二课时的教学目标设定如下:

(1)继续学习有感情地朗读,感受童话的美好。

(2)借助示意图讲故事,提高语言表达能力。

（3）学习多角度续编故事,领会故事的寓意。

其中,"借助示意图讲故事"是教学重点,"学习多角度续编故事"是教学难点。

2.教学目标定位的四个维度。

（1）定位课标:新课标第一学段阅读教学相关要求为:喜欢阅读,感受阅读的乐趣。学习用普通话正确、流利、有感情地朗读课文。阅读浅近的童话、寓言、故事,向往美好的情境,关心自然和生命,对感兴趣的人物和事件有自己的感受和想法,并乐于与人交流。

（2）定位学情:二年级学生正处在以从游戏为主向以学习为主过渡、以形象思维为主的阶段,好奇心强,想象力丰富,言语模仿力强。

（3）定位课文:《蜘蛛开店》是统编教材二年级下册第 7 单元的第二篇课文。本单元是童话主题,借助提示讲故事是本单元的教学重点。4 篇童话故事都指向一个主题"改变",《蜘蛛开店》围绕"改变",讲述了妙趣横生的故事,故事情节虽然简单,但又一波三折,内涵丰富,具有结构反复的特点。

（4）定位课时:第一课时,课文读正确、读流利,初步了解课文大意,学习第一自然段,随文识字写字。第二课时,以"故事"为主线,开展读故事、讲故事、编故事活动。

第二课时更加关注学生语言运用能力的培养。薛法根老师指出:"为言语智能而教"是解决语文教学"高耗效"顽症的一剂良方。语文教学就是要着力发展学生的言语能力,进而培养学生的言语智慧,这是语文教学的"根"。每一种文体,因其编码方式不同,解码策略也就不一样,尊重文体,把童话教成童话,让语言文字的学习能够真正有的放矢。

二、实践:童话教学的板块设计

组块教学,就是将一堂课的教学过程设计成几个板块,环环相扣,每一个板块聚焦一项目标展开教学,根据不同课文的特点,灵活设计出不同的板块组合。根据"组块教学"精神,我们围绕"故事"将本课时分为四个主要板块:梳理故事、朗读故事、讲演故事、续编故事。

板块一:梳理故事,学习生字

教师引导学生用词串梳理故事脉络,感知故事结构反复的特点,凸显推动故事发展"改变"主线,抓住故事的主线"招牌换来换去",随文学习"换"这个生字。

板块二:朗读故事,感受有趣

这一板块,先由教师范读"卖口罩"段落,指导学生运用法宝"学一学、读一读",模仿老师,关注重点句、关键词语,读好"卖围巾""卖袜子"段落。

> 1.顾客来了,只见身子不见头。蜘蛛向上一看,原来是一只长颈鹿,他的脖子和大树一样高,脑袋从树叶间露出来,正对着蜘蛛笑呢。
> 2.蜘蛛织啊织,足足忙了一个星期,才织完那条长长的围巾。
> 3.可是,蜘蛛看到顾客后,却吓得匆忙跑回网上。原来那位顾客竟是一条四十二只脚的蜈蚣!

教育无痕。老师范读,学生仿读;老师引导,学生模仿。就在这一"引"一"仿"之间,孩子的朗读兴趣、朗读能力都得到了提高。学生并不知道其中的"技巧",只是在老师生动有趣的指导和激发下,自然而然、拾级而上地去读,去思,这就是"内发乎心,外显于言"的"有感情地朗读"。

板块三:讲演故事,学习表达

在"有感情地朗读"课文的基础上,教师引导学生运用夸张、想象讲好"为河马织口罩"的故事,学生习得"加一加,演一演"的表达方法,练习讲"为长颈鹿织围巾""卖袜子遇蜈蚣"的故事。

> 师出示句子"顾客来了,是一只河马。河马的嘴巴那么大",请学生"想一想、加一加":河马的嘴巴有多大呢?像_____那么大,比_____还大。口罩好难织呀,蜘蛛用了一整天的工

夫,白天＿＿＿＿＿＿＿,晚上＿＿＿＿＿＿＿,想象一下,这一整天里,他怎么织的呢?如果你是小蜘蛛,终于好不容易织完了,你会想些什么,说些什么呢?

这个板块是教学重点,由于学生年龄小,认知能力有限,老师要引导学生充分利用板块一梳理故事时形成的示意图以及插图,理清故事的顺序,搭建讲故事的支架,最后达成"学生在提示下能够完整地把故事讲述下来"的目标。

儿童作家梅子涵说要"种植童话",是的,童话是需要慢慢地在故事氛围中一课一课、一篇一篇种植的。语文老师要敢于读课文,善于讲故事,童话是用来读,用来讲的,"讲故事"是童话教学最基本、最重要的方式。一个能讲好故事的老师一定是孩子喜欢的老师,而一堂讲故事的课也必然是孩子们喜欢的课。讲故事的方式有很多,老师讲给学生听,学生讲给伙伴听,还包括表演、复述、分角色朗读等。学生在讲、演、复述、分角色朗读的过程中,体验角色、感悟内涵,从而实现对文本的理解。其价值正如儿童阅读推广人徐冬梅老师所言:"其实每一个孩子都是在听别人的故事,讲述自己的故事,然后不断再现、重整、构建自我的。"

板块四:续编故事,领悟寓意

歌德曾经说过:"艺术作品的内容人人看得见,其含义则有心人得之,而形式对于大多数人而言是个秘密。"阅读教学除了要关注文章写了什么,作者想表达什么,还要关注文章是怎么写的。《蜘蛛开店》这个故事有结构反复的特点,是可以模仿、迁移的。三个小故事内容相似,句式结构相同,为学生编故事搭建了平台,在续编故事的时候,教师可以借助作者的感言,有效激发学生编童话、写童话的兴趣:

> 作者鲁冰叔叔是中国当代童话作家。当他得知《蜘蛛开店》被选入教科书后,激动得像个小孩子,他高兴地说:"我从小就有个梦想,写好童话。上小学时读过《小马过河》《亡羊补牢》《揠苗助长》等课文,没想有一天,因为自己的坚持,自己的童话会与这些作品一起被选入语文课本。"同学们,你们也有童话梦吗?那我们也来一起续编童话吧。

在续编故事的时候,教师要引导学生关注"换"这个主题,运用"换一换,编一编"的方法,发现故事的冲突点,从"换招牌"或者"换思维"等多个角度,让学生在自由续编故事的同时,自主领悟童话暗含的寓意。

要注意的是,童话教学中,不建议用概念化的说教或给人物贴标签的方法,来替代学生对童话的自主理解和多元评价,如果我们只是简单地给出教参里的话,就错了。童话的主题只要在故事的发展过程中,潜移默化地让学生得到感悟,点到为止就好。有的甚至不一定要点明,只要让学生在故事中感受到这份有趣与美好。这也正是童话的魅力所在。

儿童喜爱童话,天然地亲近童话,课下,教师可以由本篇的学习,带领学生开始进入整本书的阅读,如阅读同一作家的其他童话《月亮生病了》,还可以阅读同一角色类型的童话《夏洛的网》。

一堂优质的童话课一定会散发着两种浓浓的味道:一是童趣味。教师要站在学生的角度看童话,用儿童的方式教童话。二是故事味。用故事的方式教故事,用学生喜欢的方式进入文章,通过读、讲、编故事自然而然地让学生自己明白道理,获得知识,提高兴趣。

由此,我们可以结合课标要求,立足学情,关注童话特点,探索出第一学段童话教学的基本策略:

学段	课标	学情	童话特点	基本教学策略
第一学段	1.喜欢阅读,感受阅读的乐趣。2.学习用普通话正确、流利、有感情地朗读课文。3.阅读浅近的童话、寓言、故事,向往美好的情境,关心自然和生命,对感兴趣的人物和事件有自己的感受和想法,并乐于与人交流。	学生从游戏为主向学习为主过渡;好奇心强;言语模仿力强;以形象思维为主。	拟人体童话居多。篇幅短小,情节简单,一波三折,内涵丰富,故事大都具有结构反复的特点。	以"故事"为主线,阅读理解故事——引发想象,创造性讲述或续编故事——个性多元,发现童话秘密——拓展阅读,延伸课外阅读童话。

"游人不解春何在,只拣儿童多处行。"坚守儿童立场是教育之本,低学段童话教学中更应关注文本特点,聚焦儿童生命个体在成长中的各种精神诉求,把童话教成童话。唯如此,教师才能把目光放得更远,去瞭望儿童精彩的未来。

在预测中感受童话的魅力

——《胡萝卜先生的长胡子》教学设计

【教材分析】

策略单元是统编教材的创新。《胡萝卜先生的长胡子》是统编教材三年级上册策略单元(预测)的第二篇课文,文体为童话,是一篇略读课文。故事讲述了胡萝卜先生因为漏刮了一根胡子,结果胡子粘上营养丰富的果酱发生了神奇的变化,引出了后面一连串有趣的故事。教材在编写时,有意隐去了故事后面的情节,增强了预测的开放性,进一步激发学生的阅读兴趣,让学生一边读一边运用在精读课文《总也倒不了的老屋》中学习过的方法进行综合实践,就故事的后续展开丰富有趣的预测,并讲清自己的依据。这种形式很适合三年级学生好奇心强、想象力丰富、乐于展示个人思考的年龄特点,让学生在学习运用中体验到阅读乐趣的同时,也提升了理性阅读思维。

【教学目标】

1.认识"萝、卜"等5个生字,读好轻声。

2.尝试综合运用学过的预测方法一边读一边进行预测,能根据故事的实际内容修正自己的预测。

3.感受边阅读边预测的乐趣,对预测的故事产生继续阅读的兴趣。

【重点难点】

1.综合运用学过的预测方法一边读一边进行预测。

2.能根据故事的实际内容及时修正自己的预测。

【教学时数】

一课时。

【教学过程】

板块一:激趣导入　课文定位

1.导入:今天老师给大家带来一个有趣的童话故事——《胡萝卜先生的长胡子》。

2.读好课题,读好四个轻声:卜、生、的、子。

3.关注星号,确定课文定位:略读课文需要同学们自主学习。

4.(出示图书)这个故事出自这本童话集,作者是童话作家王一梅阿姨,第一篇就是《胡萝卜先生的长胡子》。

板块二:设置情境　复习方法

1.设置情境。

(1)本单元将带领我们走进"童话预测王国闯关赛",《胡萝卜先生的长胡子》是本单元的第二篇课文,通过这个单元的学习,我们要掌握一个阅读本领——学会预测,成为预测高手。

(2)我们要通过今天的学习评选出"童话预测大王",评选要经过四关的考验:第一关复习热身赛;第二关预测过程赛;第三关预测结果赛;第四关拓展预测赛。在比赛中,爱思考、爱发言的同学和小组有机会获得"预测大王"的称号哦!

2.第一关:复习热身赛——复习预测方法。

过渡:温故而知新,让我们进入第一关,复习热身赛。

(1)复习《总也倒不了的老屋》一课:

A.可以预测的地方:题目、插图、文章内容等。

B.快问快答游戏:预测的方法有哪些?(学生用回答＋手势表达对错)

可以依据阅读经验,联系生活经验,依据生活常识,联系文章内容,也可以胡思乱想来预测(预测要有依据)。

板块三:运用预测　走进课文

过渡:预测可以让我们的阅读更加有趣,让我们一起走进胡萝卜先生的故事吧。

1.第二关:预测过程赛——1—9段。

打开课本,齐读阅读提示:读下面的故事,一边读,一边想:接下来可能会发生什么事情?

今天胡萝卜先生也来到了我们身边,喊喊他的名字(出示胡萝卜先生图)胡萝卜先生的胡子有多长呢? 胡萝卜先生的胡子有多长,我们的故事就有多长。

(1)个人预测。

小调查:这篇课文谁已经提前预习读过了?

第一次读这篇课文时,你有没有边读边预测过呢?

(2)默读课文 1—6 段:完成表格。

圈画出预测的地方	我预测下面会发生什么	我的依据

考一考:当你读到"有一个男孩儿正在放风筝,线实在太短了",会推测下面发生什么呢? (贴:放风筝)

(3)小组合作 7—9 段:完成表格。

我们预测下面会发生什么故事	我们的依据

预测情节:交流第 9 段,关注省略号,故事还没有结束,如果你善于预测,这将会是一个像胡萝卜先生胡子一样长的故事。下面还会发生什么呢?

预测细节:男孩、做风筝、说、扯、剪、鸟太太、晾尿布。

讲好故事:鸟太太用长胡子晾尿布的情节。

(4)其他可能发生的故事。

过渡:故事的发展有很多种可能,请小组合作预测"后来还可能发生什么故事"。

我们预测后来还可能发生什么故事	我们的依据

小组讨论,推选出最佳预测,写、贴黑板。

小结:想象力越丰富,预测的能力越强,故事也会越来越长,就像胡萝卜先生越来越长的长胡子一样。

由学生选出最想听的一组预测,请学生讲故事。

(5)对照原文故事。

老师朗读故事部分原文,和学生交流:和你预测的一样吗?哪些差不多?哪些不一样?

A.预测与原文不一致,错了吗?只要是有依据的,无论与原文内容是否一样,都值得点赞。

B.预测与原文不一致,该怎么办?及时修正想法,接着猜测。

评议:自我评价、学生互评。

2.第三关:预测结果赛——小组合作推荐。

过渡:好的童话故事,都有一个令人回味无穷的结尾,你觉得这个故事会有一个怎样的结尾呢?

(1)小组讨论。

温馨提醒:预测要联系前面的故事;预测要有理有据。

(2)小组填、贴预测结果。

(3)学生推选最想听的结尾,先预测会发生什么,然后请小组推荐成员讲述。

(4)评议:学生互评、老师再评。关注预测的合理性和故事的新鲜感。

(5)教师朗读故事的结尾,学生对照自己的故事。

小结:生活就是这样奇妙,如果你热情而快乐地对待它,原本的烦恼也可能变成快乐。

板块四:实践运用　推荐阅读

1. 第四关:拓展预测赛——实践运用小结。

(1)读读下面这些文章或书的题目,猜猜里面可能写了些什么?

读题目:《躲猫猫大王》《夏洛的网》《小灵通漫游未来》《团圆》《柔软的阳光》《帽子的秘密》《小丑洛卡》《给乌鸦的罚单》《想走路的树》。

预设:以人物或事件为题目的,可以围绕人物身份、经历、见闻等展开预测。容易引发读者疑惑的题目,可以围绕阅读时产生的疑惑来预测。以关键词为题目的,可以联系生活实际,预测人物和情节。

交流验证:请读过的同学说说他们预测得准不准。

小结:听了同学们对题目的预测,非常有趣,那一定要找来读一读验证一下喽。

(2)预测交流。

(3)推荐阅读:这里面很多故事都出自王一梅阿姨的《胡萝卜先生的长胡子》一书,想不想读一读?

(4)谈收获,推荐"预测大王"。

联系语文园地谈收获:预测的好处、带来的乐趣、课外阅读。

小结:合理想象,大胆预测。即使不一致,也很欣赏你,因为这就是阅读的乐趣,总是给我们无穷无尽的想象空间。预测是一种方法、一种能力、一种乐趣,边阅读边预测,我们一定会成为积极主动的阅读者。

有依据推荐班级"预测大王"。

2. 课后活动。

这样读书更快乐:选一本大家不熟悉的故事书,讲给同学听。讲的时候在某些地方停下来,让他们猜猜后面可能会发生什么。

在讲故事中"种植童话"

——《蜘蛛开店》教学设计

【教材分析】

儿童作家梅子涵说要在儿童心中"种植童话"。是的,童话是需要慢慢地在故事氛围中一课一课、一篇一篇种植的。"讲故事"是童话教学最基本也是最重要的方式。《蜘蛛开店》是统编教材二年级下册童话单元中的一篇,故事生动有趣,语言诙谐幽默,插图形象逼真,是激发儿童阅读兴趣、学习讲故事的好童话。

二年级学生活泼好动,以具体形象思维为主,易于接受新鲜、有趣的事物,并且富有想象力。但同时由于学生年龄小,认知能力有限,且多数存有"讲故事很简单,随便讲出来就好"的前概念,想讲好故事并不容易。这就需要教师引导学生理清故事的顺序,搭建讲故事的支架,利用示意图以及插图,达成"学生在提示下能够完整地把故事讲述下来"的目标。在教学设计中,教师要站在学生的角度看童话,用儿童的方式教童话,用故事的方式讲童话,通过读、讲、编故事自然而然地让学生获得知识、明白道理,真正爱读童话、会讲故事。

【教学目标】

1.继续学习有感情地朗读,感受童话的美好。

2.借助示意图讲故事,提高语言表达能力。

3.学习多角度续编故事,领会故事的寓意。

【重点难点】

1.借助示意图讲故事,提高语言表达能力。

2.学习多角度续编故事,领会故事的寓意。

【教学时数】

第二课时。

【教学过程】

板块一:趣话故事,认识"换"

(一)词语导入

孩子们,今天我们继续学习《蜘蛛开店》。你们喜欢故事吗?《蜘蛛开店》就是一个有趣的故事。今天,我们要讲好它。

(二)学习"换"字

1.梳理课文,让学生通过回忆简单地说出课文内容。

教师分别以"故事的主人公是谁?""顾客都有谁?""分别来买什么?"等问题,让学生回忆作答,回顾课文主要内容。

2.提炼"换"字。

引导学生发现蜘蛛卖的东西一直在变,让学生用横线画出三个招牌的内容。提炼出"换"字。

口罩编织店,每位顾客只需付一元钱。

围巾编织店,每位顾客只需付一元钱。

袜子编织店,每位顾客只需付一元钱。

3.学习生字"换"。

与学生一起学习字音、字义,组词,并示范"换"字的书写,指导学生写字,并提醒学生注意写字姿势。

过渡:句子呀,是汉字的家。我们把它送回去,一起读一读:

1.蜘蛛的招牌换了。

2.蜘蛛的招牌又换了。

板块二:趣讲故事,品悟"换"

(一)学习讲故事法宝一:学一学,读一读

1.蜘蛛的招牌怎么换了又换呢? 我们一起读读这个故事吧,老师想先读给你们听。

2.法宝一:边读边想象画面,把你的想象读出来。(板书:学一学,读一读)

3.教师点拨朗读方法,让学生自由读、比赛读、全班读。

(1)顾客来了,只见身子不见头。蜘蛛向上一看,原来是一只长颈鹿,他的脖子和大树一样高,脑袋从树叶间露出来,正对着蜘蛛笑呢。

(2)蜘蛛织啊织,足足忙了一个星期,才织完那条长长的围巾。

(3)可是,蜘蛛看到顾客后,却吓得匆忙跑回网上。原来那位顾客竟是一条四十二只脚的蜈蚣!

4.引导学生关注关键词,发挥想象,读好相关段落。

过渡:同学们,刚才我们把这个故事读好了,想不想讲好这个故事做故事大王呢?(出示皇冠)

(二)学习讲故事法宝二:加一加,讲一讲

1.老师送给你们第二个法宝,就是在故事有趣的地方加上你的想象、表情和动作。(板书:加一加,讲一讲)

2.教师示范朗读,在有趣处停下来,以采访的形式,让学生去想象,加上表情动作把故事讲出来。

顾客来了,是一只河马。河马的嘴巴那么大＿＿＿＿＿＿＿＿。口罩好难织呀,蜘蛛用了一整天的工夫＿＿＿＿＿＿＿＿,终于织完了＿＿＿＿＿＿＿＿。

出示河马、蜘蛛的对比图,让学生仔细观察,引导学生想象:

(1)想象你就是这只小蜘蛛,你看到河马时是什么心情呀?看到的河马嘴巴又有多大呢?

(2)在给河马织口罩的这一整天里,你是怎么织的呢?

(3)好不容易织完了,小蜘蛛们,你们累不累呀?

3.分别出示插图,让学生观察插图自由想象,运用加一加的法宝去选择其余两个小故事讲一讲。先跟同桌互相讲,再全班展示。

4.借助示意图讲故事:结合板块一梳理的词串,尝试把《蜘蛛开店》的整个故事用自己的话讲出来。

过渡:真正的故事大王,不仅会读故事、讲故事,还会编故事哟!

板块三:趣编故事,思考"换"

(一)学习讲故事法宝三:想一想,编一编

1.你们知道《蜘蛛开店》这个故事是谁写的吗?

鲁冰叔叔,中国当代童话作家。当他得知《蜘蛛开店》被选入教科书后,激动得像个小孩子,他高兴地说:"我从小就有个梦想,写好童话。上小学时读过《小马过河》《亡羊补牢》《揠苗助长》等课文,没想有一天,因为自己的坚持,自己的童话会与这些作品一起被选入语文课本。"

2.孩子们,你们想不想有朝一日,自己也写出这么好的童话故事呢?来,我们先从续编故事开始。老师还有第三个法宝呢,想一想别人的故事是怎么编的,自己试着用这个办法编一编。(板书:想一想,编一编)

(1)回忆课文,说说蜘蛛的顾客分别有什么特点。

$$一只蜘蛛\begin{cases}口罩 & 一只河马(\quad ?\quad) \\ 围巾 & 一只长颈鹿(\quad ?\quad) \\ 袜子 & 一条蜈蚣(\quad ?\quad)\end{cases}$$

(2)仔细观察,你发现了吗?蜘蛛打算卖口罩的时候,来的是大嘴巴的河马;打算卖围巾呢,又来了脖子像大树一样高的长颈鹿;后来决定卖袜子,却来了四十二只脚的蜈蚣!这也太"巧"了吧!可是呀,正是如此,才有趣呢!

3.你能像作者鲁冰叔叔那样给蜘蛛换个招牌吗？或者,你如果有比鲁冰叔叔更聪明的办法,让蜘蛛把店开好的话,蜘蛛会很感激你的呢。看,这只小蜘蛛说:开家商店不容易,口罩、围巾和袜子,累趴只赚一块钱,你说怎么做生意?

4.孩子们,发挥你的想象,跟小伙伴说说接下来蜘蛛的店又会发生什么样的故事吧!看看谁是编故事大王。

学生上台展示续编故事情节,教师相机引导他们运用增加想象表情、动作等把故事编得更丰富,讲得更生动。

教师小结:哇,无论是换招牌还是换想法,都是一种解决问题的办法。你们真棒!孩子们不仅故事读得好,讲得好,还编得好。现在,你们都是老师眼中的故事大王!

5.课外延伸:看到大家这么爱读故事讲故事,老师想给大家推荐另一只蜘蛛的故事《夏洛的网》,还有鲁冰叔叔的童话集《月亮生病了》,希望大家读一读。

（田　丽　王凤华）

小说

发现小说的样子：基于文本特征的小说阅读和教学

一、基于文本特征的小说阅读

小说是什么？从不同身份和视角出发，就有不同的解读。文学理论家从文学理论层面这样定义小说："小说是用散文写成的，具有某种长度的虚构的一个故事。"定义中的"散文"，不是狭义的散文，而是对韵文而言的。"是用散文写成的"指向是叙述。那么，作家会如何定义小说？王安忆是当代著名作家、中国作家协会副主席、复旦大学中文系教授，专门研究小说。王安忆说："小说是心灵的历史。"

我们为什么要读小说这个问题，换而言之，就是问小说的价值在哪里？小说是我们阅读的各种文体当中，最接近人生命体验的一种文本。小说有效地延长了我们有限的生命，我们可以从远古读到未来，可以同情同理，穿越时空成为小说中的任何一个人物，度过一段别样人生，用代入的方式丰富我们单一的人生经历。近几年来，大家熟知的一些影视剧，就是由作家的小说改编的。梁晓声的《人世间》、陈忠实的《白鹿原》、路遥的《平凡的世界》、余华的《活着》、王安忆的《长恨歌》、刘慈欣的《三体》、麦家的《风声》等都改编成了电影或电视剧。很多人可能对这些小说并不是很了解，但是通过影视剧，却被勾起了对小说阅读的兴趣。当我们捧起这一本又一本厚厚的小说，去阅读经历、去进行一种新的思考、新的解读时，就是我们在用虚拟的方式来丰富我们的人生体验。好的小说，就是会有一种这样的阅读效果。

作家层面对小说的定义是"小说是心灵的历史"。那么走进小说，其实就是走进作家的心灵。但是走进小说和走进作家的心灵，还是有层面上的不同的。

作为读者，如何阅读小说？知乎用户张佳玮在面对这一问题时曾说，在他来看，读小说最好的法子就是——不管其他，只管去读。是的，作为普通读者，读小说就像在进行一场很安全的世界旅游，任何介绍的手册、评述和批评都暂时别管，别想太多，别先定义，只管去游历体验这个语言建构的世界。至于小说的意蕴、修辞、风格、审美、结构，这些都是学者们的事，不用一一剖开，好比吃肉不用先特意剔骨挑筋一样。埋头一口气读完，体验到那个世界的感觉就很好。

作为教师，我们又该怎样解读教材中的小说呢？这个时候我们不再是一般的读者，我们要关注作家和理论家定义小说时的一个共识——小说就是叙事，它的本质特征是虚构。我们就可以从这两个关键词切入，看看该如何去阅读。首先，来谈叙述。小说的灵魂就是叙述，一篇小说它可以没有非常突出的人物设定，也可以没有非常复杂精彩的情节，但是它绝不能没有叙述。我们要关注作者是如何叙述的，而不能同普通读者一样仅仅是开心地读、放松地读，我们还要关注作者是如何描写、如何叙述的。

四年级下册安排有张天翼先生的长篇小说《宝葫芦的秘密》的节选。

有老师这样设计：这个宝葫芦的秘密的主角是王葆，他淘气、爱幻想，请同学们在文中找找相关的证据。先给人物一个我们的理解和设定，然后请学生从文中找相关的事例来证明设定，用这样的方式去解读小说、教学小说合适吗？认真思考之后，我们会发现这样做是不合适的，因为这样做是非语文的小说教学。不能用提前预设一个观点，然后再去找证据的方式僵化解读小说。这种方式，其实就是把小说教学变成说明文和其他非连续性文本的教学，进行筛选信息的阅读。

王荣生教授说，筛选信息的阅读主要用在实用类文本的阅读上，对于小说这种文学类文本的阅读是不合适的。这样解读小说和教学小说，小说就变了味道，学生也会对这样的解读产生一种逆反心理，因为这并不是他自己通过阅读体味出来的，无法感受到阅读的快乐和文字的美感。

因而教师在解读小说时，一定要关注文本内在的逻辑和特有的语言表达方式。

二、基于文本特征的小说教学

首先要关注小说中白描式的语言。白描是小说中特有的语言表达方式，它是用最基本的词汇，用非常平白、朴实、简约的语言，来勾勒、塑造人物。教师在带领学生品读小说的时候，要特别关注白描式的语言，还要引导学生去理解这种语言的魅力，习得这种语言的表达方法。六年级有一篇课文是美国作家奥莱尔的《在柏林》。这是一篇小小说，非常之短，三四百字。文章里的语言没有一处是重复累赘的堆砌。它的开头是一句话："一列火车缓缓地驶出柏林，车厢里尽是妇女和孩子。"结尾是更短的一句话："车厢里一片寂静，静得可怕。"这两句话用词朴实简单，但却让我们体会到小小说的言短意长，令人沉静思考，耐人品味。五年级教材中有一篇课文《跳水》，作者是世界文学巨匠列夫·托尔斯泰，就是这样一篇短短的小说，对于列夫·托尔斯泰而言，却是非常重要的一个作品。他曾经回忆说这是他特意为儿童创作的三个经典故事之一，"这几个小故事，每一则都是经过我加工修改，润色达十余次的作品，而且它们在我所有的作品当中所占据的位置，是高于我一切所写的东西的"。这篇文章里面的语言就是经典的白描式语言。这样的语言，就是我们学生既能够读得懂，又能够弄明白，还能够习得的语言。

我们还要关注小说中人物对话异常的地方。在列夫·托尔斯泰另一篇小说《穷人》中，当桑娜等到她期待已久的丈夫的时候，两人的对话是有问题的。丈夫提的问题是："我不在，你在家里做些什么呢?"按照正常的逻辑，桑娜应该回答说："我在照顾孩子，打扫卫生，缝缝补补，我在等你回家。"可是桑娜却脸色发白地说："我嘛……缝缝补补……风吼得这么凶，真叫人害怕。我可替你担心呢!"她的语言表达是不流畅的，断断续续的。碰到这样的语言，教师应该关注并思考一下：为什么会有这样不符合正常逻辑的对话?抓住这个能够推动故事情节和展现人物心理的点，然后引导学生通过桑娜的语言，联系上下文进一步解读人物内心活动。

其次要关注小说语言的虚构性特点。小说是虚构的叙述，所有的作家也都在强调小说的虚构性，但有些课堂教学却把小说当真了。以鲁迅先生的小说《孔乙己》为例，就有教师这样设计主问题：今天我们来破案，是谁害死了孔乙己？这就把小说当作纪实来处理了，模糊了小说的特点。小说中孔乙己这个人物就是虚构的，他只是科举制度下文人的一个代表。而小说中的咸亨酒店则不是虚构的，它是在1894年由鲁迅的一个远房亲戚开设的。但在小说中，有这个酒店之名，却无酒店之实，这就是小说当中的虚虚实实。正是因为虚构，才让这个小说更具有可读性，更耐人寻味，这正如小说单元的人文主题所言："小说大多是虚构的，却又有生活的影子。"虚构的真正目的，就在于更好地表现出生活的真相。教师要有意识地引导学生体会到小说虚构和真实生活的关系以及两者之间的距离。

教出小说的味道:统编教材小学语文小说教学策略

一、统编教材小说编排

统编教材中,在中高年级有意识地编排了部分小说或小说节选,内容和形式都很丰富,古今中外、长篇短篇、童年、探险、科幻类的都有,均为名家名作。(见表1、表2)

表1 统编教材中高年级单篇小说

年段	课文	小说	作者
四下	19.小英雄雨来(节选)	《小英雄雨来》	管桦
	21.芦花鞋	《青铜葵花》	曹文轩
	23."诺曼底号"遇难记	《"诺曼底号"遇难记》	维克多·雨果[法]
	26.宝葫芦的秘密(节选)	《宝葫芦的秘密》	张天翼
五上	16.慈母情深	《母亲》	梁晓声
	20."精彩极了"和"糟糕透了"	《我的绝妙坏诗》	巴德·舒尔伯格[美]
五下	2.祖父的园子	《呼兰河传》	萧红
六上	16.盼	《夜路》	铁凝
	24.少年闰土	《故乡》	鲁迅
六下	9.那个星期天	《务虚笔记》	史铁生
	17.他们那时多有趣啊	《阿西莫夫短篇小说》	艾萨克·阿西莫夫[美]

表2　统编教材小说相关单元

册序及单元	人文主题	语文要素	文本	习作	快乐读书吧	文体单元
五下第二单元	观三国烽烟，识梁山好汉，叹取经艰难，惜红楼梦断。	1. 初步学习阅读古典名著的方法。2. 学习写读后感。	《草船借箭》《景阳冈》《猴王出世》《红楼春趣》	写读后感	《西游记》《三国演义》《水浒传》《红楼梦》	古典名著单元
五下第五单元	字里行间众生相，大千世界你我他。	1. 学习描写人物的基本方法。2. 初步运用描写人物的基本方法，具体地表现一个人的特点。	人物描写一组：《摔跤》《他像一棵挺脱的树》《两茎灯草》《刷子李》习作例文	形形色色的人		习作(小说节选为主体)单元
六上第四单元	小说大多是虚构的，却又有生活的影子。	1. 读小说，关注情节、环境，感受人物形象。2. 发挥想象，创编生活故事。	《桥》《穷人》*《在柏林》	笔尖流出的故事	《童年》《小英雄雨来》《爱的教育》	小说单元
六下第二单元	跟随外国文学名著的脚步，去发现更广阔的世界。	1. 了解作品梗概，把握名著的主要内容，就印象深刻的人物和情节交流感受。2. 学习写作品梗概。	《鲁滨孙漂流记(节选)》*《骑鹅旅行记(节选)》*《汤姆·索亚历险记(节选)》	写作品梗概	《鲁滨孙漂流记》《骑鹅旅行记》《汤姆·索亚历险记》《爱丽丝漫游奇境》	外国名著单元

二、小说教学的四个策略

现今中小学小说阅读教学有一个困境，就是学生很难"走进"小说世界，尤其是优秀的、有些阅读难度的小说。走不进去，何谈阅读？小说教学的前提就是要走进小说的世界。

小说教学的第一个策略是"读"。作为教师，我们要先读，认真阅读的同时提炼教给学生解读小说的方法，从而帮助学生进入小说的世界。学生也要在课堂前先读、先自我进入。此时，教师要激发学生的阅读兴趣，让学生在没有任何条条框框的束缚下,较为轻松地置身于小说里,用自己喜欢的、擅长的方式去读,可以快速浏览,可以跳读,也可以写写批注、提提问题来读。

小说教学的第二个策略是找准"点"。这个"点"对于学生来说就是他们不懂的、不会的、想做而又不能的地方,就是学习的起点。我们很多老师往往忽略了这个"起点",忽视对学情的研究,缺少预习检查,导致课堂当中讲了很多学生已经知道的,学生听着乏味,而学生不会的、不懂的,或者似是而非知道一点又并没有深入了解的点,老师却没有去触碰,这样的教学就是无的放矢,没有任何的教学价值和意义。对于有质量的课堂来说,教学要缘学情定起点,依体式定终点。就是要立足学生的起点,带领学生从不懂到懂、从不会到会、从不能到能、从知浅到知深的过程。起点和终点之间是由教师研究、设置的一定的阶梯性的语言实践活动,在活动实施中,让学生习得小说阅读的方法和写作的方法,这才是一堂有始有终的课。

小说教学的第三个策略是要看清"面"。我们教学当中其实有三个"面"。第一个就是故事层面,小说说了些什么。第二个是叙述层面,小说是怎么说的。第三个是思维层面,作者为什么这么说。第一个层面比较简单,第二个和第三个层面偏难,但却是高质量阅读需要关注的重点。教师在进行小说教学时,就应该高屋建瓴,了解不同年段、不同单元、不同的教学任务和要求,依据课标指引,步步落实,逐层提升。

小说教学的第四个策略是教给学生"式"。这个"式"就是解读的方式。小说教学的真正的落点,应该落在小说文本的解读方式上。也就是小说是怎么说的,作者是怎样写的,而不仅仅只落到小说的故事层面和小说的内容上去。作为老师,我们要让学生从一个不高明的读者,通过我们的小说教学落点不断升华,走向成熟的读者、高级的读者这一发展的方向,要教给学生了解作者叙述表达的特点和方法,这就是我们所说的解读方式。学会"式",学生就能读懂难点、破解困惑点了。

奇在人物,妙在写法

——《刷子李》教学设计

【教材分析】

    《刷子李》是统编教材五年级下册第五单元的一篇略读课文,选自冯骥才的小说《俗世奇人》。作者文笔生动,人物形象鲜明独特,情节一波三折,正所谓"奇在人物,妙在写法"。本文位于习作单元之中,因而要落实单元语文要素,就要在设计中关注"一二一"。"一"是指一条主线贯穿设计:这条主线就是刷子李的规矩——"只要身上有白点,白刷不要钱"。"二"是指围绕两个人物的情节波折:关注主角刷子李的动作语言,研读重点句子,感受刷子李之"奇";关注配角曹小三的心理变化,凸显小说情节的一波三折。最后这个"一"是指学习运用"一"种写法:着重学习侧面描写人物的方法,学习运用侧面描写来表现一个人的特点。

【教学目标】

    1.阅读课文,感受小说情节一波三折的魅力。

    2.走近人物,了解刷子李技艺和形象之"奇"。

    3.学习写法,领悟并运用侧面描写凸显人物的方法之"妙"。

【重点难点】

领悟并学习作者刻画人物形象的方法。

【教学时数】

第二课时。

【教学过程】

板块一:词串学习,归类识记

1.检查第一节课学习情况,读一读这些词语。

立下规矩　一手绝活　和着琴音　令人叫绝
半信半疑　神圣威严　名气有诈　发怔发傻

(1)读正确。和:应和、伴着。怔:后鼻音。

(2)写生字。"傻"的笔画笔顺。

(3)有节奏。拍手读。

(4)有人物。这两组词语分别指向两个人物和一个人物的心理变化。

板块二:品读课文,感受形象

1.快速浏览课文,圈画刷子李的"规矩":小说中不管是人物,还是情节,都是在围绕一个特别独特的"规矩"来写的,快速浏览课文,圈画这个独特的"规矩"。

2.规矩"只要身上有白点,白刷不要钱"。(板书:规矩、白点)

(1)这规矩是谁定的? 如果没读过这个故事,你相信吗? 为什么?

(2)他为什么敢定这样的规矩?(有绝活、艺高人胆大)

(3)补充材料:冯骥才在小说原文中有这样几句话,可以帮助我们理解这规矩:"码头上的人,全是硬碰硬。手艺人靠的是手,手上必得有绝活。有绝活的,吃荤,亮堂,站在大街中央;没能耐的,吃素,发蔫,靠边待着。这一套可不是谁家定的,它地地道道是码头上的一种活法。"刷子李的"绝活"就体现在"规矩"上。

(4)如果你是刷子李,你会怎样向别人介绍你这个规矩?(情境:采访)

3.过渡:规矩定得是响当当,说起来那是当当响,这规矩放到现在,也是很吸引人眼球的广告词。但,耳听为虚,眼见为实,事实胜于雄辩。这到底是个传说,还是真实存在的事实呢?(板书:?)

小说中,有一个人通过亲身经历,看到了真相,他就是——徒弟曹小三。(板书:曹小三)

板块三:侧面描写,感受人物形象

1.曹小三跟着师傅干活,眼睛从始至终就盯着一件事、一个点(白点),心理也随着这一件事、一个点而上上下下、起起伏伏。

2.再来读第二组词:半信半疑 神圣威严 名气有诈 发怔发傻(这词语背后藏着曹小三的心理变化。)

3.默读3—11段。

(1)找出描写曹小三情感变化的词句,简要批注。

(2)四人小组交流:不同时候,曹小三的心理分别是什么?用一个词概括。

(3)交流:

刚开始,曹小三对刷子李技艺高超的传说,看法是:

曹小三当然早就听说过师傅那手绝活,一直半信半疑,这回非要亲眼瞧瞧。

心态:半信半疑。(板书)信什么?(技术好)疑什么?(身上没白点、规矩)。

神圣威严——崇敬。

曹小三什么时候感到神圣威严?

每一面墙刷完,他搜索一遍,居然连一个芝麻大小的粉点也没发现。他真觉得这身黑色的衣服有种神圣不可侵犯的威严。

此时,曹小三会赞叹道:师傅可真神了,真厉害,真不可思议啊!

刷子李到底是怎样刷墙的呢?

只见师傅的手臂悠然摆来,悠然摆去,如同伴着鼓点,和着琴音,每一摆刷,那长长的带浆的毛刷便在墙面"啪"的清脆一响,极是好听。

来,我们也来学着刷子李一起来刷房顶吧。请大家站起来,把手举高。

只见他的手臂悠然摆来,悠然摆去,悠然摆来,悠然摆去(画面感,轻快悠闲自如,哪是刷墙,像是舞蹈)。

不但悠闲自如,那"啪"的清脆一响,还如同伴着鼓点,和着琴音,颇有节奏感。我们配音再来读:悠然摆来(啪),悠然摆去(啪)……那长长的……

这样的技术刷出来的墙又是怎样呢?啪啪声里,一道道浆,衔接得天衣无缝,刷过去的墙面,真好比平平整整打开一面雪白的屏障。

小结:看到这样"天衣无缝、令人叫绝"的效果,你觉得刷子李他还只是一个粉刷匠吗?(是追求完美极致的艺术家)他刷的房子不再是普通的房子了,简直是艺术品、仙境。

此时曹小三心里还"半信半疑"吗?只有一个词才能表达:赞叹/崇敬。

(4)从"半信半疑"到"崇敬",小说这样美好的结局,你觉得如何?(小说之所以吸引人,就在于情节的跌宕起伏)后来他的态度又为什么发生巨大的变化呢?

①当刷子李刷完最后一面墙坐下来,曹小三给他点烟时,竟然看见刷子李裤子上出现一个白点,黄豆大小。黑中白,比白中黑更扎眼。完了,师傅露馅儿了,他不是神仙,往日传说中那如山般的形象轰然倒去。

②此时,曹小三心里大喊:(完了,师傅露馅儿了,他不是神仙;他还会想:师傅能耐有假,名气有诈;师傅啊师傅,你干吗跟自己过不去,立这种规矩呀?)心中充满了对刷子李那条规矩的(板书:质疑)。

(5)正当他怕师傅难堪,不敢说,也不敢看,可忍不住还要扫一眼的时候,这一切都被刷子李看到了眼里,生齐读:刷子李忽然朝他说话:"小三,你瞧见我裤子上的白点了吧。你以为师傅的能耐有假,名气有诈,是吧。傻小子,你再仔细瞧瞧吧——"

一起加动作读:说着,刷子李手指捏着裤子轻轻往上一提,那白点即刻没了,再一松手,白点又出现,奇了!

此时曹小三眼睛直了,心里呢?(师傅的高超技艺真不是吹的,真是让人心服口服呀!佩服崇拜得五体投地)——崇拜。

4.感悟精神。

(1)小说最后两段话颇耐人寻味,我们一起读一读:

刷子李看着曹小三发怔发傻的模样,笑道:"好好学本事吧!"

曹小三学徒的头一天,见到听到学到的,恐怕别人一辈子也不一定能明白呢。

(2)曹小三明白了什么呢?(补白)。

A手艺人必须有真功夫,真"有两把刷子",有了本事才能有自己的尊严。一招鲜吃遍天。B绝活背后是专注一件事,勤学苦练、精益求精得来的——"工匠精神"。

(3)这件事,让曹小三眼中、心中对刷子李立下的"规矩"信服了,被师傅的绝活折服了。这件事,也让我们读者对刷子李的认识更清晰了。

交流:你眼中的刷子李_____(技艺高超、一手绝活、专业高手)。

初步形成"三百六十行,行行出状元"的认识。

(4)理解"刷子李"名号:现在知道"刷子李"为什么叫"刷子李"了吗?

齐读小说文段:各行各业,皆有几个本领齐天的活神仙。刻砖刘、泥人张、风筝魏、机器王、刷子李等。天津人好把这种人的姓,和他们拿手的行当连在一起称呼。叫长了,名字反倒没人知道。只有这一个绰号,在码头上响当当和当当响。

(5)小结:刷子李是传说?还是传奇?(传奇)刷子李就是真正的"俗世奇人"(板书),他真有两把刷子。

板块四:迁移运用,仿写人物

1.学习写法:侧面描写。

(1)"三只眼睛":学习语文要有三只眼睛,两只眼睛看文章写了什么,一只眼睛看文字背后,作者是怎样写的。关注写法:小说的主人公是(刷子李),为什么却用大量的笔墨去描写曹小三看到的、想到的呢?

(2)小结:①作者冯骥才描写曹小三的感情变化,就是为了烘托表现刷子李的手艺高超。(板书:侧面描写)②这是我们这节课要重点学习的写作方法:通过描写周围人的反应,间接写出人物的特点。③这也是本单元的学习任务:学习描写人物的基本方法,感受"字里行间众生相,大千世界你我他"。

2.喜欢读《刷子李》这样的小说吗?是啊,语言风趣有风格,情节跌宕起伏、一波三折吸引人,所以,有人这样评价作者冯骥才,说:"冯骥才的笔就像女娲的手,把人物写得活灵活现。"作者也真是有两把刷子。

3.你们是不是也想像作者一样"有两把刷子"呢?一起来挑战一下吧。

(1)视频:我们南湾学校有位同学叫梁子诚,钢琴弹得特别好,大家称他"钢琴小王子",我们还可以称他为——"钢琴梁",他的梦想是:带着钢琴弹遍中国!想不想欣赏下他的表演。注意关注不同人物的表现哦!

(2)播放视频

(3)同桌交流:梁子诚的特点:技艺高超。怎样描写?(关注主角梁子诚的动作、表情,还要关注旁边同学的反应)

(4)小练笔。

(5)评价。

板块五:走进整本书,阅读拓展

1.谈谈这节课你的收获?

2.小说《刷子李》出自一本书——《俗世奇人》。

打开这本书,我们仿佛置身于老天津,来到一条老街上,店铺林立,人来人往,天津卫水陆码头上的奇人正在与自己擦肩而过。

(1)刷子李:身上有白点,白刷不要钱!

泥人张:左手捏泥人,贱卖海张五!

张大力:力气贼大,能顶头牛!

苏七块:接筋续骨,手到病除!

华大夫:看牙认罪犯,一认一个准!

(2)目录:18篇,18个故事,18个特点鲜明的人物,小故事,大智慧。正如作者冯骥才所言:这些事匪夷所思,却都来源于真人真事。

这些人空前绝后,都是俗世里的奇人!

3.课后拓展:

(1)观察身边有特点的人,试着用学过的方法写一写。

(2)读一读《俗世奇人》,感受下不同人物的特点。

微型小说的大境界

——《在柏林》教学设计

【文本解读】

《在柏林》一文通过刻画战争中平民百姓的悲剧形象,侧面反映战争给人民带来痛苦的残酷现实。学生对小说并不陌生,但还处于感性认知阶段,不宜进行过度解读。本课要关注单元"双线架构",凸显人文主题,落实语文要素"读小说,关注情节、环境,感受人物形象"。基于小说文体特点,准确把握略读课文目标定位。虽然小说内容与学生生活有一定距离,但可以通过情境设置,运用相关资料,引导学生从战争灾难这一主题入手,感受作品的独特,反思结尾环境描写的深意,挖掘有价值的学习内容。通过多形式朗读,资料补充,情境设计,努力还原真实、自然的阅读状态,珍视学生阅读中的多元感受,呵护并激发学生阅读小说的兴趣。

【教学目标】

1.默读课文,关注情节和人物,了解小说表现战争主题的方法。
2.感受小说结局构思的巧妙,体会作者对残酷战争的控诉。

【重点难点】

引导学生感受和了解小说的基本特点,习得小说阅读的基本方法。

【教学时数】

一课时。

【教学过程】

板块一:感受微型小说特点

1.短:
(1)自读课文,谈第一印象。
(2)特点:短,全文只有 360 多字。
(3)介绍小小说:又称为一分钟小说,本文被称为名篇中的精品。
2.任务:发现小小说的秘密。
3.秘密:概述,画情节线。
(1)发生在……起因……经过……最后老兵的话揭开谜底……
(2)情节一波三折,紧凑密集。

板块二:感受小说结局构思之巧

1.导语:怎样表现战争灾难?
(1)你会想到什么画面?
(2)对比其他文章(间接写战争)。
2.默读批注:(1)圈画;(2)批注。
3.人物:(1)(　　　　)的老妇人?

为什么这样? ——可怜。为什么?

(2)老兵:头发花白,本该如何生活? 可他呢?

可以不去吗? ——可悲。

(3)一家人:儿子、妻子、丈夫呢? 可叹。

仅此一个吗? 千万个家庭悲剧——战争灾难。小小说的一大特点:以小见大。

4.环境:还有哪些地方也能体现战争灾难?

(1)第一句"一列火车……"你的理解是什么? 背景:被强制服兵役,青壮年比例急速降低。

(2)结尾之"奇"。

好多语句都在控诉灾难,这种控诉在文章的一个地方达到了高潮——最后一段。

A:真的没有声音? 可能会有什么?

B:为什么作者这样写?

C:寂静、平静一样吗? 朗读:读出静。

D:小练笔:一片寂静中,每个人心里平静吗? 选一个角色,写写他的心理活动。

E:为什么作者就此突然结束?

F:结尾比较:《桥》,共同的秘密:文中不停地埋伏笔造悬念,结尾出人意料,情理之中。(奇)

这奇特的结尾——欧·亨利式结尾。

板块三:感受小说人物及主题

1.微电影,闭眼倾听,带想象,走进这节车厢。

2.交流:哪一幕印象最深?

3.思辨:(1)作者:美国人,为什么写敌对国?

(战火之下,无论是谁,无人幸免)

(2)你觉得这篇小说是真实的吗? 为什么读起来真实感人且震撼?

4.小结小小说的秘密:短小精悍,发人深省。

5.推荐欧·亨利小说:推荐美国短篇小说创始人、著名小说家欧·亨利的短篇小说名篇,联系课文,发现"欧·亨利式结尾"的特色,开启阅读之旅。

诗歌

用诗歌的方式教诗歌

——小学语文诗歌教学策略探析

一、诗歌的演变及特点

诗歌被称为"文学的文学"。中国是诗歌的国度,从2500多年前的《诗经》开始,历经古体诗、近体诗到现代诗歌,都因着语言简洁凝练,内容丰富广泛,感情真挚充沛,不断推陈出新,一直焕发着蓬勃旺盛的生命力,高歌嘹亮,延绵不绝。

诗歌的演变依附于时代的更迭。五四运动是诗歌的一个分水岭,五四运动之后形成的诗歌,被称为现代诗,也被称为"新诗"。现代诗与古代诗歌最大的区别有二:一是语言上不再使用文言,而是使用白话文,语言新颖灵动,感情真挚;二是打破了近体诗格式和格律的束缚,不再"戴着镣铐跳舞",表达形式更为自由,内涵也更加宽泛开放,丰富多彩。

古代诗歌是现代诗歌的前提与基础,现代诗歌是对古代诗歌的继承、发展和变革。两者虽有不同,但都集中反映了所在时代的生活风貌,表达着不同年代诗人的精神面貌和价值取向,有着一脉相承的特点。

(一)诗歌是语言凝练的艺术

诗歌是在人类文明发展进入一定阶段后出现的,并在文明的进程中不断生发、出新、变化。诗歌创作的年代无论在古代还是现代,诗歌的字数无论是多如屈原《离骚》的两千多字,还是少到现代诗歌的一个字、几句话,它都一直具有"炼字"的特点。"炼字"就是指诗歌语言上高度的概括性,因而诗句具有高度凝练的简洁,正如古人所言"吟安一个字,拈断数茎须"的境界。诗句虽短,但却字字珠玑,回味无穷,常常引发我们无限的联想和感慨。所以孔子说:"不学诗,无以言。"

(二)诗歌是节奏和韵律的融合

诗歌是韵文的一种,诗句节奏的急缓长短,音韵的高低起伏、循环往复是其重要特性。从古至今,诗歌都注重结构之妙、形式之美,对用字、句式、韵律都有一定的要求和限制,在形式上具有浓郁的抒情性以及和谐的音乐性,彰显着诗歌特有的节奏和韵律,让人读来抑扬顿挫,韵味深长。即使是现代不再过分强调格式和格律的自由诗、散文诗等,也在表达中暗含作者有意味的设计,和诗歌本身自带的节奏和韵律,需要读者去感知与品味。

(三)诗歌是丰富情感的具象

诗歌的创作就是作者借助想象将思想情感形象化、具象化。它的表层看上去是文字,是长短句式,读起来是节奏,是韵律的长短与节拍,走进去是诗人要表达的细腻情思,是情感的曲折起伏。没有情感,就没有诗歌,正如叶圣陶先生所言:"心有所思,情有所感,而后有所撰作。"

诗歌富有情感,且抒情言志。孔子说,诗可以兴。诗歌从古至今,都是抒发诗人情志的载体。《毛诗·大序》中言:"诗者,志之所之也。在心为志,发言为诗。"薛法根老师在课堂上则用更为通俗的比喻来讲诗歌的情感:如果把事情比作"米",那么诗歌的情感,就是把米酿成酒,最后看不到米,但是却能品到它的香醇甜味,这就是诗。只有我们内心充满感情的时候,才能写出诗来。

二、统编教材诗歌教学的定位

诗歌有着独特的审美价值和文化功能。义务教育阶段,统编教材选入了大量文质兼美的古代和现代诗歌,用以提升学生的审美能力,熏陶感染思想情感,培养文化自信。新课标从培养学生核心素养出发,在总目标和学段要求中,均对诗歌的学习提出了具体要求,见表1。

表1　不同学段诗歌学习内容及总目标

学段	板块	具体内容	总目标
第一学段	阅读与鉴赏	诵读儿歌、儿童诗和浅近的古诗,展开想象,获得初步情感体验,感受语言的优美。背诵优秀诗文50篇(段)。	热爱国家通用语言文字,感受语言文字及作品的独特价值,认识中华文化的丰厚博大,汲取智慧。感受语言文字的美,感悟作品的思想内涵和艺术价值,能结合自己的经验,理解、欣赏和初步评价语言文字作品,丰富自己的情感体验和精神世界。
第二学段		诵读优秀诗文,在诵读过程中体验情感,展开想象,领悟诗文大意。背诵优秀诗文50篇(段)。	
第三学段		阅读诗歌,大体把握诗意,想象诗歌描述的情境,体会作品的情感。背诵优秀诗文60篇(段)。注意通过语调、韵律、节奏等体味作品的内容和情感。	
第四学段		了解诗歌、散文等文学样式。诵读古代诗词,能借助注释和工具书理解基本内容。注重积累、感悟和运用,提高自己的欣赏品位。背诵优秀诗文80篇(段)。	

三、小学阶段诗歌的教学策略

立足诗歌本身的特点,结合新课标对不同学段诗歌学习的要求,可以发现诗歌的教学和学习是有层次、有梯度的。我们以三年级《童年的水墨画》的教学为例,谈谈诗歌教学的基本策略。

统编教材语文三年级下册第六单元以"多彩童年"为主题编排了四篇课文,《童年的水墨画》是本单元第一篇讲读课文,内容由作家张继楼创作的三首儿童诗组成,分别描绘了"溪边垂钓""江上戏水""林中采菇"三幅乡间儿童快乐嬉戏的画面,童趣盎然,能引发学生的阅读兴趣和丰富想象。诗歌短小凝练,语言活泼灵动,极具儿童情趣,诗句间留白的方式与传统"水墨画"的特性不谋而合,是培养学生想象力和审美能力的美学载体。

从发展学生语文核心素养的角度看,本课的教学目标应侧重"审美创造"素养的提升,使学生"获得较为丰富的审美经验,具有初步的感受美、发现美和运用语言文字表现美、创造美的能力"。课程内容是实现教学目标的凭借。从课程内容的角度看,联系本单元人文主题和语文要素,可将本单元定位入"文学阅读与创意表达"学习任务群。

综合文本与学情定位,为使师生共同完整经历一次学习诗歌的美好历程,教学中可以运用诵读感悟、丰富想象、比较阅读、尝试创作等策略,层层推进,实现让学生想象画面、解惑提升、积累运用的教学目标。

(一)诵读感悟,用诗歌的方式学诗歌

杜甫说"新诗改罢自长吟"。"长吟"是欣赏审视,也是走进诗歌的妙法。叶嘉莹先生认为诗歌的律动是先于文字的,诗歌与诵读是相伴相随、密不可分的。当我们面对诗歌,第一个层次应是直觉的、感性的、自悟的。因而这也应该是诗歌教学的第一个阶段——直面文本、放声诵读、读出自我感受。

《童年的水墨画》中的三首儿童诗,读者对象设定为三年级学生,十岁左右的儿童。他们从小跟着哼唱咿咿呀呀的儿歌,诵读朗朗上口的古诗一起成长,对于诗歌有着天然的喜好和感知基础。读,诵读,带着理解诵读,带着思考诵读,带着想象诵读,通过反复感知、涵泳、品味诵读,从而感受诗歌声音和韵律之美,这是最简单,也是最有效的方法。

诵读并不是无目的、无指向的,它更应是有层次、有目标、可指导操作性的。我们借鉴朱熹在《训学斋规》里提出的"大抵观书,先须熟读,使其言皆若出于吾之口;继以精思,使其意皆若出于吾之心。然后可以有得尔"。在本课的教学中,我们提出"五读"模式:

1. 读得正确,读得响亮。

2. 读得流利,读出节奏。

3. 读中想象,再现画面。

4. 读中思考,理解诗句。

5. 读中积累,熟读成诵。

"五读"让孩子在一次次有目标的朗读过程中,逐渐感知诗歌里蕴含的节奏、音韵,体会出自由、快乐的美感,由诗歌的表面走进内里,逐渐达到自主欣赏的程度。

(二)丰富想象,用儿童的方式理解内容

黑格尔在《美学》中指出"最杰出的艺术就是想象"。儿童善于想象,儿童诗以想象为特性,诗歌里常常表达诗人细致的观察和独特的感受,蕴含着丰富的想象。文中"溪边垂钓""江上戏水""林中采菇"三首小诗都是六行三句,语言凝练优美,宛若一幅幅意蕴深远的中国画。文字间作者的有意留白,与课题"童年的水墨画"、文中清新淡雅的插图相得益彰,非常适合培养学生的想象力,提升审美能力。

培养想象能力就是培养形象思维能力,培养对语言文字的直感能力。教学中,我们可以通过"三步"来实施:创设情境观察插图,进行图文对照;借助文字想象画面,补白诗句内容;关注修辞感受意境,体会内涵之美。

想象是具有个体性、模糊性、多样性特质的。因而每个孩子的想象都是独一无二的,每个孩子都可以在想象中获得属于自己的独特体验,这是弥足珍贵的。在引导学生进行想象时,教师要更多给予肯定和引导,鼓励学生少求同多求异,让丰富想象成为深入理解诗歌的通路。

(三)比较阅读,发现异同提升审美

比较阅读能激发学生读诗的趣味,同时提升学生的鉴赏能力,是对学生进行诗教的一条重要途径。在对《童年的水墨画》一课进行文本解读时,"溪边垂钓""江上戏水""林中采菇"三幅乡间儿童快乐嬉戏的画面,会让我们不禁联想起古代诗歌中那些同样童趣盎然的场景。因而适时合情地进行主题为"古今诗歌中的顽童"比较阅读是很有意思也很有意义的。

首先要精心选材。对照课文内容,我们可以将白居易的《观游鱼》《池上》、杨万里的《舟过安仁》《稚子弄冰》、胡令能的《小儿垂钓》、崔道融的《牧竖》选入教学的前、中、后段,进行激趣、对比、拓展阅读。

然后进行趣味对比。教师要带领学生从"求同"和"求异"两个方面进行对比。在"求同"时,让学生发现古今儿童的游戏、快乐之同不难,难的是指导学生发现古今诗歌中都擅长对儿童稚气未脱的动作、神态进行准确、凝练的描写,情境表演可以帮助学生轻松解决这个问题。当学生把自己当作诗歌中的儿童去表演,就需要反复琢磨文字、关注精当的描写、合理展现人物神态动

作,在表演中就自然而然破解了难题。在"求异"时,引导学生发现古今诗歌形式、音韵的不同很容易,但感受诗歌不同的描写手法却比较困难。可以让学生通过趣味诵读、借助文字想象画面,联系上下文等方法,发现现代诗歌善用比喻、拟人、"以此代彼"等手法,从而帮助理解"水葫芦""只见松林里一个个斗笠像蘑菇一样"等词句的意思。

诗教不是"说教",而是感动,是教化。不管是"求同"还是"求异",真正提升学生对诗歌的喜爱程度,提高学生品鉴诗歌的审美能力才是对比阅读真正的目的。

(四)尝试创作,联系生活创新实践

苏霍姆林斯基说:"每一个儿童,都是天生的诗人。"学习诗歌,尝试创作诗歌本就是自然而然、由知到行的事情。诗歌创作是借助想象将思想情感形象化、具象化的过程,如何巧妙地打开学生潜藏的诗心,让学生将心灵中的美好用诗歌表达出来呢?

先有诗的感觉,对诗意有感性的捕捉。教师首先带领学生通过纵情朗读亲近诗歌,联系诗句想象画面,联系自我萌发诗心。然后和学生一起走进熟悉的生活圈子,聊聊小时候玩过的游戏、曾经发生过的囧事、生活难忘的瞬间等,发现并寻找到其间在快乐游戏的自己和伙伴,这样就有了写诗的情绪和感觉。

再有诗的模样,对诗的形式有感性感知。现代诗歌中的儿童诗格式、诗行、长度、字数都没有严格的限制,可以根据内容灵活掌握。对于小学阶段的儿童,不宜过多讲解诗歌的写法,只是让学生明了把自己快乐游戏时的表现、情感,分行写出来,有停顿节奏的意识,就有诗的模样。

最好能加上诗的味道,因为童诗是灵动独特的,是有魔法的。"玫瑰不是诗,玫瑰的香气才是诗。""诗是心在走路。"这些都在告诉学生们要把自己的语言融入想象,运用恰当的修辞,就有诗歌独特的味道了。

在尝试创作诗歌的过程中,教师要基于学情,紧扣"尝试",循序渐进,积极鼓励,引领学生慢慢走进诗歌的深处,学习用诗歌的形式表达自己的情感,感受发现、创作、创新的乐趣。

人生的本质是一首诗。用诗歌的方式学习诗歌,用儿童的方式理解内容,用比较的方法提升审美能力,用尝试创作发现诗心表达情感,让我们一起在教与学中解开诗歌的密码,汲取成长的智慧与力量吧。

以趣激趣学儿童诗

——《送给盲婆婆的蝈蝈》教学设计

【教材分析】

《送给盲婆婆的蝈蝈》是一首儿童叙事诗,全诗展现了一位可爱的小朋友向盲婆婆送上心爱的蝈蝈的情景,其情感之真挚,其祝福之美好,其心地之善良,在诗歌的字里行间充分洋溢着,是一首充满童趣又寄意深远的好诗,也是一篇培养学生观察能力、感悟能力、朗读能力的好课文。教学中要做到以趣为源,激发主动学习:教学语言激趣,教学行为诱趣。配以多媒体的适时展示,引领学生真切体会到诗歌与文本的美好。

以生为本,关注年段特点:在学生的年龄特点和学情分析的基础上,依据课标,切合低年段目标的要求进行教学设计,重视朗读,重视字词理解,初步把握文体结构,理清文章脉络。以读为本,注重品读感悟:自由读,扫清阅读障碍;静心读,品悟文章情境美;感情读,表达体味情感美。以法为重,注重能力发展:渗透学法指导,培养学生自主学习能力,注重学生听说读写思能力的培养。

【教学目标】

1.学会本课"婆、绿、邻、居"等生字,理解由生字组成的词语。

2.初步了解课文的内容,理解课文第一小节,初步体会小男孩对盲婆婆的关爱。

3.能正确、流利地朗读课文。通过练读、评价、欣赏、背诵等方式,培养学生的观察能力、评价能力和朗读能力。

【重点难点】

1.营造入境悟情的环境,加深学生对诗歌的初步理解和感悟,准确、流利地诵读。

2.在字、词、句的训练中,如何将学习方法的传授落到实处,逐步实现迁移。

【教学时数】

一课时。

【教学过程】

一、导入:谜语激趣

1.老师今天给大家带来了一位昆虫朋友:

猜谜:腿长胳膊短,身披绿衣裳。家在田野里,总爱把歌唱。(蝈蝈)

2.出示蝈蝈图片:介绍:它有一个神奇的本领——会唱歌(音频:蝈蝈叫声),怪不得大家都叫它——田野歌唱家。

3.关注轻声,读好词音。

4.这只会唱歌的蝈蝈要送给谁?(盲婆婆)

5.生字:"婆"是我们今天要学习的生字,读准词音:婆婆。

6.回归课题:

(1)关注轻声,读好课题。

(2)提问:读了课题,你还想知道什么?

(3)交流,让我们带着这些问题,一起走进课文吧。

设计意图:设计中体现"以人为本"思想,通过谜语引入课题,点燃孩子好奇心,然后猜其"名"、闻其"声",根据课题提"问",整个设计环环相扣,趣味盎然,有效地激发了孩子研读文本的兴趣。

二、初读:学法指导

(一)学法指导

1.课前,读过这篇课文吗?(做好预习是学好课文的法宝)

2.讨论:读课文时,遇到不认识的字怎么办?(借助拼音)

遇到难读的句子,一下子读不通怎么办?(多读几遍)

小结:读书小法宝。

(二)自读课文

1.一读:运用读书小法宝读一读课文,要求:读准字音,读通句子。

2.二读:这篇课文是一首儿童诗,是专门写给我们小朋友的诗歌,喜欢就再读一遍。

3.检查词语掌握:

盲婆婆、绿蝈蝈、乐呵呵、喜滋滋、走进田野、带回童年、流淌的清波、难忘的欢乐。

(1)加拼音:小老师领读。

(2)去拼音:开火车轮流读。

(3)男女生对读:手拍节奏。

4.三读:读出诗的节奏、歌的韵味。

5.重点指导:读好第三小节。

(1)方法一:遇到难读的长句子,应该多读几遍

歌声会领您走进田野,
看到小溪流淌的清波。
歌声会把您带回童年,
想起往日难忘的欢乐。

(2)方法二:学会自然停顿,把准诗的节奏。

歌声会领您/走进田野,

看到小溪/流淌的清波。

歌声会把您/带回童年,

想起往日/难忘的欢乐。

师范读,生练读。

6.四读:了解主要内容。

(1)分小队接龙读课文。要求:注意倾听,学习评价。

(2)指导朗读:题目和正文之间、小节与小节之间的停顿要恰当。

(3)相互评价。

(4)填空概括文意:小男孩把会唱歌的(　　　　)送给(　　　　),希望给她带来(　　　　)。

设计意图:朗读,是阅读的起点,是理解课文的重要手段。其中,多形式的、有要求的朗读,更是低年级学生课堂中行之有效的措施。在一次次与文本的接触中,学生展开了想象,获得了初步的情感体验。

三、细读:第一小节

1.起名激趣:想给小男孩起个什么名字?

2.你喜欢乐乐吗?为什么?

3.乐呵呵。

(1)乐乐为什么会乐呵呵?(捉到蝈蝈时)

(2)共情:如果是你好不容易捉到了一只这么可爱的蝈蝈,心情会怎样?表情呢?

(3)同桌互相展示一下,带着快乐笑容读前两行。

4.随文识字:盲。

(1)师故意漏读"盲"字,引出问题。

(2)盲字的演变:一个汉字就是一幅画,象形字(眼睛)——汉字(目),眼睛看不到,没有了光明(亡),就是(盲)人。

(3)婆婆就是盲人,一直生活在黑暗中(多么孤单寂寞啊),是谁一直在心里惦记着盲婆婆呢?

5.随文识字:邻居。

(1)乐乐和盲婆婆又是什么关系呢?(邻居)

(2)邻居指的是?联系学生生活。

(3)组词理解。邻:邻近,居:居住。(相邻居住的人家,就叫邻居)

(4)说话练习:你觉得邻居之间要(相互关心、帮助)。

(5)谚语积累。

6.喜滋滋。

(1)远亲不如近邻,乐乐为什么会喜滋滋地把蝈蝈送给盲婆婆?

(2)他心里是怎么想的?

(3)联系生活:你有没有帮助过别人,心里喜滋滋的感受呢?

(4)朗读:一起喜滋滋地读好这两行。

(5)游戏:照样子,再说几个形容心情愉悦的词?10秒记忆比拼。

(6)笔记积累:好记性不如烂笔头,选一个记在旁边。

7.动词表演读。

(1)圈出藏在小节中的动词。

(2)朗读:关注表情,带上动作,会读得更好。

8.背诵:(　　　)地捉回了一只(　　　)的蝈蝈,

(　　　)地送给了(　　　)的(　　　)。

9.口语交际。

(1)乐乐在给盲婆婆送蝈蝈的时候,会说些什么?做些什么?

(2)生生互动:同桌分角色表演。

(3)师生互动:师生分角色表演。

设计意图:熟读品析是学习课文很重要的办法。要读得充分一些,用课文的语言来规范儿童的语言,增加他们的积累,逐步内化为自己的语言。学习不仅与书本结合,更重要的是与生活相结合,让学生明白一切来源于生活,要学会细心观察生活。

四、设疑引趣

1.这首诗歌原名叫《爱唱歌的蝈蝈》,数一数,文中和唱歌有关的词语有几处?

联系乐乐反复说"这是一只会唱歌的蝈蝈"。

2.设疑:这只会唱歌的蝈蝈会给盲婆婆带来什么呢?我们下节课再继续学习。

五、学习写字

1.读准字音:婆、邻、居。

2.记住字形:你有好办法记住它们?

婆:加一加,上下结构。

邻:加一加、换一换,左右结构。

居:加一加,半包围结构,识字本领很大。

3.写好汉字:

(1)婆:注意观察:当波、女加一加变成婆字时,有什么变化?(两字变扁、紧挨横线)

师范写,生书空。

(2)邻:关注笔顺,(书空笔顺)。哪些笔画需要提醒大家?圈出笔画。

(3)居:字头不大不小居中,古字很调皮半藏半露。关键笔画。

(4)生练写:结构紧凑,关注关键笔画。

4.评价指导:

(1)写字姿势。

(2)学生相互评价,在好看的字旁加星。

(3)师巡视指导加星,展示评价。

设计意图:识字认词,是低年级教学的重点。授之以鱼不如授之以渔,低年级重视写字习惯的养成和学习方法的引导将使学生受益终身。在识字方面,重在兴趣诱导、方法引导。在写字方面,要促使学生养成"姿势不对不写字""既要把字写对,更要把字写好"的习惯。

六、拓展练习

听音乐。你听,蝈蝈又在唱歌了,它想提醒大家什么?

(1)主动练习:和生字交朋友。

(2)主动探究:思考会唱歌的蝈蝈会给盲婆婆带来什么,为下节课的学习做好准备。

(教学设计获江苏省第六届"蓝天杯"中小学教师优秀教学设计一等奖;课堂教学获江苏省第八届"蓝天杯"小学语文教师赛课一等奖)

诗中有画,画中有诗

——《绝句》教学设计

【教材分析】

　　《绝句》这首古诗是唐代诗圣杜甫组诗《绝句》的其三,这首诗在统编教材二年级下册的第六单元中,是《古诗二首》的第二首。本单元的教学重点之一是:"联系生活实际,了解课文内容。"《绝句》这首诗有具体的景物:黄鹂、白鹭、青天、千秋雪、万里船,有明快的色彩:黄、青、翠柳、白雪,借助景物、色彩作为学生想象画面中的实物,教学时可引导学生凭借这些实物联系学生的生活实际,帮助学生理解诗句的意思内容,落实本单元的教学重点,提升学生的理解、表达等语文能力,让学生感受春天的美好,体会古诗描绘的意境,借助古诗的美好画面、意境培养学生的审美情趣。"书读百遍,其义自见。"在课堂中以多种形式的朗读、诵读来理解古诗;《绝句》画面感强,在教学时以"诗中有画,画中有诗"为主线,有层次地引导学生理解古诗的意思。在读通、读懂诗句的基础上展开想象,形成画面,使学生能用自己的语言描述古诗的情景,表达古诗意境。

【教学目标】

1.认识"鹭、鹂"等 6 个生字,会写"绝、含"等 4 个字。

2.能正确、流利诵读古诗,背诵古诗。

3.了解古诗的意思,感受古诗描绘的意境。

【重点难点】

1.诵读,理解古诗的意思,描述古诗的画面。
2.理解"窗含"的意思,初步感受古诗的意境。

【教学过程】

课前交流:激趣导课,走进春天。

1.出示《春日》,师生诵读,问:古诗描写的是什么季节呀?

2.出示《村居》,男女诵读,师:在这草长莺飞的季节里,正是全家踏青郊游的好时节。

3.出示图片,指名猜古诗,师生齐读《春晓》,感受春天之美。

4.出示图片,指名猜古诗,师生齐读古诗《咏柳》。

设计意图:"知之者不如好之者,好之者不如乐之者。"上课伊始激发起学生学习古诗的兴趣,让学生快速进入状态。

板块一:认识诗人,导入古诗

导语:同学们,春回大地,万物复苏,春天是一年中最具有诗情画意的季节。刚才在你们的朗读声中,老师感受到了春天的美,今天我们要再来学习一首描写春天的古诗,先让我们认识写下这首诗的大诗人。

1.介绍诗人。

出示杜甫图片,猜猜他是谁?看到杜甫,你想说?

唐代著名诗人,与李白并称为"大李杜",后人把他称作"诗圣"。

2.导入新课,板书《绝句》。

(1)导语:一千多年前,杜甫在成都西郊浣花溪边的草堂里写下了《绝句》这首诗。学生齐读课题。

(2)师范写生字"绝",学生书空。

(3)再读课题。

(4)关于绝句,你了解多少?

(5)师板书"七言",学生齐读两遍"七言绝句"。

设计意图:认识杜甫,了解杜甫其人其事,积累常识,"绝"是本课要写的生字,通过观察老师板书和齐读课题,孩子们正式认识"绝"字。

板块二:检查预习,读好词串

1.读好词串。

(1)出示词串。

两只　黄鹂　西岭　千秋雪

一行　白鹭　东吴　万里船

大家都预习了,老师来考考大家,这些词串你们会读了吗?

(2)指名领读,全班跟读正音。

(3)指名展示读(横读)。

学习多音字"行"。

(4)竖读词串。

①师生对读。

②男女生对读。

③师生对对子读词串,理解词语。

第一遍顺着读,第二遍打乱读,稍微点拨词组。

2.学习生字"岭"。

(1)出示山岭图片,齐读词语:山岭、西岭。

(2)指名读词语"岭南",读岭南的解释。

(3)师示范写生字"岭",学生练习写字。

导语过渡:同学们,这些词语都是古诗里的词语,大家会读词串,会写生字了,大家一起来读一读这首古诗吧。

设计意图:不同形式的对读让学生在朗读中识字,准确读词语为学生朗读、学习古诗扫清字词障碍,为学生接下来的朗读古诗打下基础,以展示的形式朗读词串也是为鼓励学生坚持前置学习。

板块三:诗中有画,画中有诗

1.学生自由读古诗,指名展示读古诗。

2.老师示范趣读古诗(老师拍手读古诗)。

3.学生自由练习,展示读。

4.师生合作趣味读诗。

师引读:两个黄鹂鸣翠柳,女生:鸣翠柳。

男女生合作趣读古诗。

5.了解古诗内容。

同学们,古人云:书读百遍,其义自见。读到这里你仿佛看到了什么呢?

(1)指名几名学生回答。

(2)师根据学生回答贴出板书:黄鹂、翠柳、白鹭、青天、千秋雪、万里船。

6.借助插图,理解诗意。

(1)两个黄鹂鸣翠柳。

①借助图画,理解古诗意思,体会诗句的意境之美。

②这样的景,这样的诗,充满了诗情画意。教师朗读。

③黄鹂的声音好听吗?(悦耳动听)。那你能读出这种感觉吗?(2个学生读,齐读)

(2)一行白鹭上青天。

①看到这幅图,你一定想到了什么。

②读出这句诗的味道,就要把"行"和"天"读好。让白鹭飞得再高一点,再远一点,一行排得长长的白鹭,飞上了青天,天很大,很广。让我们一起来带着动作来读一读。(指导读)

③教师范读。

同学们,看到这些场景,你的心情怎样?

④是啊,看到这些有声有色的景物真是让人心情愉悦啊,黄鹂站在柳枝上欢快地鸣叫,白鹭在蓝蓝的天空上飞翔。让我们想象画面,带着这种自由、美好的心情一起读一读。(重复两遍)

(3)窗含西岭千秋雪,门泊东吴万里船。

①同学们,你看这幅图,你又想到了哪句诗呢?

②理解"窗含"的意思。

③小杜甫们,此时你们就是以这样的心情站在窗边,你看到了什么景象呢?(西岭、千秋雪)透过窗户看到的就是"窗含"的内容。让我们读好这个"含"字。师范读,学生体会读。

④我们仿佛看到这船开远了。

(4)学生边想象画面边朗读古诗。

(5)学生看古诗图画,尝试背诵古诗。

设计意图:摒弃传统古诗教学中老师引导学生逐字逐句理解古诗的意思的教法,通过组织各种形式的朗读,想象画面,让全体学生参与课堂学习,说出自己的理解,在朗读中理解古诗大意。熟读古诗,为下面的诵读古诗、理解古诗打下基础。

板块四:"声临其境",吟诵古诗

1.复习平仄。

导语:同学们,诗人不是画家,却胜似画家,短短的四句诗,就描绘出了一幅春天的画,一幅有声有色、有动有静的画。让我们一起来感受中国古诗平仄之韵,再来感受杜甫大诗人的《绝句》之美。现在让我们穿越到一千多年前诗人杜甫所在的年代,看看他们是怎么读古诗的?(出示标有吟诵符号的古诗)

2.诵读,感受节奏。

(1)师生手势诵平仄。

这些有横有竖的是什么符号呀?那老师要再来考一考你们了,竖线是仄,横线是平,竖线底下加一点,看起来像感叹号的是仄声中的入声字,我们要读短促些。师生齐练习平仄手势。

(2)教师范读。

老师先来学古人吟诵一下这首诗。你们看,这样一读,我们能明显地感受到古诗的节奏美,有了这些小小的指挥棒,我们能把诗读得更美、更妙、更有味道。

(3)学生平仄自由练习、展示读。

请大家根据老师给出的平仄符号,先自己练习一下诵读,注意入声字的读音。请个同学来尝试一下。(记得评价)

(4)男女对读。

(5)师生配合读。

(6)全班一起读。

3.师生吟唱古诗。

(1)教师范唱、播放吟唱音频。

(2)学生自由学吟唱。

(3)展示吟唱。

4.拓展。

(1)学生自由诵读或吟唱。

(2)小组内展示。

设计意图:古诗是传统文化的瑰宝,在孩子心中播下一颗古诗的种子,运用多种方式读、诵、唱,打开孩子们学习古诗词的通道,边唱边想象画面,体会古诗词音韵之美,享受诗情画意。

5.布置作业。

(1)给古诗《绝句》配一幅画。

(2)吟唱古诗给家人听。

(王凤华　卓文青)

直觉之见，入境入情

——《江雪》教学设计

【教材分析】

《江雪》是唐代诗人柳宗元谪居永州时创作的一首五言绝句，被誉为"五言之冠"。当时，柳宗元参加"永贞革新"失败后，被一贬再贬为永州司马。国忧、家事、身愁集于一身，"茕茕孑立，激愤感伤"是他真实的写照，也是他创作《江雪》的背景。"千山鸟飞绝，万径人踪灭。孤舟蓑笠翁，独钓寒江雪。"全诗 20 个字，明白晓畅，朴实无华，都是常字常句，却字字精妙，用白描的方式勾勒出一幅幽远孤寂、境界开阔的画面。诗，读的是意境。意境，是情与景的融合，是境与思的统一。这"一孤舟、独钓翁、寒江雪"需要教师带领学生先入境，再入情。朱光潜说，诗的"见"必为"直觉"。对于小学生来讲，直觉之见，就是要通过反复诵读、想象联想、连接背景、引发感悟来渐入诗景、诗境。

【教学目标】

1.读诗韵：感受寒江独钓的氛围。
2.品诗意：寻访诗中之雪。
3.探意境：体会寒江独钓的孤傲。

【重点难点】

引领学生通过多形式朗读、品析,体会诗文意境之美。

【教学时数】

一课时。

【教学过程】

板块一:朗读正音,初步感受诗韵

1. 出示大雪雪景图。

看到这样的雪景你有什么想说的?

(1)今天我们来学一首跟雪有关的五言绝句。(板书课题)

(2)这首诗被誉为唐诗五言之冠。一首好诗,往往蕴含着一种心情、一个故事甚至一段历史,让人回味无穷。这节课,让我们走近《江雪》这首古诗。先一起读课文题目。

2. 初读古诗:读准字音,读出节奏。

(1)老师想问问同学们,平时你们是怎么学古诗的?

要先读。书读百遍,其义自见。

要理解。明诗意,悟诗情。

(2)老师还想提醒你们,读诗和读课文不一样,诗有韵,读起来有节奏,你能读好这首诗吗?请同桌互相听一听,同桌读得特别好,你就竖起大拇指夸一夸。

(3)指名读——翁。

指导:翁是后鼻音,放回诗句再读一读。

(4)谁愿意再尝试一下做回小诗人读一读?

指导学生朗读。

板块二:试讲诗意,感受寒江独钓的氛围

1.读着读着我们就有了抑扬顿挫的感觉。读完了诗,接下来我们要弄懂诗的意思。

2.你们以前是怎么理解诗句的意思的呢?查字典、看图等。这几个词你理解了吗?出示:径、翁、蓑笠。

3.径:

(1)什么意思?

(2)"径"这个字,我们之前就学过,径就是指小路。用学过的知识来帮助我们理解新知识,这就是古人常说的"温故而知新"。那万径可不可以说是一万条路呢?不可以,它是指许许多多的路。在诗词里面,数字一般都是虚指。比如:"窗含西岭千秋雪,门泊东吴万里船。""飞流直下三千尺,疑是银河落九天。"古诗中常用到这种手法。诗中还有一处这样的手法——千山,千山就是许许多多的山。

4.翁:"翁"指年老的男子,在诗中指的就是这渔翁。

5.蓑笠:

(1)蓑和笠现在不大常见,看看字形,看看图片,猜猜看哪个是蓑,哪个是笠?为什么这么猜?

(2)蓑衣是草叶编的,因而是草字头,这斗笠是竹子编成的,因而是竹字头。

(3)这蓑和笠有什么用呢?雨中挡雨,诗中遮风挡雪。

板块三:品析文字,寻诗中之雪

1.你觉得这首诗里面雪大不大?哪里有雪呢?找找看。

(1)独钓寒江雪:找到这个雪不算本事。还能在哪找到雪?

(2)预设1:千山鸟飞绝。

雪太大,鸟儿都看不见了。

这雪就藏在这"绝"上。我们平时说的"都没有了",就叫绝迹。

(3)这雪还藏在哪儿?"灭"。

预设2:万径人踪灭。因为雪下得很大,所以路上都没有人的踪影了。

灭:雪太大,连人的踪影、脚印都找不到了,灭就是消失了。

(4)预设3:孤舟蓑笠翁。

渔翁穿戴了蓑笠遮风挡雪。

(5)小结:这三句,只字未提雪,却见雪满天,实在是高妙!来,我们捧起书本,一起再来读读这首诗。

2.营造氛围:这皑皑白雪在天地间尽情地下呀,下呀。一首诗就是一幅画,闭上眼睛,你眼前展现了一幅怎样的画面?轻轻睁开眼。

(1)出示古诗注释,你能根据刚才的理解把你看到的雪景图写下来吗?

写话:只见_____。

(2)学生交流。

3.朗读:诗中有画,再来读这首诗,相信味道一定不一样了。

板块四:意境探寻,体会寒江独钓的孤傲

1.大雪漫天,这老渔翁却在独自垂钓,你有问题想要问一问这老渔翁吗?

2.看来大家的理解都不相同。要想真的了解一首诗,光读是读不出来的,有时候还得借助资料。古人常说:知人论世。了解诗人的背景更能走进他的心里。出示柳宗元生平简介。

3.此时你理解诗人的心情了吗?这老渔翁真的是在钓鱼吗?他钓的是什么?(生:孤独、伤心、失落等)

这孤独就藏在这诗里,你们看,泛起"千万孤独"。

4.再回过头看看你刚刚写的画面,你能否加些词语,或者加些话,把诗人的情感添进去?

5.交流。

6.读着读着我们似乎触摸到了诗人的心境。你能把诗人这份孤独、寂寞、悲伤、清傲读出来吗?齐读。

7.配乐:远处,雪山静寂,飞鸟无踪,无人之境;近处,江面苍茫,孤翁垂钓,清高冷傲。这画,这情,就浓缩在二十个字里,字字精到,句句精妙。无愧"五言之冠",再次纵情朗读。

板块五:课外延伸,渔翁文化

过渡:这真是一个孤独的渔翁,请大家跟我一起写这孤字。(板书:孤翁)

1.同学们你们知道吗?古往今来,很多文人墨客都有这渔翁情结。你看大诗人王之涣说——独钓寒江雪,江头卧钓船。

张志和说——青箬笠,绿蓑衣,斜风细雨不须归。

孟浩然也这样说——湖上老人坐矶头,湖里桃花水却流。

2.看来这柳宗元和他们一样孤翁不孤啊!那他们这些人钓的都是鱼吗?不着急,等你长大了就会慢慢明白了。

3.想象《江雪》画面,将课上所得所写和同学交流。

(陈晓萍　王凤华)

(本教学设计获苏州市小学语文青年教师课堂教学比赛一等奖)

散文

学习有意味的表达：小学语文散文教学设计策略探析

季羡林先生在他的《散文的真精神》中曾这样说："不管是叙事，还是抒情，散文的真精神不在于其他，而在于真实。"只有真实真情地描写身边看似微小的琐事，才能真正拨动千千万万读者的心弦，净化他们的灵魂。散文的真精神，就是作者有意味的表达。

一、编排有意味

在小学阶段，统编教材在中高学段安排了不少情真意切、文质兼美的名家散文作品，有些指向对散文意象的聚焦和情感的体悟，如老舍的《母鸡》和《猫》，丰子恺的《白鹅》。有些则作为提升学生习作能力的范本和例文，如梁容若的《夏天里的成长》、朱自清的《匆匆》、史铁生的《那个星期天》。下面我们立足散文的"真精神"，以习作单元的散文《夏天里的成长》为例，谈谈如何从阅读中学习作者有意味的表达。

《夏天里的成长》是六年级上册第五单元的第一篇精读课文，是一篇情趣盎然的散文。本单元的人文主题是"以立意为宗，不以能文为本"。此话出自南朝萧统《文选序》："老庄之作，管孟之流，盖以立意为宗，不以能文为本。"主要意思是说写文章应以确立意旨为宗旨，而不以文采为根本。这是针对学生作文时常常会陷入的一个误区而提出的，这个误区就是学生经常因为过于关注文字表达或技巧运用而忽略了文章的立意和中心。围绕这个主题，单元的语文要素有二:一是体会文章是怎样围绕中心意思来写的。二是学习从不同方面或选取不同事例,表达中心意思。充分体现了统编教材"阅读铺路,由读到写"的编写理念。

二、文章有特色

《夏天里的成长》以"体会文章是怎样围绕中心意思来写的"为语文要素,文章开篇就以"夏天是万物迅速生长的季节"这一中心句统领全文。围绕课文中心句,第2—4自然段分别从生活中具有代表性的动植物的生长、山河大地的变化以及人的成长等多方面进行生动描写。每一段话又在不同位置安放了中心句统领段落,这样围绕中心,层层铺开,体现了单元语文要素"从不同方面或选取不同事例,表达中心意思"的要求,是学生学习写作方法的一篇典范文本。

整篇文章结构清晰,构思巧妙,以描写为主,学生阅读起来比较轻松。文中短句居多,语言清新自然,结构相同的句子不少,读起来朗朗上口,富有节奏韵律。表达与内容非常契合,适合让学生反复朗读,学习积累富有特色的语言。

三、作者有真意

一篇好的散文,总能写出真切而独有的情致来。情致,反映的是不同作家作品中散发出的充满个性的气韵和味道。正所谓韵不相同,各如其面。《夏天里的成长》节选自梁容若《故乡集》中《夏天》一文的第一段。作者用浅显易懂、生动风趣的语言介绍了我们熟悉的事物在夏天里是如何生长的,并在最后点明"人也是一样,要赶时候,赶热天,尽量地用力地长",让读者感悟到青少年时期对于人成长的重要性,启迪人们要珍惜美好时光,健康、有活力、有力量地尽快成长。这是"有真意""有主旨"。

文章基于作者细腻的观察,从"飞快的,跳跃的,活生生的,看得见"的生命力,到"一天可以长出几寸,一夜可以多出半节"的动感画面,勾勒了万物生长的景象,这是"有画面"。从生物到非生物再到人的成长,五百多字的文章,作者描写了十几种事物,运用了二十多处"长"字,排比、拟人、夸张等修辞手法俯拾皆是,描写内容繁多而不重复,这是"有意味"。

四、设计有策略

一个好的教学设计,往往是以学生的学习为基点的。对于六年级学生来说,发现各种事物的"长"是相对容易且有趣的,但探究、发现文章写作结构之精到,体味并学习作者语言之妙趣,是需要梳理文脉、联系生活、设置真实情境去引导的。进行《夏天里的成长》教学设计时,我们要关注围绕中心意思"夏天是万物迅速生长的季节",立足散文文体特点,基于课文独特的结构,围绕"长"字带领学生进行有意味的探究,让学生在文中趣味找"长"字;找"长"字最多的一句话,指向第二段;找"长"字最多的一段话,指向第三段;进而趣味找"长",给"长得快、变化大"配音、想象画面。发现作者描写"长"的独特的表达方式,带领学生层层深入,习得方法,学习作者围绕中心意思从不同方面来写,并加以实践运用,凸显习作单元精读课文的地位和作用。以此通过多种形式的阅读指导和语文实践活动,引领学生整体感知与细节品析相结合,避免阅读的"碎片化",培养学生发现文本价值的能力,促进学生语文素养的发展,挖掘有价值的学习内容,从而习得写作方法。

本人在教学中,创新设计了"三棵树"作为学习本课的核心环节。在上课初始,用思维导图来梳理课文内容,填写完成"课文树"。课堂中通过探究让学生发现"课文树"的表达秘密,把握文脉,体会作者高超的写作技巧,并将之提炼为"思维树"。学完后,通过"思维树"构思"围绕中心意思"来写的课堂小练笔,加以实践运用。最后在课堂总结拓展时,将"思维树"升华为掌握学习方法后的自主阅读学习,阅读作者的《夏天》一文,发现不论是2000多字的原文,还是500多字的课文,都有共同的写作秘密,即围绕中心意思从不同方面来写。思维也随之得到提升,成为语文学习的"生长树"。这样立足学情,围绕文本中心意思,提升阅读与习作的"三棵树",有"牵一发而动全身"的功能,让整个课堂教学环环相扣,灵动活泼,形成完整闭环。

在教学中,本人一直倡导并践行儿童味、语文味、研究味的"三味语文"。

不管是文本解读还是教学设计,都强调基于课标、基于教材、基于文本、基于学生,指向学生语文核心素养的提升。力求设计主线是清晰、板块相扣的,课堂是活泼灵动细腻的,师生关系是舒服和谐的,互动是多层面的,思维提升是多角度的,努力让学生"进来前和出去时是有变化的"。我想,真正的经典都是有意味的表达,应该是常读常新、常教常新的。

发现散文名家名篇的写作秘密

——《匆匆》教学设计

【教材分析】

《匆匆》是现代著名作家朱自清先生写的一篇优美的散文,是统编教材六年级下册第三单元的第一篇课文。课文围绕"匆匆"二字,细腻地刻画了时间流逝的踪迹,表达了作者对时光流逝的无奈和惋惜。本课位于习作单元,单元语文要素有二:体会文章是怎样表达情感的;选择合适的内容写出真情实感。对这篇课文的教学,教师要重点引导学生感受作者对时光流逝的无奈和惋惜,还要结合课后问题,关注本文的写作特点,如连串问句、多用叠词、生活化语言等,引导学生学习体会作者是怎样来表达情感的,并运用所得进行写作练习。

【教学目标】

1.抓重点词句品析诵读,体悟情感,感知方法。
2.抓作品语言特色,体会情感表达方法。
3.两篇课文比较阅读,联系生活,习得方法。

【重点难点】

抓作品语言特色,体会情感表达方法,习得方法。

【教学时数】

一课时。

【教学过程】

板块一:整体把握课文内容和作者情感

1.谜语导入:最长又最短,最快又最慢,最贵又最"贱"的是什么?(时间)

2.联系生活谈谈你对时间的看法。

3.自由读课文。

作者对时间的感受是什么?

感受词语、句子特色。

关注叠词,感受语言风格。

(1)读出节奏。

匆匆、渐渐、默默、斜斜、白白、涔涔、泪潸潸、茫茫然、赤裸裸、轻轻悄悄、伶伶俐俐。

(2)朱自清《春》节选,关注叠词。

盼望着,盼望着,东风来了,春天的脚步近了。

一切都像刚睡醒的样子,欣欣然张开了眼。山朗润起来了,水涨起来了,太阳的脸红起来了。

小草偷偷地从土里钻出来,嫩嫩的,绿绿的。园子里,田野里,瞧去,一大片一大片满是的。坐着,躺着,打两个滚,踢几脚球,赛几趟跑,捉几回迷藏。

风轻悄悄的,草软绵绵的。

(3)对比思考:叠词让感情更强烈。

太阳他有脚啊,轻轻悄悄地挪移了,我也茫茫然跟着旋转。

太阳他有脚啊,轻悄地挪移了,我也茫然跟着旋转。

但不能平的,为什么偏要白白走这一遭啊?

但不能平的,为什么偏要白走这一遭啊?

3.整体把握:课文写了哪些内容,表达了怎样的感情。

板块二:学习连续问句直接表达情感的方法(1、4段)

1.品析第一段:批注交流,"直接问+连续问"感悟作者情感,指导朗读。

(1)作者围绕"匆匆",问了哪些问题?

(2)读好问句:疑问急迫,读出作者的思考。

批注思考:作者这一连串的问句,在问什么?

感受情感:一连串问句直接表达了作者对时间匆匆流逝的焦虑与无奈,充满了哲理思考。

2.自学第四段:

(1)思考交流:六个连续问句,作者想表达些什么?

(2)自读自悟:一连串的问句背后是作者对时光匆匆的不舍和不甘。

(3)对比阅读:以下两种表达方法,哪种更能表达作者情感?

在逃去如飞的日子里,在千门万户的世界里的我能做什么呢? 在八千多日的匆匆里,除徘徊外,又剩些什么呢? 我留着些什么痕迹呢? 我何曾留着像游丝样的痕迹呢? 我赤裸裸来到这世界,转眼间也将赤裸裸地回去吧? 但不能平的,为什么偏要白白走这一遭啊?

在逃去如飞的日子里,在千门万户的世界里的我不能做些什么,在八千多日的匆匆里,除徘徊外,没有剩下什么,我没有留下像游丝样的痕迹,我赤裸裸来到这世界,转眼间也将赤裸裸地回去,但不能平的,我不想白白走这一遭。

(4)思考领悟:一连串的自我追问,更能抒发作者对时间流逝无所作为的焦灼无奈和不甘心,令读者深思。

(5)感悟作者连续问句表达情感的方法。

3.读关键问句,梳理课文主要内容。

但是,聪明的,你告诉我,我们的日子为什么一去不复返呢?

去的尽管去了,来的尽管来着,去来的中间,又怎样地匆匆呢?

但不能平的,为什么偏要白白走这一遭啊?

你聪明的,告诉我,我们的日子为什么一去不复返呢?

4.发现表达相似处:体悟用连串问句表达的好处。

板块三:学习将情感融入事物的描写方法(2、3段)

1.抓重点词句:"针尖上的一滴水""行走的太阳"等描写,体会融在其中的浓烈情感。

(1)谜语:看不见,摸不着;没有脚,却能跑;永远向前走,从来不回头。

(2)我们的谜底是时间,在朱自清笔下,又被称为什么?(日子)

2.浏览课文:找一找有多少个和"日子"相关的词?有什么样的日子?

3."八千多日子"(二十多年)。

思考:就像谜语说的那样,时间是"看不见,摸不着"的,但在朱自清笔下,时间却是可感知的,甚至是看得见、摸得着的。在作者笔下,时间是什么形象呢?

(1)我的发现:

在作者笔下,时间不是无形的,它是_____。(具体事物)

具体化:把无形的"八千多日子"比作具体事物"针尖上一滴水"。

拓展练习:四千多个日子已经从我手中溜去,像_____。

(2)修辞手法:

作者如何把"八千多日子"写成具体事物的?(比喻)

我的发现:你从"一滴水""轻烟""薄雾"中感受到什么?

(无形——有形,形象感受作者内心的情感:时间匆匆流逝不可追)

4.正在溜走的"一日"。

(1)作者如何具体写这"一日"的?

(2)我的发现:在作者笔下,时间不是无形的,它是_____。(生活中具体的一件件小事)

(3)作者又怎样写"一日"溜走的?

(4)我的发现:

A.在作者笔下,时间不是无形的,它是_____(有生命的),"过去、跨过、飞走、溜走、闪过"用拟人的方法,让人感受到时间匆匆,毫不停留。

B.排比句更能加强失落的情感。

(5)说话练习:_____时,时间从_____

(6)小结:"小事化":选择这些大家都习以为常、毫不起眼的寻常小事写,更能让读者真实感受到时间悄无声息地逝去,发人深省。

(7)小练笔:写给"正在溜走的时间"的小诗

_____时,时间从_____

_____时,时间从_____

_____时,时间从_____

……

小提醒:写出自己的真情实感;句子的结构、修辞要尽量与文中例句一致;学习作者"具体化""小事化"的诗意表达。

5.讨论交流:时光流逝本是人们司空见惯的平常现象,为什么作者能写得如此感人? 引导学生体会:饱含真情,将抽象的事物变得具体可感。

6.对比表达:仿说句子。比较:描写时光流逝,可写的事物很多,为什么作者选"洗手、吃饭、睡觉"来写? 感受作者选材的精妙、用心。

7.思考练笔:联系生活"你的日子是怎样过的?"仿写第三段。

板块四:回归整体朗读背诵小结方法

1.多形式朗读课文。

梳理脉络,熟读试背。

2.背诵课文:结合文章脉络。

3.拓展资料,丰富认知。

(1)作者这"八千多个日子"真的无所作为吗?

(2)介绍朱自清青年时期部分经历。

(3)师生交流写作背景。

《匆匆》写于1922年,恰逢五四运动落潮期,许多青年在日常生活中怀念着过去,忧虑着将来,将本应该现在做的事情都丢掉了,徒增烦恼和悔恨,作者有感而发,写下这篇散文。

朱自清认为:"生活中的各种过程都有它独立的意义和价值——每一刹那有每一刹那的意义和价值! 每一刹那在持续的时间里,有它相当的位置。"因此,他要"一步一步踏在泥土上,打下深深的脚印"。

(4)拓展积累:

逝者如斯夫,不舍昼夜。 ——孔子

光景不待人,须臾发成丝。 ——李白

少年易老学难成,一寸光阴不可轻。 ——朱熹

抛弃时间的人,时间也抛弃他。 ——莎士比亚

你热爱生命吗? 那么就别浪费时间,因为时间是组成生命的材料。

——富兰克林

4.小结方法:小组合作总结表达情感的方法。

(1)作者对"时间匆匆"的伤感和焦虑是真实的、强烈的。

(2)一连串问句直接表达情感,直抒胸臆。

(3)"具体化"描写＋"小事化"选材相结合。

(4)运用多种修辞手法(排比、拟人、设问等)。

5.探寻《匆匆》《那个星期天》作者语言表达的"密码"。

《匆匆》《那个星期天》语言表达的异同

课文	相同点	不同点
《匆匆》 《那个星期天》	1.第一人称表达情感。 2.司空见惯的平凡现象＋具体的小事例。	1.《匆匆》修辞手法:设问、排比、拟人、比喻,直接表达情感。 2.《那个星期天》将感情融入人、事,景物之中,用动作、心理、环境描写,间接表达情感。

6.作业设计:敢挑战吗?

朱自清先生对"时间流逝"有感而发写下了《匆匆》,你有没有对哪个事物或现象也有话想说呢? 你也可以像作者这样将想法直接表达出来。比如:用一连串的问句表达你的质疑和追问;把"具体化"＋"小事化"相结合;用多种修辞手法去描写;等等。

(按本教学设计录制的名师方法指导课在广东省教育厅"粤课堂"平台进行授课)

围绕中心意思学"成长"

——《夏天里的成长》教学设计

【设计思路】

本课是统编教材六年级上册第五单元的第一篇精读课文,以"体会文章是怎样围绕中心意思来写的"为语文要素,文章开篇以"夏天是万物迅速生长的季节"这一中心句引领全文。围绕中心句,第2—4自然段分别从动植物的生长、山河大地的变化以及人的成长等三方面进行具体描写,构思巧妙,结构清晰,观察细腻,中心突出,是学生学习写作方法的一篇典范课文。本文选自作家梁容若先生的散文《夏天》,对于六年级学生来说,发现各种事物的"长"是相对容易而有趣的,但探究、体味写作结构与语言之妙,是需要联系生活、设置真实情境去引导的。

【教学目标】

1.会写"棚""苔"等9个字,会写"活生生""苔藓"等11个词语。

2.围绕文章中心意思,能发现课文从哪些方面描写"夏天里的成长"。

3.体悟、运用课文"从不同方面或选取不同事例,表达中心意思"的写法。

【重点难点】

学习体悟课文从不同方面或选取不同事例表达中心意思的写法。

【教学时数】

二课时。

【教学过程】

第一课时

板块一：联系旧知，导入新课

1.联系旧知：背诵关于夏天的诗词。

2.联系生活：你在生活中观察、发现过哪些夏天里的事物？

3.导入新课：今天我们跟随梁容若先生的脚步，去发现夏天里的秘密。
（板书课题）

板块二：立足预习，自主学习

1.交流课前预习单，了解学情。

《夏天里的成长》预习单

一、读熟课文，自学生字

1.课文是散文，一共_____段话，我认真读了_____遍，我最喜欢_____段，因为_____。

2.这几个生字需要提醒大家不要出错：_____。

二、梳理课文,感受脉络

1.读读课文,尝试填写表格,与同学交流。

课文是围绕哪句话写的?	每段是围绕哪句话写的?	每段话选取了哪些例子?
	第二段:	
	第三段:	
	第四段:	

三、关注写法,思考问题

1.你发现作者写作的哪些秘密?

_____

2.提出自己的不解之处,与小伙伴一起尝试解决:_____

2.结合预习单,检查指导。

(1)接龙读,读准字音:苞蕾、菜畦、铁轨、处暑、尽量。

(2)学生交流易错字:瀑、蔗、谚。

(3)小组交流预习单第二题,自主完善表格内容。

板块三:梳理课文,感受脉络

1.圈画课文中心句。

2.作者从哪几个方面具体来写"夏天是万物生长的季节"呢?

(1)圈画每段中心句。

(2)学习概括。

预设:引导学生对第二、四自然段提炼关键词,概括出"动植物""人"。第三自然段因糅杂了许多事物,建议引导学生圈画和"成长"相关的事物名称,总结归纳为"山河大地"。

(3)小结:课文开门见山点明中心,从"动植物""山河大地""人"三个不同方面围绕中心意思来写。(板书:动植物、山河大地、人)

板块四:师生交流,解决疑难

1.交流释疑:文中不懂的地方。

2.交流学习生字词。

3.通读全文。

第二课时

板块一:整体感知,梳理结构

1.课文树:回顾第一课时学习内容,学生梳理课文脉络,完成"课文树"。

(1)中心意思:文章围绕哪句话写的?(板书:中心意思)

(2)不同方面:围绕中心意思,作者从哪几个方面来写?(板书:不同方面)

(3)不同例子:作者选择了哪些事物作例子呢?

课文树

2.学习任务:本单元是习作单元,"体会文章是怎样围绕中心意思来写的"是本课的学习重点。让我们一起走进课文,继续去发现作者表达的秘密吧。

设计意图:本单元是习作单元。教学时要有意识地带领学生关注单元"双线架构",围绕单元目标,落实语文要素。

板块二:关注"长"字,品读文段

1. 文中有一个字反复出现——"长"。

(1)快速浏览,画出文中和"长"有关的词语。

(2)小结:这20多处的"长",它们都在围绕课文的中心意思来写。

2. 品读第二段,发现"长"的特点。

(1)圈画文中"长"字最多的一句话。

(2)生归纳此段"长"的特点:长得快、变化大。

(3)交流:你从哪些地方感受到它们长得快、变化大?关注了哪些词?谈谈感受。

预设:引导学生发现作者写作的秘密:"瓜藤、竹子、高粱"关注表示时间的词,感受"长得快";"苞蕾、苔藓、草坪菜畦、家禽家畜"关注表示变化的词,感受"变化大"。

(4)多形式朗读:关注词语读、配乐读、想象画面读。

(5)交流小结:自然界的动植物有几百万种之多,作者为什么选这些事例来写呢?(板书:代表性、生活化)

(6)练说:夏天,你见过这样飞快地生长的事物吗?模仿文中句式说一说。

3. 第三段:感受作者语言特点。

(1)找一找:文中哪段话"长"字最多?

(2)读一读:都写了什么"长"?

(3)交流:还有什么也在"长"?

(4)发现:这些也是"长"吗?这里的"长"是什么?

(5)指导朗读:加动作读、师生配合读。

(6)探究:是什么让它们都在"长"?

(7)理解"不热不长,不热不大":夏,大也。——《尔雅》

(8)感受作者视角:你觉得作者笔下哪种生长最神奇?

预设:铁轨、柏油路的生长。

思考:为什么不写热胀冷缩?(视角独特,语言新鲜有趣)

(9)儿歌小结:写"长"不用"长",都能写好"长",语言新鲜又有趣,值得我们来学习。

板块三:由物及人,感悟道理

过渡:说到视角独特、语言新鲜,第四段话里有几处语言也很新鲜有趣。

1.理解谚语"六月六,看谷秀""处暑不出头,割谷喂老牛"。

这两句北方农业谚语,讲的什么意思?

2.作者想通过这两句谚语告诉我们什么?

(1)农作物到了该长的时候不长,或是长得太慢,就没有收成的希望。

(2)人也是一样,要赶时候,赶热天,尽量地用力地长。

3.小结:看似在写庄稼,其实作者是想写人。

4.拓展:作者还想告诉我们什么?(黑发不知勤学早,白首方悔读书迟)

设计意图:本环节设计立足散文文体特点,基于课文结构的独特性,围绕"长"字带领学生进行有意味的探究,培养学生挖掘文本价值的能力,促进学生语文素养的发展,通过多种形式的读书指导,整体感知与细节品析相结合,既避免阅读的"碎片化",更能挖掘有价值的学习内容,从而习得方法。

板块四:学以致用,拓展阅读

1.配乐朗读全文。

2.小组合作讨论:2、3、4段可以调换下顺序吗?删去某一段可以吗?

3.小结:文章就像一棵思维树,从三个不同方面,层层递进围绕中心意思写。

4.拓展阅读:

(1)介绍作者:梁容若是我国作家、教育家。有人评价他的文章"文章诙奇隽永,引人入胜"。联系课文,谈谈你的看法。

(2)阅读原文《夏天》快速浏览,圈画中心句。

(3)关注写法:这篇文章是围绕哪句话写的?围绕其写了哪些方面?

(4)探究秘密:这两篇文章共同点都是围绕中心意思,从不同方面来写。

5.小练笔:

夏天不只是万物迅速生长的季节,也是炎热难耐的季节。有人这样描述三伏天:"头伏摇小扇,二伏满头汗,三伏烧烤天。"请围绕中心写一写:

三伏天,天热得发了狂。_____

苏州的三伏天，天热得发了狂。

（1）说一说：运用思维树，围绕中心意思说说思路。

（2）小结：从不同方面如动物、植物、人等，抓住特点来写。

（3）小练笔，交流分享。

6. 运用拓展：

（1）比一比：与第 16 课《盼》比较异同，发现更多表达的秘密。

（2）读一读：梁衡《夏》、汪曾祺《夏天》。

设计意图：本环节通过任务驱动，带领学生读原文，发现不论是 2000 多字的原文，还是 500 多字的课文，都有共同的写作秘密：围绕中心意思从不同方面来写。思维也随之得到提升，从"课文树"提升为"思维树""生长树"，学以致用，联系生活进行小练笔就水到渠成了。

（本课教学获第二届全国小学语文青年课堂教学大赛特等奖）

搭建学习支架　提升思维能力

——《"精彩极了"和"糟糕透了"》教学设计

【教材分析】

　　《"精彩极了"和"糟糕透了"》是五年级上册第六单元"舐犊之爱"主题的一篇课文。主要写作者在七八岁的时候,写了人生第一首诗,妈妈对此评价是"精彩极了",父亲的评价却是"糟糕透了"。作者在两个极端的评价中把握人生的方向,成长为一位著名的作家,也明白了这是爱的两种不同表达方式。本课既有鲜明的形象,又凝聚着感情,渗透着深刻的哲理,文质兼美,富有人情味。文章前一部分文字浅显生动,后一部分概括优美,细节描写有精妙之处。"精彩极了"和"糟糕透了"等语句含义较深,具有启发性,给学生提供了多维的思考感悟空间。教知识不如教思维。教育的核心任务就是让学生学会如何思考。新课标指出:"在理解课文的基础上,提倡多角度、有创意地阅读,利用阅读期待、阅读反思和批判等环节,拓展思维空间,提高阅读质量。"更深层次理解文中父母不同的表达爱的方式。对于五年级学生来说,本文的故事与实际生活、情感体验十分接近,较容易引起共鸣。若要学生联系生活实际,经过思辨说出对两种表达爱的方式的看法,需要引导。

【教学目标】

　　1. 认识、读准"誉、励、版"等 6 个生字。

2.默读课文,辨析父母亲不同的看法,从细节中体悟蕴含的感情。

3.联系生活实际,用恰当的语言表达自己的观点。

【重点难点】

1.重点:联系生活,辨析父母对同一首诗为什么有不同的看法。

2.难点:联系生活实际,用恰当的语言表达自己的看法。

【教学时数】

一课时。

【教学过程】

板块一:发现课题"特别",略读课文定位

1.激趣导入:

课题是文章的眼睛,你发现这个课题的特别之处了吗?

(1)双引号:双引号内分别引用了母亲、父亲两种不同的评价。

(2)反复:"精彩极了""糟糕透了"在文中反复出现。

(3)略读课文:默读阅读提示,了解学习要求。

2.交流预习情况:

(1)小组交流预习单:学贵有疑,请小组交流解决不了的问题。

《"精彩极了"和"糟糕透了"》预习单

读读 认认	1.正确流利朗读课文。 2.词语注音:誊写　赞誉　腼腆　鼓励　歧途
发现 特别 之处	1.文章题目很特别,你发现了几处? 2.文中有些语句很特别,带给人新鲜感,请摘抄下来: 词语: 句子: 3.文章结构很特别,请用小标题概括这两部分各讲了什么: 1—14 段:＿＿＿＿＿　　　15—17 段:＿＿＿＿＿ 4.文章的作者很特别,通过查找资料,你了解到巴德·舒尔伯格的资料是＿＿＿＿
思考	1.初读课文,你读懂了:＿＿＿＿＿ 2.提出你认为本课有研究价值的问题:＿＿＿＿＿

(2)全班交流:梳理核心问题,带着问题一起走进课文。

设计意图:课题是文章的眼睛。通过引导学生发现课题的"特别"之处,确定本课定位和学习方式。预习单的小组交流与核心问题的提炼,培养学生自主、探究、合作的学习能力。

板块二:对比评价不同,同理作者感受

1.课文结构:课文按照时间顺序可以划分为两部分,拟小标题。

预设:1—14 段:童年故事　　　　15—17 段:长大感悟

2.走进童年故事。

(1)谁能用几句话讲一讲这个故事?

(2)默读 1—14 段:用曲线、直线分别画出母亲、父亲的评价。

(3)分角色朗读。

(4)分小组关注提示语读:关注标点、提示语读。

(5)小结:我们从母亲和父亲的评价中分别读出了一个词——"精彩极

了""糟糕透了"。

(6)这"两个极端的断言",在八九岁的巴迪眼中,

母亲的"精彩极了"是＿＿(对自己的鼓励、肯定)＿＿。

父亲的"糟糕透了"是＿＿(对自己的批评、提醒)＿＿。

3.交流感悟:言为心声,这评价背后的原因是什么呢?

妈妈这样说,是因为(想通过鼓励给孩子信心。)

爸爸这样说,是因为(想通过批评让孩子看到不足,不断进步)

小结:慈母严父,出发点都是希望孩子好。

过渡:这"两个极端的断言",当时年仅八九岁的巴迪能接受吗? 我们一起来关注文中对巴迪的细致描写。

4.师生配合读:

(1)当母亲的赞扬声如雨点般落到我身上时,"我既腼腆又得意扬扬"。

母亲的评价,让我＿＿＿＿＿＿＿＿。

(2)在整个下午等待父亲回来时,"整个下午我都怀着一种自豪感等待父亲回来……"这时候,巴迪一定在期待,期待＿＿＿＿＿＿＿＿。

(3)在晚上等待父亲回来时,时间是那么难熬。

"七点。七点一刻。七点半。"(关注标点,指导朗读)改为"从七点等到七点半"如何? 半个小时,三个时间点,作者写了三句话,用意何在? (度日如年,时间过得慢,期待父亲早点回来)

许多课文都在用这样特别的描写方法,齐读:

终于到了星期六,到了下午,到了我们班演出的那个时刻。

——四年级《一只窝囊的大老虎》

古老的钟发哑地敲了十下、十一下……始终不见丈夫回来。

——六年级《穷人》

(4)指导朗读:在父亲开始读诗时,"我把头埋得低低的。诗只有十行,可我觉得他读了几个小时"。(关注数字,读出时间感)

5.同理心理解:

(1)引读:当父亲说"这首诗糟糕透了","我的眼睛湿润了,头也沉重得抬不起来"。当父母因为看法不同争吵时,"我再也受不了了。我冲出饭厅,跑进自己的房间,扑到床上失声痛哭起来"。

(2)同理心:你觉得巴迪更能接受谁的评价? 如果是你呢?

6.小练笔:谁最理解巴迪?孩子最理解孩子。这些描写中,哪些细节让你有思考,有感受?

(1)选一处批注。

(2)小组交流,推荐发言,交流评价。

设计意图:本单元人文主题、语文要素指向清晰,教学时要有意识地通过对比、同理心等方法带领学生落实语文要素"体会作者描写的场景、细节中蕴含的感情"。

板块三:小组合作闯关,主题思辨升华

过渡:同一首诗,两种极端的评价,那巴迪写的这一首诗到底怎样呢?

1.联系下文第 15 段:几年后,当我再拿起那首诗,不得不承认父亲是对的,那的确是一首相当糟糕的诗。

2.现在的巴迪已经成名成家,谁来介绍下作者?(生交流资料)

作为成功人士,巴迪善于反思,在回顾童年往事、回顾父母一直以来的两种不同评价时,他又有什么样的感悟呢?

3."思维圆桌派":学习第 16、17 段。

第一关:朗读:关注注音,正确流利朗读。形式不限。

第二关:思考:在长大后的巴迪看来,

"精彩极了"就是指 <u>(爱的力量、鼓励的语言)</u> 。

"糟糕透了"就是指 <u>(警告的力量、批评、提醒)</u> 。

第三关:思辨:如果只有母亲或父亲的一种评价,会怎么样?

如果只有母亲的"精彩极了",<u>   </u>。

如果只有父亲的"糟糕透了",<u>   </u>。

预设:母亲的鼓励给予信心,但过度的表扬会让人迷失方向;父亲的警告能督促巴迪做得更好,但是严厉的呵斥也可能让人丧失自信。

第四关:概括:圈画文中的一句话、一个词来概括作者的感悟。

预设:一句话:这两个极端的断言有一个共同的出发点,那就是爱。

一个词:爱(板书)。

4.联系单元主题:父母之爱深似海,《战国策》中有一句话:父母之爱子,则为之计深远。

小结:有些爱,可能成长后才会明白,有些爱,可能需要一辈子才能读懂。

设计意图:学生是学习的主体。本环节通过任务驱动,运用学生喜欢的小组合作学习闯关的学习方式,让学生充分交流、思考,凸显人文主题"舐犊之情,流淌在血液里的爱和温暖",更深层次理解文中父母不同的爱的表达方式。

板块四:联系生活运用,分层自主练习

1.深度思考:关注课题,这样截然不同的评价,我们生活中会遇到吗?

(1)阅读材料:莫言获得 2012 年诺贝尔文学奖后,网络上对他的评价褒贬不一,众网友议论纷纷,有挖苦,有讽刺,有恶搞,当然更多的是祝贺、赞扬、褒奖。面对大家的批评与肯定,莫言首次在微博上做出回应:＿＿＿＿＿＿＿。

——中国网"微观中国"2012 年 10 月 12 日报道

(2)想一想,莫言会怎样回应呢?

(感谢朋友们对我的肯定,也感谢朋友们对我的批评。在这个过程中,我看到了人心,也看到了我自己)

(3)交流谈感受。

2.出示课前班级小调查。

五 4 班父母教育方式小调查

母亲			父亲		
鼓励为主	批评为主	其他	鼓励为主	批评为主	其他
21	28	3	27	21	4

思考:从这个调查结果中,你发现了什么? 学习了本课、本单元,相信大家对爱和成长都会有一些新的发现和思考。

3.分层小练笔。

独立思考,请从下列题目中选择一题回答。

(1)如果这篇文章让你来写,你有什么新的想法吗?

(2)由巴迪的成长故事联系自己,你认为一个人的成长需要什么? 谈谈自己的看法。

(3)学了这一课(或这一单元),你想对自己的父母说些什么,或提出什么建议?

(4)长大后,你有了自己的孩子,你希望做什么样的父母?

我选择第(　　)题。＿＿＿＿＿＿＿＿＿＿＿＿＿＿＿＿＿

4.全班交流。

5.分层作业。

(1)阅读:《小故事一组》《最好的老师》《最朴素的人文》《多年父子成兄弟》。

(2)观影:《银河补习班》(中国);《小鞋子》(伊朗)。

设计意图:语文是学习语言文字综合性、实践性的课程。拓展生活案例,提升学生思辨性思考问题;联系学生自我生活实际的小调查、小练笔,环环相扣,提升阅读品质,从多维度落实语文核心素养。

(本教学设计获第四届全国"好课我来上"课例征集评选特等奖)

文言文

把文言读厚：统编教材小学文言文教学策略探析

一、对文言的定位

(一)文化定位

"文言,是我们中国人不能拒领的文化遗产。"文言文是优秀文化遗产,是文明传承的媒介。没有文言,我们的民族,我们的孩子就再也找不到回家的路。文言是中国人的文明之根、精神之根、文化之根。

(二)课标定位

小学语文教材中高年段相应地安排了文言文的教学任务,充分体现了新课标的要求,"让学生认识中华文化的丰厚博大,吸收民族文化智慧""培植热爱祖国语言文字的情感",使学生"提高文化品位和审美情趣"。

二、文言文教学中的问题

(一)学文言的价值

之前的人教版国标本小学语文教材,在长达六年的语文课程学习中,只编排了4篇文言文:五下《杨氏之子》、六上《伯牙绝弦》、六下《学弈》和《两小儿辩日》。2019年开始使用统编教材,课本中增加了《司马光》《精卫填海》《王戎不取道旁李》《书戴嵩画牛》四篇文言文,将原来的《伯牙绝弦》改为《伯牙鼓琴》,即便增加了篇目,对比其他体裁,数量仍是"小众"。就这么少的数量,从考试的角度看,无论怎么考,对学生的语文成绩都影响不大。那学文言有用吗? 如果纯以应试为衡量标准,也许,学文言确乎是无用的,但是,这只是一种功利主义的无用观。

(二)如何进行文言文教学

文言是一种高雅的文化兴趣,而越是高雅的兴趣,往往越远离我们的日常生活,越需要底蕴的支撑和传统的浸润。如果一个民族普遍缺乏高雅的文化兴趣和底蕴,其精神层面的原动力和创造力必将日渐式微,这对民族的发展和延续是很可怕的一件事。中国文化的根,精神的根,需要点燃孩子的兴趣,去探寻,去了解。在文言文的教学中,我们要认识到文言文在小学课文中的出现究竟承载了什么。下面,我们以《伯牙绝弦》为例谈谈文言文的基本教学策略。

三、做四个"知音"备好课

大道至简。我认为语文课必须返璞归真,"简约、务本、灵动"是我们应该追求的课堂样态。

(一)定位,做课程的"知音"

作为古文的《伯牙绝弦》,其语文核心价值该如何定位呢? 王荣生教授用"定篇""样本""例文"和"用件"的概念来分别描述、规范不同文本在教学中的功能。其中,先秦诸子、唐宋八大家的文章等,被标为"定篇"。它们的"语文核心价值"就定位于传承中华优秀文化上。因而,凸显"知音文化",就成了本课目标的重中之重。定好了核心目标,我们也就成了课程的知音。

大体上,学习文言文的目标应该有三个。一要让学生初步感受文言文的语言,了解我国悠久灿烂的语言文化,认识到我们中华民族文化的丰厚博大;二要培养学生学习文言文的兴趣,激发他们热爱祖国语言文学的情感,为初中学习文言文打好基础;三要借助注释及教师的点拨,能理解大意,熟读成诵,积累语言。

(二)细读,做文本的"知音"

教师首先应该成为《伯牙绝弦》这个文本的知音。细读文本,在"文字间多走几个来回",正是教师成为文本知音的必由之路。以其昏昏,如何使人昭昭?为执教《伯牙绝弦》,我细读此文,想了又想,经历过似曾相识、混沌不开、折磨纠结、醍醐灌顶的过程,终于梳理清楚了文路与教路。

(三)学情,做学生的"知音"

语文教师倘若没做好学生的知音,那么做课程的知音、文本的知音必将成了空中楼阁,没了根基。语文教师的专业性,既反映在文本研读上,更体现在学情了解上。如果没有对学生、学情、学力全面而深入的体认与把握,就不可能出现教学上的精彩生成与优质高效。学情是真实而灵动的,教师只有不断地在课前调查中和课堂上洞察学情、把握学情、顺应学情,才能真正促进学生语文核心素养的提升。

(四)组块,做教学设计的"知音"

组块教学是苏州薛发根老师倡导的围绕一个主问题,为培养学生的重要能力,层层递进,将整个设计分为几个板块开展的教学。《伯牙绝弦》可以设计为四个板块:板块一入情诵读初识知音,板块二高山流水唱和知音,板块三破琴绝弦升华知音,板块四千占传唱思辨知音。

四、文言文教学策略

策略是研究"方法"的,文言学习的方法论,一直有"以熟为本"还是"以知为本"的问题争论。"以熟为本"就是指通过多形式反复诵读进入文本,达到熟读成诵,在"熟"的过程中,求理解,求融通,求内化,求领悟。"以知为本"就是让学生了解文言的一些语法规律,获得一些文言学习的方法和知识。哪一个更适合我们初次接触文言的小学生呢？可不可以有侧重、有交融呢？我认为是可以的,小学阶段的文言学习应该侧重"以熟为本",根据学段不同,学生理解能力的不同,适当给予一些浅显的文言知识。

综上,小学文言文的教学策略是明确课标要求,结合小学生的年龄特点和认知规律,遵循阅读教学的规律,品读文言文之韵味,研读重要词句含义,感悟文言文之内涵,思辨文言文之博大。

(一)品读文言文之韵味

新课标指出:"注意通过诗文的声调、节奏等体味作品的内容和情感。"朱作仁教授也说过:"讲解只能使人知道,而朗读则使人感受。"触摸文本最好的办法,就是读。从诵读入手,诵读,既是文义理解的重要方法,也是体验情感的重要途径。对于小学生来说,正确、流利地诵读文言文是首先遇到的困难。

多形式多层面地推动、指导学生朗读和背诵便是教学的重点。

在《伯牙绝弦》的教学中,我设计了不同层面和形式的读:读准字音、读准停顿、读出韵味、读出情感等。总之一句话——"旧书不厌百回读,熟读深思子自知",腾出时间、想办法让学生读起来,直至熟读成诵。因为读、因为诵、因为熟、因为化,学生便会慢慢生长出文言文的语感。

(二)研读重要词句含义

文章不是无情物,一字一句总关情。对一篇教材的理解,善于抓住文本的特点,切中要害非常重要。本课中,我就抓一句话:"伯牙所念,钟子期必得之。"一个词:"知音。"围绕中心句,联系上下文,从"伯牙志在高山、流水"拓展,回到主问题:为什么文中只写"高山、流水"？拓展到古人眼中的山水观。再来回望"伯牙志在高山",仅仅是高山,高山之志吗？子期仅仅领悟到了"峨峨兮若泰山、洋洋兮若江河"了吗？不,是知道志向,知音者,知志也。让学生通过注释、诵读、插图、资料等真正内化理解文中重要词句的含义。

(三)感悟文言文之内涵

古人云:"书读百遍,其义自见。"既说明了反复阅读的重要性,也说明了古人读书的追求——读书志在明理。小学阶段的几则浅显易懂的文言小故事都旨在让学生明白其中蕴含的深刻的哲理。学生在读熟课文,读懂故事内容之后,我们要鼓励他们联系自己的生活经历和体会,谈一谈自己领悟到的道理,并与大家进行交流,求同存异,从而完善自己的理解,提升认知。《伯牙绝弦》一文中涉及的古琴、古人、知音文化、高山流水等都内涵丰富,其文化意蕴更是值得带领学生在诵读、提点、补充资料中细细品味。

(四)思辨文言文之博大

"积土成山""积水成渊"。知识的积累、语感的培养、核心素养的提升,都离不开以课文文本为基础的拓展阅读。因此,本人在备课中用了三分之一的时间去阅读各类经典书籍,收集整理了许多和知音文化有关的资料,筛选精华,给孩子阅读,拓宽眼界,给孩子们启智、思辨、升华。在《伯牙绝弦》一课中,本人联系学生生活和所处时代,设计了两个问题:联系课文,你对"知音"有什么看法? 现代社会,我们还需要寻找知音吗? 带领学生联系生活进行独立思考,感悟文言带给现代人的思考,坚定中华优秀文化的传承信念。

两千多年前,孔子问弟子:人生当如何过? 他最赞许的回答是:"暮春者,春服既成,冠者五六人,童子六七人,浴乎沂,风乎舞雩,咏而归。"这文言中鲜活的自然与个体,快乐自然的灵动美好,令人向往。诵读文言,内化文言,爱上文言,我们才能使语文教学朝着更为本真自然的方向发展,这也是学习文言的理想境界吧。

一唱三叹诵知音

——《伯牙绝弦》教学设计

【文本解读】

诵读文言,内化文言,爱上文言,我们才能使语文教学朝着更为本真自然的方向发展。《伯牙绝弦》讲述了春秋时期,俞伯牙与钟子期以古琴之音相识、相知,成为知音、知心、知志的朋友,最后因子期早亡,伯牙破琴绝弦,以报知音的故事。全文共 77 字,情节真挚动人,语言凝练典雅,字字蕴含深意。五句话,起承转合,一波三折,抑扬顿挫,回味悠长。文言,拥有独特的魅力,教师要引领学生一起做课程的知音,做文本的知音,做学生自己的知音,做教学设计的知音,把文言教出文言的味道,在课堂上落实语文核心素养,让学生既得言,又得意、得法、得能。在学习本文之前,学生已有一些文言文、古白话文的阅读基础,就课文的内涵和意蕴来讲,“知音”的蕴含丰富,可以以读为主,进而熟读成诵,内化文言。“知音文化”更值得品味,可联系生活与时代,进行思辨学习,让学生在一唱三叹诵知音的同时,提升思维品质,进而爱上文言和中华传统优秀文化。

【教学目标】

1.朗读课文,背诵课文。

2.能根据注释和课外资料理解诗句,能用自己的话讲讲故事。

3.积累中华经典诗文,感受朋友间真挚的友情。

【重点难点】

感悟知音内涵,思辨知音文化。

【教学时数】

一课时。

【教学过程】

课前交流:(播放古琴曲《高山》《流水》)同学们,喜欢听音乐吗? 有人说,音乐是人类的第二语言,好的音乐可以洗耳洗心,那就让我们听听这首古琴曲,在琴声中,静静做好上课的准备吧。

板块一:纵情吟诵初识知音

1.课题。

今天我们的学习要从一个流传千古的故事开始,这个故事就是——伯牙绝弦。(和老师一起板书课题)

(1)"绝":什么意思? 你瞧,甲骨文的绝字是这样的,这有两束丝线,用刀将它们断绝割成两段(画甲骨文),绝就是断绝。

(2)断绝的是——琴弦。

(3)了解伯牙。

谁是伯牙? 你了解伯牙吗?

伯牙是春秋时期著名的琴师,技艺高超。我们知道李白写诗高妙无比,被称为——"诗仙",伯牙呢,因为琴艺高超,被称为"琴仙"。相传,伯牙弹琴时,连旁边的牛马都会停止吃草,抬起头来倾听。

如果他生活在现在,我们会怎么称呼他? (艺术家、作曲家、音乐家等)那么一位誉满天下的音乐家为什么要断绝琴弦呢？让我们一起走进课文。

2.学习文言的方法。

(1)这是一篇文言文,也叫古文,时隔2000多年,有些难懂。通过预习,你觉得哪些方法能帮助我们学习文言文呢?(注释、多读、资料袋、插图等)

(2)学习要讲究方法,我这儿有个学习文言文"魔法棒":放声朗读,反反复复;借助注释,莫忘插图;联系上下,猜猜补补;联系生活,说说悟悟。(拍手读)

3.三读课文。

(1)一读:关注字音。

课文一共几句话?文言文语言凝练,文短意长。

活动:一分钟能读几遍课文?要求:声音响亮,读准字音。(用手势表示)

五生接龙读课文。

(2)二读:关注停顿。

哪句话与课题"伯牙绝弦"相对应?

请一生读。

子期死,伯牙/谓/世/再无知音,乃/破琴/绝弦,终身/不复鼓。(引读生小声读、大声读)

想把文言文读好,要关注停顿。

这句话里有不懂又没注释的字,怎么办?查字典。

"谓"的意思:告诉;认为、觉得;称呼。联系上下文,想想选哪一个呢?谁能说说这句话的意思。

全文读:攻克了难句,其他就不在话下了。师范读。(建议学生小声跟读)

(3)三读:读出韵味。

哉、兮:文中有两个语气词,相当于现在的"啊",它们藏在谁的话里(圈出哉、兮)?

善:善哉呢?就是:好啊!妙啊!太棒了!表示赞美夸奖。

指导朗读:①声音延长:瞧,在这样的词后边一停顿,一延长,古文的味道就出来了。师范读第一句、生仿读第二句。

②想象画面:读到"峨峨兮若泰山"时,你的眼前出现了怎样的画面?(巍峨高大的泰山,指导学生:峨,古字写为"山在我上")

读到"洋洋兮若江河"时,你的眼前又出现了什么画面呢?(水面宽广的长江、黄河)

③加上动作:标点也有情感哦!摇头晃脑读(女生点头读、男生拍手读)

④善:文中还有两个"善"字,圈出来:伯牙善鼓琴,钟子期善听。

这两处"善"的意思一样吗?那分别是什么意思?

你瞧,一字多义,汉字就是这么神奇有趣。

朗读:关注这个词,读好这句话。

4.四读:配乐朗读。

过渡:听了你们的朗读,老师也想读一读。

(1)师配乐范读。

(2)生仿读。

板块二:高山流水唱和知音

1.古人说:"学起于思,思起于疑",有疑则有进。你们在读书的时候有问题吗?我有。老师在备课时就遇到一个问题,让我思考了很久。请以小组为单位,讨论讨论:老师会在哪里提问题?如果老师在这里提问题,我们该怎样回答?

2.预设。

预设1:

(1)学生提出的问题,缺少价值:能不能自己回答这个问题?小组呢?

(2)问得有价值。伯牙绝弦,是不是有点"过"。

表扬:这个问题有价值。

预设2:想知道老师的问题吗?这个问题和这句话有关,大家读:"伯牙所念,钟子期必得之。"这个问题解决了,你们刚才的问题也就解决了。

3.知音知志。

(1)伯牙弹琴时,想到过什么,钟子期都能领会到?通过前面的学习,我们知道:伯牙志在高山,钟子期曰:"善哉,峨峨兮若泰山!"伯牙志在流水,钟子期曰:"善哉,洋洋兮若江河!"

(2)既然伯牙善鼓琴,那他的琴声不只会表现"峨峨泰山""洋洋江河",还会表现什么?志在皎皎明月、青青杨柳、徐徐清风……

这就是:伯牙善鼓琴——钟子期善听。

这就是:伯牙所念,钟子期必得之。

(3)讨论:奇怪了,这么多答案,但文章为什么却只写伯牙"志在高山、志在流水"呢?

(4)读文章,我们要有二郎神的三只眼睛,两只眼睛读懂文字表面的意思,用二郎神那样的第三只眼,读懂文字背后的秘密。

(5)这山、这水,是普通的山水吗? 在伯牙琴中,在钟子期心中,在古人笔下,可一点也不普通。老子说:上善若水。(高尚的人品格如流水,胸怀博大,包容万物)孟子说:登泰山而小天下。(比喻志向高远)孔子说:仁者乐(喜爱)山,智者乐(喜爱)水。(仁爱的人喜爱山的稳重,智慧的人喜欢水的灵动包容)

(6)伯牙心中的山水,仅仅是山水吗? 还有什么?(还有他的志向、胸怀)志在高山,就是有高山之志。

(7)钟子期领会到的仅仅是伯牙的琴声吗?(领悟到伯牙的志向高远:峨峨兮若泰山,胸怀博大:洋洋兮若江河)——知志。这才是真正的知音。知音者,知志也。

(8)这时的伯牙与子期,他们仅仅是音乐上的知音吗?(人生的知音)这才是,伯牙所念,钟子期必得之呀! 谢谢你们帮我解决了问题,在解决问题的时候,我们也渐渐成了文本的知音。

4.朗读。

我们有没有可能做知音呢? 检测一下,我读有关伯牙的句子,你们读子期的。师:伯牙所念,生:钟子期必得之。(这么默契,看来我们也有成为知音的潜质呀)

板块三:破琴绝弦升华知音

过渡:"人生得一知己足矣!"这是多么让人幸福的事啊,(音乐)于是,两人相约来年再相会。第二年,伯牙故地寻知音,看到的却不是子期,而是子期的坟墓,原来子期因病而亡,你能感受伯牙此时的心情吗?(子期不在了,没有了知他懂他的人了)

从此以后,当伯牙鼓琴志在高山时,再没有人会说——

当他鼓琴志在流水时,再没有人会说——

伯牙所念——再无人得之。

1.一读:伯牙再无知音,古琴再无知音。最后他用了一种决绝的方式,表达了自己心中极度的痛苦:子期死,伯牙谓世再无知音,乃破琴绝弦,终身不复鼓。破琴绝弦,不复鼓,是因为子期死,伯牙谓世再无知音。

2.二读:在这里,伯牙"绝"的仅仅是"琴弦"吗?他在断绝琴弦的同时也断绝了什么?(心弦、希望)让我们再来读(声音低沉,一字一顿地读):子期死,伯牙谓世再无知音,乃破琴绝弦,终身不复鼓。

3.你们刚才的那些问题,有了答案吗?

4.此时,这首小诗,也许最能代表伯牙的心情:(一起读)《俞伯牙摔琴谢知音》:摔破瑶琴凤尾寒,子期不在对谁弹!春风满面皆朋友,欲觅知音难上难。

5.背诵课文:还记得课前欣赏的乐曲吗?它就是伯牙的《高山流水》,请大家站起来,在乐曲声中,再次回味这个故事。(尝试背诵)

6.交流感受:读了这个故事,想听听你的感受。(中国人自古重情重义,士为知己者死,弦为知己者绝;让人悲伤,却又很温暖心灵的故事)

板块四:千古传唱思辨知音

1.总结。

一张琴,两个人,五句话,七十七个字,讲述了一个流传千古的故事,留下了一首琴曲《高山流水》,让我们理解了一个成语"高山流水",在心底牢牢记住了一个词——"知音"。

2.资料袋。

知音文化

我看知音:快速默读资料,边读边把自己感兴趣的地方画出来。

资料袋:自从《伯牙绝弦》第一次出现"知音"后,2000多年来,这个词逐渐成为我们中华民族的文化符号。

古诗中有,"钟期久已没,世上无知音""欲取鸣琴弹,恨无知音赏""海内存知己、天涯若比邻"等。

古书里有,《列子》《吕氏春秋》有记载,明代小说家冯梦龙创造了《俞伯牙摔琴谢知音》,《红楼梦》里有"宝玉妙玉听黛玉古琴抒怀"。

名言名句中有,"有朋自远方来,不亦乐乎""君子之交淡如水""士为知己者用""酒逢知己千杯少""人生得一知己足矣"等。

古代故事中有,"管仲和鲍叔牙""周瑜和孙策""李白和杜甫""苏轼和佛印和尚"等知音故事让人回味。

现代同样有,《流水》一曲被录入金唱片,于1977年发射到太空,向宇宙外星球传达中华民族的智慧。电影有人拍《知音》;歌曲有人唱《知音》(李谷一);有人唱《伯牙绝弦》(王力宏);还有相关的绘画、舞蹈……

快速默读,边读边把资料中你感兴趣的地方画出来。

3.小练笔:二选一。

(1)请你用简练的语句,写下你对"知音"的理解和看法。

(2)作为现代人,你觉得我们还需要寻觅知音吗? 说出你的理由。

(3)思辨交流。

体味文言　感受艺术之美

——《书戴嵩画牛》教学设计

【文本解读】

　　《书戴嵩画牛》是统编教材六年级上册《文言文二则》中的第二篇。本文是苏轼为唐代画家戴嵩的《斗牛图》写的一篇题跋,叙事简洁生动,思维意味强。学生从三年级开始,已经接触了一些短小的文言文,有了一定的学习方法积累。教学中,要基于文言文文体特点,关注单元"双线架构",落实语文要素,凸显人文主题"借助语言文字展开想象,体会艺术之美",准确把握目标定位。引导学生多形式朗读,通过语调、韵律、节奏等来体味文言的韵味、内容;通过任务驱动,引导学生根据注释和相关资料,结合想象讲述故事大意;通过知识拓展,感受"题跋"的艺术魅力,提升思维品质,促进学生语文核心素养的发展。

【教学目标】

　　1.能借助注音及注释读准字音,读通文意。写好"轴、曝"两个字。

　　2.能抓住描写人物形象的词句,想象故事细节,用自己的话说说故事。

　　3.熟读课文,与同学交流对文中人物的看法。

【重点难点】

想象故事细节,用自己的话讲讲故事,交流看法。

【教学时数】

一课时。

【教学过程】

板块一:自读自悟解文本

1.课题:学习《文言文两则》中的《书戴嵩画牛》。

(1)拓展:《书湖阴先生壁》《回乡偶书》《夜书所见》。

(2)读好课题:书/戴嵩画牛。

(3)简介题跋。

2.生自读课文。要求:

(1)读正确。正音:处、好、数、曝。写对"曝"字。

(2)读出停顿:

书/戴嵩画牛

蜀中/有杜处士,好书画,所宝/以百数。有戴嵩《牛》/一轴,尤所爱,锦囊玉轴,常以自随。

一日/曝书画,有一牧童见之,拊掌大笑,曰:"此画斗牛也。牛斗,力在角,尾/搐入两股间,今/乃掉尾而斗,谬矣。"处士/笑而然之。古语有云:"耕/当问奴,织/当问婢。"不可改也。

(3)多形式读。

3.小组交流讨论:借助注释,了解文意。

(1)默读:了解课文内容,把有疑问的地方圈出来。

(2)小组交流、释疑、汇报。

(3)预设:①有戴嵩《牛》一轴,尤所爱,锦囊玉轴,常以自随。

给"轴"选择正确的义项。

A:圆柱形的器物,可往上卷或绕上东西。B:量词。

引导学生看注释、借助实物理解"锦囊玉轴",关注两字的特殊用法。写生字:"锦、轴"。

引导学生读出节奏。

②此画斗牛也。牛斗,力在角,尾搐入两股间,今乃掉尾而斗,谬矣。

借注释理解:股。

在牧童眼中,真正的斗牛是怎样的? 画中的牛又是怎样的? 用文中的句子回答:

关注"搐入、掉尾"的不同;理解"矣"放在句末表示语气,写"矣"。

指导朗读:此画/斗牛也。牛斗,力在角,尾/搐入/两股间,今/乃掉尾而斗,谬矣。

③耕当问奴,织当问婢。

"奴、婢"的意思。这里指的是什么人? 理解句意。

这句话是苏轼的原创吗?

作者在讲完故事后,引用了一句古语,发表了自己的观点。

4.读熟课文。

板块二:想象细节讲故事

1.聚焦句子,对比态度。

(1)过渡:面对同一幅图——戴嵩的《斗牛图》,杜处士和小牧童的表现一样吗?

(2)自主学习:默读课文,用横线、曲线分别画出两人态度的不同。用词语概括。

2.杜处士:

有戴嵩《牛》/一轴,尤所爱,锦囊玉轴,常以自随。

态度:非常喜爱。想象他的表现,试着描述一下。

3.牧童:

拊掌大笑,曰:"此画斗牛也。牛斗,力在角,尾/搐入两股间,今/乃掉尾而斗,谬矣。"

态度:非常可笑、可笑之极。

追问:小牧童,你如此拊掌大笑,是为何故呀? 演一演,指导朗读。

4.聚焦"笑",对比不同。

过渡:面对牧童的质疑,杜处士也笑了,你觉得他是怎样笑的?

(1)杜处士笑而然之,说:"_____"。试着写写杜处士的表现和话语。

(2)有感情地朗读:

一个天真烂漫,笑得不假思索;一个淡然处之,虚心接受错误。边读边感受。

5.学习活动:选角色讲故事。

(1)选择一个角色,练习说故事。

组内交流,推荐代表发言。

6.用自己的话讲讲这个故事。要求:

(1)故事内容符合原文意思,不要遗漏情节,可加入自己的想象。

(2)每个人都用讲故事的语气和声调,流利完整地讲一遍给同桌听。

7.检查讲故事情况,指名讲故事,交流评价。

板块三:再读文本思启示

1.作者在讲完故事后,为什么要讲"耕当问奴,织当问婢"?

2.苏轼想借用题跋告诉我们什么?

(1)试补充填空:古人有云:"耕当问奴,织当问婢。"今人有云:"_____
____。"

画画当问(　　),写诗当问(　　)……

板块四:联系生活拓展思辨

1.题跋故事。

(1)乾隆题诗:

角尖项强力相持,蹴踏腾轰各出奇。

想是牧童指点后,股间微露尾垂垂。

(2)现代斗牛图。

2.究竟是谁谬矣? 艺术基于生活,高于生活。

3.阅读其他题跋作品,分享体会。

4.查找后人对戴嵩画作的评价,和同学交流。

读成长故事　习文言方法

——《囊萤夜读》教学设计

【文本解读】

　　《囊萤夜读》是统编教材四年级下册第六单元《文言文二则》的第一篇,本单元双线架构,以"成长故事"为人文主题。基于文言特点,在教学中应以凸显人文主题、习得方法为要务,设计阶梯板块,以一明一暗两条主线贯穿设计,一是习得方法"读",二是凸显主题"勤"。"书不读熟不开讲。"读,是本课教学的重要方法和达成目标的重要途径。首先是通读:读准字音、读好节奏、读出韵味。然后是熟读:从通读开始,通过学生自读自悟、伙伴互读互助、再到故事卡串联故事、师生及生生文白对读、想象画面,熟读成诵。在悟读环节,提炼"勤"字,从"恭勤不倦、囊萤夜读、以夜继日"等词句读出"勤",从想象画面、观察插图感受"勤",从拓展阅读、进行思辨读懂"勤"。凸显人物成长故事,从故事情节到故事人物到人物品质,在学生面前逐一打开。通读、熟读、悟读,在起点和终点之间要为学生设计充分的"学的活动",将教与学高度统一起来,将两条主线融合起来,环环相扣,最终达到"文字落实、文章上口、文学有味、文化认同"的目标。

【教学目标】

　　1.准确、流利朗读课文,背诵课文。

2.借助注释、结合上下文、组词等方式读懂文言文的意思。

3.读懂古人成长故事,学习勤奋好学的品质。

【重点难点】

借助注释、结合上下文、组词等方式读懂古人成长故事。

【教学时数】

一课时。

【教学过程】

板块一:回顾导入,理解课题

1.诗句对答游戏。

书山有路勤为径,学海无涯苦作舟。

黑发不知勤学早,白首方悔读书迟。

2.思考。

诗句里有一个字反复出现:勤。我们中华民族自古以来都提倡学习要刻苦,做事要勤奋。今天我们要学习的这篇文言文也与此有关。

3.板书课题。

(1)囊:①结构复杂,秃宝盖要宽宽,下面要紧凑。②关注字形演变。

囊原意是装东西的袋子,在这里是什么意思呢?(看注释:用口袋装)

(2)萤:虫字底告诉我们和虫子有关,文中指萤火虫。

(3)学习单上完成课题。

4.理解课题。

谁能说说课题讲了什么? 注释:这个故事出自《晋书·车胤传》,距今

1700 多年了。

5.小组交流预习单完成情况。

《囊萤夜读》预习单

序号	思考题	完成情况
1	检索:搜集古人勤奋学习的故事	
2	思考:说说你读懂这篇课文的方法	
3	提问:提出你最想解决的问题	

板块二:习得方法,感知文义

1.过渡。

孔子说:温故而知新。(伸出小手指数一数)我们学过几篇文言文了?

2.学习方法交流。

学习文言文是需要方法的,你已经拥有了哪些法宝呢?(反复朗读,借助注释,借助插图,查字典,请教他人)

3.运用法宝学习。

(1)自读自悟:借助拼音放声朗读三遍。借助注释、插图等理解句子。圈画不懂的地方。

(2)伙伴互学:古人说:独学而无友,则孤陋而寡闻。和身边的小伙伴一起学:互相读一读课文,听听读正确没有。互相请教不懂的问题。若还不理解,四人组进行讨论。

4.全班交流。

(1)读准字音:比比谁读得准确。多音字:盛:装入。第二声。

一人一句接龙读(多请几组)、小队接龙读。

(2)读出节奏:诗文自有节奏。师范读,要求:仔细听,画出停顿。

A 生:胤/恭勤不倦,博学多通。家贫/不常得油,夏月/则/练囊盛数十萤火/以照书,以夜继日焉。

小结:读文言文,有标点符号的地方要读出停顿。句子较长没有标点的,要根据意思读出停顿。

B 生自由练读。

指名读或男女比赛读。

(3)读出韵味:①"焉":板书、语气词,声音延长,古文的味道就出来了。(评价:车胤读书时间好长)②摇头晃脑地读。

(4)学习生字:恭、勤、博、贫、焉。

5.书读百遍,其义自见。还有什么不懂的地方?考考大家。

(1)古今同义。

例:胤恭勤不倦。你发现了什么?有些词语意思古今基本相同,请联系上下文组词。

勤(勤奋)

家贫不常得油(贫,贫困)

以夜继日焉(继,连续、接着)

(2)文中有一句话解释了课题,是哪一句?

夏月则练囊盛数十萤火以照书,以夜继日焉。

①与"囊萤映雪"对比,两个"囊"字,意思相同吗?

查字典,"囊"的意思有:袋子;像袋子的东西;用袋子装。

实物演练:这白色薄袋子就是"练囊"(实物),谁来表演下"囊萤"?

小结:汉字真奇妙。这个"囊"字,现在还在用。

除了锦囊妙计、探囊取物,你还想到了什么词语?(慷慨解囊、囊中空空)

②这"练囊"有用吗?(萤火虫发出微弱光亮,条件艰苦)

③车胤为什么要"囊萤"夜读呢?(家贫、穷孩子有志气爱读书)

④史料记载,车胤勤学好问,学识渊博,长大后成了国之栋梁,官至吏部尚书,为国为民做了许多实事、好事。《晋书》这样评价他(齐读):车胤忠壮。他凡所历任,则任劳任怨,竭尽心力,做事不拘俗套,勇于创新。这与他年少时勤奋苦读,是密不可分的。

6.试讲故事。

(1)借助故事卡:同桌之间试着讲讲这个故事。

《囊萤映雪》故事卡

故事名	主人公	遇到困难	化解办法	结果

(2)文白对读(师生、男女生):胤/恭勤不倦,博学多通。家贫/不常得油,夏月/则/练囊盛数十萤火/以照书,以夜继日焉。

晋朝人车胤,勤奋认真,学习不知道疲倦,他知识广博,通晓许多知识。因为家境贫寒,夜晚没有油点灯读书。夏天的夜晚,他就用白绢袋,装几十只萤火虫照亮读书,夜以继日地学习。

(3)理解读:带着理解再来读好这个故事。

板块三:熟读成诵,升华认知

1.熟读成诵。

(1)交流画面:读着读着,你眼前出现了什么样的画面呢?

(2)看插图:车胤坐在地上,微弱光亮,认真苦读,书又沉又多。

(3)如果把这篇文章也写在古书竹简上,是什么样子? 读一读。

(4)试背课文。

2.车胤勤学的故事被传为佳话,当时还有一个类似的故事:

晋孙康家贫,冬夜映雪光读书。——《初学记》卷二引《宋齐语》

(1)故事合在一起,就有了成语——囊萤映雪。形容学习勤奋刻苦。

(2)《三字经》:如囊萤,如映雪。家虽贫,学不辍。

古代像这样的故事还有很多:你知道哪些?

老师这边也有些故事:悬梁刺股、凿壁偷光、程门立雪、手不释卷。

他们的共同之处就是一个字:勤。

3.思辨:古代求学之人,无论环境多么恶劣,都要想办法创造条件来学习。也许有同学会想,这些都是古代的故事,我们生活在条件非常好的现代,还需要这样学习吗? (千年来的文字中传递的是学习精神)

4.日积月累:天行健,君子以自强不息。——《周易》

(宇宙不停运转,人也应该效法天地,力求进步,发奋图强)

5.交流:这节课你的收获。

(1)超越了自己吗? (果然超越了上课前的自己)

(2)又学习了哪些学习文言文的方法? 用这些方法尝试自学《铁杵成针》。

板块四:课后拓展,学以致用

1.下面的成语都与古人读书求学的故事有关,选两个,找找、讲讲他们的故事和含义。

悬梁刺股、凿壁偷光、程门立雪、手不释卷。

2.用学到的方法填填故事卡,试着预习《铁杵成针》。

《铁杵成针》故事卡

故事名	主人公	遇到困难	化解办法	结果	启发

整本书

从"一篇"到"一本"的阅读策略

新课标鼓励由教材的"一篇"撬动"一本"的阅读。新课标在"教材编写建议"和"关于课内外读物的建议"中指出,教材在编写时把整本书阅读作为教材的重要有机组成部分。在第二、三学段教材中,特意安排一些原著的部分文本作为课文进行教学,期冀借此推动学生从单篇课文的学习走向整本书的阅读。

一、从教材中来,整体构架单元教学

杜威曾提出学习要经历一个由下沉到上升的 U 形过程,这与叶圣陶先生提出的"教语文要在课文中走个来回"是相通的。结合统编教材四年级下册第八单元《宝葫芦的秘密(节选)》一课的学习,笔者认为教师在研读文本时要"想清楚了再做"。

"想清楚"就是"下沉"的状态,指教师要遵循四年级学生的年龄特点、认知规律,基于教学目标及童话文体特点,运用预习单了解学生要学什么,用什么方法学合适;教师要教什么,教到什么程度适宜。然后对整个单元进行整体架构,设计综合性的单元主题——"阅读奇妙的经典童话",创设真实情境——六一儿童节班级新编故事大王比赛,确定单元任务——争当"故事新编"大王,进而把大任务分解成若干个有内在逻辑的系列任务板块,环环相扣、层层递进地指向单元教学目标(见表1)。

"想清楚"之后的"做"就是"上升"的表现。教师从教材呈现的直观文本入手,从趣味化的语感体验开始,在丰富的语言实践活动中,有效调动儿童思维机制,感受《宝葫芦的秘密(节选)》这篇文章内含的童话之妙、表达之趣,回应单元"奇妙的童话,点燃缤纷的焰火,照亮我们的五彩的梦"的人文主题。在理解的基础上,将学习提升到一定的思辨思维层面,然后在理解发现的基础上,再次通过创编、续编故事等方式进入语感培养、语用训练的拓展情境。

见表1 单元整体架构

<table>
<tr><td colspan="4" align="center">四年级下册第八单元教学设计</td></tr>
<tr>
<td rowspan="3">主题:
阅读奇妙的
经典童话</td>
<td rowspan="3">任务一</td>
<td rowspan="3">读:"经典童话"
阅读比赛</td>
<td>活动一:读童话:读好故事,了解内容</td>
</tr>
<tr><td>活动二:讲童话:绘声绘色讲"奇妙"</td></tr>
<tr><td>活动三:说形象:"人物名片设计"比赛</td></tr>
<tr>
<td rowspan="3">情境:
六一儿童节
班级新编故
事大王比赛</td>
<td rowspan="3">任务二</td>
<td rowspan="3">编:"经典童话"
创编比赛</td>
<td>活动一:创编:根据已有内容创作故事</td>
</tr>
<tr><td>活动二:续编:沿着故事内容接着写</td></tr>
<tr><td>活动三:重编:借助故事原型重新编故事</td></tr>
<tr>
<td rowspan="3">任务:
争当"故事
新编"大王</td>
<td rowspan="3">任务三</td>
<td rowspan="3">创:"新编故事大
王"评选</td>
<td>活动一:"老故事"新写法、新评价</td>
</tr>
<tr><td>活动二:自我修改,同学评价,小组推荐</td></tr>
<tr><td>活动三:"新编故事大王"评选展示,作品汇总
成册</td></tr>
</table>

二、到生活中去,联结现实创新设计

《宝葫芦的秘密(节选)》一课选自张天翼先生的同名童话小说《宝葫芦的秘密》,是实践从课内单篇课文如何进入课外整本书阅读很好的例子。新课标在"教学建议"中提出教学应从关注儿童生活的真实需求、真实问题当中来。四年级学生在年龄特征、认知水平、学习压力及生活困惑方面与《宝葫芦的秘密》中的主人公王葆有相似之处,对王葆的苦恼、愿望、思考以及做法都更易理解并产生共鸣,因而教学设计要从设置生活情境开始,从学生起点到设计落点再到目标终点,都要紧密联系学生自身经验和学习生活,创新设计教学环节,让学生在学习运用中习得方法,真正"走进去"又能"走出来"。在解决"王葆如果拥有一个宝葫芦想做什么"的问题时,可以设计"王葆愿望清单"教学环节。让学生联系生活思考:如果你是王葆,拥有了无所不能的宝葫芦,你要实现什么愿望? 再走进文本阅读:默读课文,看看王葆有了宝葫芦,他的愿望清单会是什么? 比如,在他不会做数学题时,看到种的向日葵非常瘦小时,和科学小组同学闹翻时,王葆就会想到宝葫芦,他会有什么愿望呢? 还可以联系整本书进行预测:猜一猜,在小说中,王葆还会遇到什么困难,他又会怎样想? 在梳理王葆的愿望清单的同时,也为后期整本书的阅读激发兴趣。

《宝葫芦的秘密(节选)》选自原著小说的开头部分,小说必然要关注人物形象。在初步了解王葆形象时,可以摒弃"你看到了_____的王葆"的传统问答方式,立足学情,联系生活,创设"小说人物名片"设计环节。首先激发学生兴趣:王葆是小说的主人公,也是中国童话故事中的著名形象,为了更好地了解他,我们一起来给他设计个独特的名片吧。然后进行自主设计:请学生默读全文,自主填写名片内容后进行小组交流,让学生谈谈自己的设计思路。在设计中,还要带领学生在"文字中多走一个来回",通过分角色朗读、表演课文相关内容,多维度解读人物:联系王葆和奶奶之间的"规矩",感悟他的童真、顽皮、祖孙间的亲情;从"洗脚""剪指甲""一直听到我十来岁"看出王葆是个好奇、爱听神奇故事的孩子;从王葆对宝葫芦的向往,感受他爱幻想,有不劳而获的想法。在此基础上,进一步修改、优化名片设计,并适时埋下整本书阅读的种子:如果你读完整本书,相信你会对王葆有更深刻的了解,名片也会更全面、更生动。

《宝葫芦的秘密》人物名片

姓名:	性别:	年龄:	年级:
家庭情况:			请绘制你心目中的王葆形象
兴趣爱好:			
性格特点:			

三、由单篇到整本,推测激趣拾级而上

课文就是整本书阅读的"引子"。新课标倡导语文"1+X"的阅读方法,即从单篇到群文,再到整本书的阅读,教材编排意图也指向由"这一篇"撬动"这一本"的阅读。在《宝葫芦的秘密(节选)》一课的教学中,教师可以基于"这一

篇"习得的阅读方法,结合在三年级掌握的预测策略等,通过预测激趣——选文阅读——对比思考的方法一步步将课文由"引子"进阶为"引读"。首先,学生通过学习会发现课文只是小说的开头部分节选。当写到王葆对宝葫芦的向往时,课文就戛然而止了,因而很适合让学生预测后来会发生什么故事来激发学生阅读的兴趣。接着,节选原著小说中宝葫芦给王葆学习和生活带来巨大变化的文段进行阅读,让学生检验自己的预测和原著是否一样,批注自己的思考。然后,引导学生阅读小说结尾的相关文段,进一步激发学生阅读整本书的兴趣:小说中王葆得到了一个宝葫芦,而且"要什么就有什么",可是他最后却放弃了宝葫芦,这是为什么呢?期待大家读完这本书再来一起讨论。

　　教学中,教师要遵循儿童立场,尊重儿童个性化阅读体验,从教材中来,始于"一篇",抵达"一本"。

统编教材整本书阅读思辨进阶策略

　　整本书阅读是我国语文教学的优秀传统。在指导整本书阅读的过程中，教师应该遵循儿童立场，尊重儿童阅读体验，创设阶梯性、实践性的阅读情境，将思辨性阅读和文学阅读与表达相融合，通过"问起来—读进去—读出来"的阅读路径，运用"开放问题""思辨提升""转化运用"三条策略让学生思辨阅读进阶，进一步激发学生的阅读兴趣，提升整本书阅读的高度和品位。

　　思辨无处不在。思辨的发生不只在具有思辨性阅读特征的文章里，文学类作品同样可以借助思辨提升阅读品质。"思辨性阅读与表达任务群"指出，要引导学生在语文实践活动中，通过阅读、比较、推断、质疑、讨论等方式，梳理观点事实，辨析态度立场，养成勤学好问的习惯，培养理性思维和理性精神，从而达到阅读的进阶。因而，在《宝葫芦的秘密》的整本书阅读过程中，如果将文学阅读与思辨性阅读相融合，就能更好地体现阅读能力的提升与思维的进阶。

　　吴忠豪教授提出，学生要学习掌握一些必要的阅读策略，以提升自主阅读能力，提高阅读素养。笔者通过实践，认为整本书思辨阅读的路径是"问起来—读进去—读出来"，具体可以通过"开放问题""思辨提升""转化运用"三条策略进行阅读进阶。

一、问起来：开放问题激发长线阅读

　　提问，是思辨的开启，是教学的灵魂。在切入整本书阅读时，我们可以从"开放问题"开始，用提出问题来唤醒儿童内心的思考，让他们发出思考的、独特的声音，开展基于问题的研究。尼尔·布朗在《学会提问》一书中说："学会提出好问题，是让世界变得美好的开始。"如何提出好的问题，我们可以学习运用苏格拉底式的提问方法:开放、追问、假设、验证、总结和进一步提问。从问号到更多的问号,梳理出学生普遍关心的核心问题,激发学生对整本书长线阅读的兴趣。

以人民文学出版社 2009 年出版的《宝葫芦的秘密》为参照,在进行整本书提问时,首先要提倡学生进行"原生态阅读",然后将自我阅读困惑和小组汇总"问学单"相结合。"问起来"的原则是以学生的真实问题为起点,可以是学生不懂的问题、关心的问题、想研究的问题,也可以是在读书过程中的阅读内容问题,如理解性问题、分析性问题、评价性问题、创造性问题等一系列问题,鼓励他们提出有挑战性、有个性、有创新性的问题,然后创造高阶思维的情境,交流解惑。

学生在经过小组汇总、梳理、归纳后,提炼出他们感兴趣的几个核心问题,如:为什么这本原著不像其他小说那样有目录? 宝葫芦的秘密到底是什么? 王葆是个坏孩子吗? 核心问题可以作为整本书阅读的主线。教师可以在导读课、推进课上,立足这些核心问题,开展一系列的活动推进整本书阅读,多维度提升思维品质。

为解决"原著没有目录"的问题,可以开展"拟目录"系列活动。教师可以在导读课提出开展"我帮张天翼爷爷拟目录"活动。建议学生以故事讲述为顺序,以重要事件为线索,用拟小标题的方式,尝试给小说拟一个简要目录。

《宝葫芦的秘密》一书 10 万字左右,故事情节曲折有趣,学生完成此项任务并不特别困难。完成任务后,在读书推进课上进行自我展示、小组推荐、师生共评等环节,评选出若干优秀目录,并与不同版本编者拟定的目录做对比,讨论思辨后批判吸收,修改完善,最后誊写在小说目次页,备注上姓名,做成专属于自己的小说目录。在整个活动中,结合学生的过程性表现和最终拟定的目录情况进行综合评价,学生的阅读、概括、梳理、对比、思辨、评价等能力就潜移默化地得到了锻炼和提升。

二、读进去:思辨提升把整本书读透

思辨能力提升是当今大、中、小学各阶段教育的核心目标。目前世界上一些发达国家的母语课程标准中都渗透着思辨的内容,积极推进开展基于证据和逻辑进行审慎的反思性阅读。

语言的背后是思维,阅读和思维密不可分。只有在语文实践活动中,真正唤醒学生思维,融入思辨元素,引导他们在感性理解的同时用理性思考和反思,让学生感受到思辨带来的提升和乐趣,整本书的阅读才能从雷同走向独立,从混沌走向思想清明。撬动批判思维的支点,就是基于核心问题,寻找到合适的阅读支架,让阅读与反思同在,发现和批判共生,从而培养学生善于发现、敢于发问、积极思考的思辨能力。

在解决学生关心的"宝葫芦的秘密是什么?"和"王葆是个坏孩子吗?"两个核心问题时,教师可以带领学生通过制作"宝葫芦的秘密档案"、为王葆量身定制"主角环形图"等阅读支架,把整本书读活读透,读出思辨的味道来。

解决"宝葫芦的秘密是什么?"这一问题时,可以以为宝葫芦制作"秘密档案"为支架,引导学生在趣味中探究阅读,在阅读中寻找答案,在思考中记录发现。

宝葫芦的秘密档案

出处:宝葫芦从哪儿来	
样貌:宝葫芦的样子	
本领:帮王葆做成的事	
关系:和王葆相处如何	
秘密:"无所不能"的背后	
评价:你的思考和发现	

学生在记录"档案"的过程中,会慢慢发现宝葫芦的神秘和神奇之处。在感受童话的奇妙的同时,对宝葫芦也就有了更深的认知和了解。在交流"档案"环节时,还可以由小说联系学生自身,创设"如果你捡到了一个无所不能的宝葫芦,你会做些什么"的问题情境,带领学生进行更深入的思考与探究。

全面定位人物形象是小说阅读中的重要一环。"王葆是个坏孩子吗?"是《宝葫芦的秘密》整本书阅读中的核心问题,也是阅读主线,建议教师带领学生分别梳理王葆的经历和心情的双线变化,制作"主角环形图",记录发生在王葆身上的重要事件以及学生的即时评价,让阅读可视化。

随着阅读的不断推进和深度阅读,学生对王葆这个人物会比在课文学习时有新的认知和思考。可以运用小组合作学习的方式,让学生继续在人物环形图中进行补充、替换、记录。当整本书读完后,"主角环形图"也随之完成,通过小组讨论,一个立体、多面、综合的王葆形象就直观地展示在学生面前了。为凸显人物主要特点,教师还要引导学生将这些评价按照重要程度进行排序,提出自己的观点"王葆是/不是一个坏孩子",并寻找书中相关证据支持自己的观点,并与不同观点的同学通过辩论的方式进行交流,还可以阅读作者张天翼先生的其他小说,从而进一步增强对人物的理解,培养理性思维和理性精神。

巴什拉说:"童年是存在的深井。"儿童的精神世界里充满着想象、好奇、迷惘和自我意识。小说有生活的影子,王葆也有学生的影子。在阅读整本书的同时,建议让学生联系生活,开展"找找身边的王葆"交流探讨活动。这样,学生在全面、客观、批判地认识小说中少年王葆形象的同时,也在过程中重温、反思,重新发现、认识自我。在《宝葫芦的秘密》整本书阅读中,还可以通过架构梳理人物关系支架、情节线支架、事件线支架等,帮助学生在理解中思辨,在思辨中进阶。

三、读出来:转化运用把整本书读厚

美国教育家埃德加·戴尔的"经验之塔"理论提示我们,在整本书阅读中应开放整个阅读与表达的过程,让学生以阅读者、体验者、探索者、表达者的身份嵌入,不断积累经验,并进行转化运用。在写作、交际和各种语文实践活动中"读"以致用、"思"以辨用、"学"以活用,让整本书的阅读效能再上一个层次。这是学习的基本逻辑,也是把整本书由"薄"读"厚"的策略。

把书读厚,可以拓展整本书中最有特色之处。《宝葫芦的秘密》一书意趣横生,经典片段俯拾皆是,值得细细品味。比如开展学生感兴趣的"《宝葫芦的秘密》之最"的评选活动,就是很有意思的拓展设计。教师首先带领学生走进作品的语言,通过评选"对话有趣之最"让学生在精彩生动的人物对话中再走几个来回。然后放手让学生开展"奇妙之最""精彩之最""好笑之最""尴尬之最"等,通过"_____之最"的评选,让学生在书中重温经典片段,细品文字内涵,感受阅读成长的快乐。

把书读厚,可以开展讲故事、演话剧的活动。《宝葫芦的秘密》中有许多可以独立成"小故事"的文段,可以组织学生开展"宝葫芦故事大会""宝葫芦小剧场"活动,让学生挖掘故事,补白细节,创意讲述故事、编排表演小话剧等。在活动中,要关注评价的引领作用,比如在"宝葫芦故事大会"活动中,通过对讲述者的面貌状态、表现力、想象力和表达能力的多维度评价反馈,激发学生内驱力,使其更加积极主动参与阅读和思考。

"宝葫芦故事大会"评价表

宝葫芦故事大会	葫芦等级	自评	伙伴/老师评	总成绩
态度大方自然				
讲述绘声绘色				
情节生动曲折				
故事奇妙有趣				

把书读厚,还可以通过比较阅读,让思维更加开阔。比较阅读,就是把内容或形式相近或相对的文本,放在一起比较、对照阅读,这样既可以开阔视野,提高鉴赏力,更能促进学生对整本书的深度理解和思考。中外描写儿童成长的优秀作品不少,可以立足学生阅读基础和兴趣,将《宝葫芦的秘密》与《长袜子皮皮》或《查理和巧克力工厂》等儿童成长小说进行比较阅读。边读边对比,探寻它们之间的相同点和不同处,运用学习掌握的阅读策略进行品读、思考、评价,并在比较中适时开展思辨活动。将阅读与发现、思考与表达紧密结合,可以写读后感,可以撰写微书评,还可以评价内容、质疑人物、向同学分享"我看×××(人物形象)"等,在思辨中加强对作品的理解和思考,得言得意。

综上,从儿童立场出发,从教材中来,到整本书中去。将思辨性阅读融入整本书阅读中,通过"开放问题""思辨提升""转化运用"三条阅读策略,将阅读、思辨、运用三者融合起来,切实提升学生整本书阅读能力。

感受童话奇妙　讲好新编故事

——《宝葫芦的秘密(节选)》教学设计

【教材分析】

《宝葫芦的秘密(节选)》选自儿童文学家张天翼的小说《宝葫芦的秘密》开头部分,在四年级下册第八单元,主要讲述了王葆因从小听奶奶讲宝葫芦的故事长大,加上自己在学习生活中经常遇到困难,就幻想自己也拥有一个无所不能的宝葫芦的故事。教学设计时,一要关注学情,四年级的学生理解文本难度不大,且会因为故事内容贴近生活,愈发觉得课文生动有趣。二是关注教材编排,本单元是童话单元,语文要素有二:"感受童话的奇妙,体会人物真善美的形象;按自己的想法新编故事。"与本课的课后问题"说说王葆为什么想得到一个宝葫芦""选一个奶奶给王葆讲的故事,根据已有内容进行创编故事"之间有内在的承接关系,要在教学设计中进行落实。三是关注文体,课文是童话小说节选,因而要关注情节的奇妙有趣和对王葆这个人物的认识和解读,促进由"一篇"到"一本"的阅读。

【教学目标】

1.正确认读本课 8 个生字,读准多音字"冲",会写 15 个常用字,积累介绍、声明、妖怪和规矩等 7 个词语。

2.能说出王葆想得到宝葫芦的原因,体会王葆淘气爱幻想的童真形象。

3.选择奶奶讲的其中一个故事,根据已有内容创编故事讲给同学听。

【重点难点】

1.讲好宝葫芦的故事。
2.体会王葆人物形象。

【教学时数】

两课时。

【教学过程】

第一课时

板块一:检查预习,识字朗读

1.扣题质疑,畅谈宝葫芦的神奇形象。

2.检查预习,指名读课文。

3.关注读音。

翘舌音:拽、瘦。

易错音:"矩"单字读第三声,"规矩"一词中读轻声。

多音字:引导学生在具体语境中据义定音。

冲:"冲着他摇尾巴"表示指向、对着的意思,读第四声。

4.分类写字、关注笔画顺序和关键笔画。

板块二:词串学习,了解课文

宝葫芦	王葆	奶奶	宝贝
介绍	撺上	溜开	拽住
幸福	好日子	省心	比赛

1.认读。

2.利用以上词语试着说说课文的主要内容。

板块三:提出问题,合作解决

1.提出不懂的问题,小组交流。

2.同桌互读课文。

3.师生分角色朗读课文。

第二课时

板块一:初步感受,宝葫芦的魅力

1.本单元主题是"走进奇妙的经典童话",这节课我们继续走进童话大师张天翼先生的《宝葫芦的秘密(节选)》,齐读课题。

2.检查上节课学习情况。

(1)听写词语:

介绍、幸福极了、好日子、省心。

(2)你能用这些词语介绍下宝葫芦吗?

(3)这宝葫芦有什么本领?(想要什么就有什么,无所不能,本领非凡,就像马良的神笔、哆啦A梦的口袋)

(4)你们想见见这神奇的宝葫芦吗?一起大喊三声"宝葫芦"。(出示图片)

3.你能用王葆的口气夸夸这个宝葫芦吗?

"我是王葆,我来给大家介绍介绍这宝葫芦,它就是故事里的那种宝葫芦,

_____。"

情境采访:王葆,你想要一个玩具(想吃点心、想考100分),宝葫芦能帮你实现吗?

小结:这宝葫芦果然想要什么就有什么,太神奇了,果真是宝贝。

板块二:想象创编,宝葫芦故事会

过渡:王葆拥有宝葫芦的梦想由来已久,这要从奶奶从小讲给他听的宝葫芦的故事说起。快速默读第15—17段。

1.你发现这些故事的秘密了吗?

相同点:不同的人得到宝葫芦之后,都过上了好日子。

不同点:不同人物得到宝葫芦的方法不同。

《宝葫芦的秘密(节选)》人物与情节

人物	如何得到宝葫芦(时间、地点、得到宝葫芦曲折神奇的过程)	使用宝葫芦(过程中,发生了哪些奇妙的故事)	得到宝葫芦的结果
张三	劈面撞见神仙,得到宝葫芦	张三想:"我要吃水蜜桃",立刻就有一盘水蜜桃	一得到了这个宝葫芦,可就幸福极了,要什么有什么。他们全都过上了好日子。
李四	游到了龙宫得到了宝葫芦	李四希望有一条大花狗,马上就冒出了那么一条——冲着他摇尾巴,舔他的手	
王五	肯让奶奶给他换衣服,得到了宝葫芦	?	
赵六	掘地掘来了宝葫芦	?	

2.激趣创编故事:

这么多宝葫芦的故事,作者只用短短三段话来写,有些不过瘾,你还想知道些什么? 文章给我们留下了很大的想象空间。下面我们将举行"宝葫芦故事会",请同学们选择以上其中一个故事,在原有内容的基础上,借助提示,创编一个有趣的故事吧。

读一读,创编提示:

(1)得到宝葫芦时的曲折神奇。

(2)使用宝葫芦的过程中,发生了哪些奇妙的故事。

3.教师讲故事:

李四是个年轻人,特别爱远足旅行。一天,李四到了海边,无意中发现了一条受伤奄奄一息的小白蛇,小白蛇向他求助:"年轻人,我是龙王的儿子,如果你能把我送回龙宫,我会送你一件宝物以表达谢意。"李四是个热心肠,二话没说,把小白蛇揣到怀里,就向海底深处游去,在小白蛇的指引下,终于游到了龙宫,小白蛇得救了,李四也得到了奖赏——一个想要什么就有什么的宝葫芦。

李四回到家中,口渴了,想吃水蜜桃,刚一想到,一盘鲜美的桃子就出现在他眼前。李四又想:这宝葫芦太神奇了! 我再试试它。他就对着宝葫芦大声说:"宝葫芦,宝葫芦,我想要头牛,帮忙耕地。"话音刚落,只听到窗外传来哞哞的牛叫声。

从此以后,他过上了想要什么就有什么的好日子,没有一点儿烦恼,幸福极了。

4.宝葫芦故事会。

(1)自己创编,小组交流。

(2)小组推荐代表参加故事会。

(3)评价:

评价表

宝葫芦故事会	葫芦等级	总成绩
大方自然		
绘声绘色		
情节生动曲折		
故事奇妙有趣		

5.听了这么多宝葫芦的故事,你现在知道王葆想要个宝葫芦的原因了吧?(他也想像奶奶讲的故事里的那些人一样,想要什么就有什么,过上好日子)

他常常幻想:我要是有了一个宝葫芦,我该怎么办? 我该要些什么? 生读,读出愿望和思考。

6.王葆的愿望清单:默读第15—17段,王葆如果有了宝葫芦,他想做些什么呢?

(1)不会做数学题,看到"8",想到宝葫芦,他想做些什么呢?

(2)种的向日葵瘦小,想到宝葫芦,他想做些什么呢?

(3)和科学小组同学闹翻,想到宝葫芦,他想做些什么呢?

(4)猜一猜:在小说中,王葆还会遇到什么困难,他又会怎样想?

7.指导朗读:一遇到困难,这宝葫芦就能解决问题,读出王葆想得到宝葫芦的迫切心情。

板块三:阅读批注,设计人物名片

过渡:王葆是小说的主人公,他也是中国儿童童话中的著名形象,为了更好地了解他,我们一起来给他设计个人物名片吧。

1.默读全文,填写名片内容。

姓名:王葆　　　年龄:　　　　　"家庭"住址:《　　　　　　》

愿望清单:

个性特点:

2.交流:从哪里读出了(　　　)?(板书)

(1)从王葆和奶奶之间的"规矩",感悟他的童真、顽皮和祖孙间的亲情。

(2)从"洗脚""剪指甲""一直听到我十来岁"看出,王葆是个好奇、爱听神奇故事的孩子。指导朗读。

(3)从王葆对宝葫芦的向往,可以看出王葆爱幻想,想不劳而获。

3.指导朗读:分角色朗读"我"的介绍和奶奶的对话。

读出生活化和童趣。

4.小结。

板块四:补充材料,激发阅读兴趣

1.想象故事:课文节选的是小说的开头部分,在这一部分,宝葫芦还未正式出场,课文写到王葆对宝葫芦的向往,就戛然而止了,后来又发生了怎样的故事呢?(联系第15—17段遇到的烦恼)

2.快速默读:补充《宝葫芦的秘密》中的部分情节,我们想的和原著一样吗？快速浏览,在批注框里写出自己的思考。

3.激发阅读整本书的兴趣。

(1)出示小说《宝葫芦的秘密》的部分资料:王葆得到宝葫芦后发生的变化;王葆放弃宝葫芦时的对话。

(2)王葆的愿望终于实现了,他确实得到了一个宝葫芦,而且"要什么有什么",可是他最后却放弃了宝葫芦,为什么呢？等大家读完这本书,我们再来继续讨论吧。

4.分层作业:

(1)《宝葫芦的秘密》是中国当代童话大师张天翼最负盛名的作品,影响了几代儿童,查找相关的书籍、电影观看。

(2)如果你也拥有一个宝葫芦,你会怎么做？尝试写一写。

寻找阅读名著的金钥匙

——《汤姆·索亚历险记(节选)》教学设计

【文本解读】

课文《汤姆·索亚历险记(节选)》选自美国小说家马克·吐温创作的同名小说,是统编教材六年级下册外国名著单元的第三篇课文。

本单元的人文主题是:"跟随外国文学名著的脚步,去发现更广阔的世界。"随着课文的学习,本单元要分别落实三个语文要素:"借助作品梗概,了解名著的主要内容;就印象深刻的人物和情节交流感受;学习写作品梗概。"因前面已有《鲁滨逊漂流记(节选)》和《骑鹅旅行记(节选)》两篇课文的学习基础,本课教学设计要引领学生自主学习,通过提炼关键事件,对故事梗概进行梳理;借助阅读批注,交流印象深刻的情节;联系生活经验,学习全面评价人物,进而激发阅读原著的兴趣,尝试进行对比阅读拓展。对小说的解读,就是要带领学生关注、品味作者的语言表达,综合整体感受人物形象。本课教学中,最有思维含量的就是要对汤姆·索亚这个儿童形象进行分析,要学习依据文本,联系生活,有理有据地进行分析,这样才能寻到走进名著的金钥匙。

【教学目标】

1.借助阅读批注,交流印象深刻的情节。

2.根据课文内容,联系生活经验,学习全面评价人物。

3.激发阅读原著的兴趣,尝试进行对比阅读拓展。

【重点难点】

1.借助阅读批注,对文本进行深度学习。

2.联系生活经验,学习全面评价人物。

【教学时数】

一课时。

【教学过程】

板块一:走进文本,确定学习目标

1.复习交流:今天我们继续走进"外国名著研读会",在本单元前面的学习中,你对哪部名著最感兴趣?

2.激趣导入:这节课一起走进一部新的著作,认识一位特别的少年。猜猜看,他是谁?

3.确定目标:我们的课文节选自小说,关注阅读导语中的关键信息,确定本课的学习目标:跟着汤姆去探险,寻找阅读名著的金钥匙。

板块二:梳理关系,提炼文章梗概

1.梳理关系:在课文中,汤姆身边有不少人物,请浏览课文,圈画他们的名字,梳理他们和汤姆的关系。

2.提炼梗概:厘清人物关系,运用在《鲁滨逊漂流记(节选)》一课中习得的"通过提炼关键事件,对故事梗概进行梳理"的方法默读课文,找出关键事件,列出小标题,提炼课文梗概。

3.交流指导:同桌交流,小组推荐,全班交流。

板块三:阅读批注,全面评价人物

1.重要情节:在这些故事中,哪些情节让你印象深刻?

2.记录历险:一起走进第4段,跟着汤姆记录历险的过程。

3.阅读批注:汤姆的优秀表现让我们想更深入地了解他,请再次阅读全文,边读边批注,把你从字里行间读出的汤姆形象记录下来,我们一起交流。

4.朗读片段:第8—15段有对话描写,分角色读一读,看看又有什么发现。

5.全面评价:汤姆·索亚就像钻石,和我们每个人一样有很多面,需要全面、立体地评价。

6.联系生活:联系自我,联系生活,在我们自己或小伙伴身上,你能找到汤姆的影子吗?

7.联系作者:作者马克·吐温在序言中这样写道:本书中大多数历险故事都实有其事,里面的人物也源自生活。所以说,小说是虚构的,但却有生活的影子。

8.思辨培养:汤姆·索亚是近代世界文学中著名的"顽童"形象,你认为他是个好孩子吗?为什么?思考交流,小练笔。

小结:莎士比亚说"一千个读者就会有一千个哈姆雷特"。希望大家通过阅读,发现自己心目中独一无二的汤姆·索亚。

板块四:联系生活,对比阅读拓展

1.总结交流:通过学习,你发现了哪些阅读名著的金钥匙?

2.儿歌诵记:

阅读名著,乐趣无穷。

大胆猜测,梳理内容,

情节推理,生活纵横,

思辨评价,定会提升!

3.走进原著:课文只是整部小说的一个篇章,看看目录,你还想了解哪些内容?

4.小结:《汤姆·索亚历险记》自1876年出版以来,畅销不衰,备受推崇。课下,请打开这本书,跟着汤姆来一场惊心动魄的历险吧。

5.拓展作业:读完这本书后,请借助表格对本单元三篇课文背后的三部小说进行一个阅读比较,继续"外国名著研讨会"活动,通过阅读,去发现更广阔的世界。

外国名著研讨会阅读卡

小说	不同点	相同点	推荐理由
《鲁滨逊漂流记》			
《骑鹅旅行记》			
《汤姆·索亚历险记》			

(按本教学设计录制的名师方法指导课在广东省教育厅"粤课堂"平台进行授课)

习作教学

"儿童立场"在习作教学中的建构

书面表达能力是语文核心素养的一环。传统习作教学中存在脱离儿童生活、忽视真实体验、泯灭想象创新、写作方式单调的现象,导致学生"趣味"体验迷失,写作陷入困顿。因此,习作教学要基于"儿童立场",贴近生活现场、创新写作方式、开拓创意空间,让学生"入"情、"动"情、"激"情,在转"学"成"趣"的过程中,让学生拥有更多释放真情的话语权,有效增强写作的情趣体验。

一、缘起:"儿童立场"的缺失

中国教育学会小学语文教学专业委员会理事长崔峦指出,语文素养是一种以语文能力为核心的综合素养,简言之就是"核心语文能力"。综合借鉴活跃在一线的名师的教学主张,语文关键素养至少包含五种关键能力:阅读理解能力、规范书写能力、书面表达能力、口语交际能力、评价鉴赏能力。其中,书面表达能力是重要的一环。

从历史上看,语文课程改革容易出现左右摇摆现象,主观是想矫正,但结果常常是矫枉过正。如作文教学中"主体"与"主导"的关系,一不小心就会上演"越位"与"缺位"的场景,教学就会走向"异化"。"知之者不如好之者,好之者不如乐之者。"学生兴趣是求知的内驱力,也是学习的起点。可是,让不少语文老师烦恼的习作现状是:学生对习作学习的喜爱程度,并不尽如人意。笔者邀请了中年级各班共 40 名学生完成了一份问卷调查,请他们选出习作学习中最看重的三项内容,结果如表1。

表1　问卷结果

选项内容	习作是件让人快乐的事	习作是件让人头疼的事	喜欢写书本上规定的习作	喜欢记录自己的生活体验	按照成人意愿和视角写文章	用自己的语言描写自己眼中的世界
选择人数	9	31	6	34	1	39
占　比	22.5%	77.5%	15%	85%	2.5%	97.5%

这份调查显示,当下不少习作教学忽视"体验"、远离生活,使原本来自鲜活体验的习作兴趣依然"沉睡",其中,最大的问题,在于"儿童立场"的缺失。在习作时,学生变迟钝了,甚至患上了"书面文字失语症"和"语言表达恐惧症",写作不是件快乐的事。写作学理论研究发现:写作是人的一种生存方式,是通过文章创造出的"第二世界"来实现精神家园的构建。那么,对儿童写作的研究,教师需要站在儿童的立场去探寻他们的精神诉求。

中年级是习作的起始及发展阶段。进入中年级,习作在具体内容、字数篇幅、文体结构等方面都有了更高要求,虽然设计者已尽其能地贴近学生、想学生所想,但一件"衣服"怎能适合不同学生的要求呢?面对这种情况,"传传日记"因其贴近生活、内容丰富、形式灵活,就成了最好的写作练习补充,它捍卫"儿童立场",在转"学"成"趣"的过程中还原写作应有的魅力,让写作产生趣味的"磁场",将"趣味魔法"源源不断地注入笔尖,让学生拥有写作的"快乐宝典"。

二、探索:"儿童立场"的建构

(一)贴近生活的现场

"语文的外延就是生活。"语文其实是从生活实际中提炼出来的,有情有境是它与生俱来的特征,习作尤其如此,让日记更贴近生活的现场,在还原生活本色中呈现情趣,才不至于异化写作的本来面目。

作家杨鹏认为,写作是孩子的一种普遍冲动,是孩子内心的表达需要和真实生活状态的流露。童年是感性的,它需要在具体的体验中获得言意经历,积淀语言学习的情趣与经验。任何语文教学都无法取代学生的真实体验,因而不可忽视生活体验对于语言学习的重要作用。

要做到这点,第一要有细致入微的观察。说到观察,学生可能觉得很神秘,很含糊。孩子天性喜欢玩,笔者就告诉学生,其实有个"简单易行、好玩有趣"的办法,就是像记者、测量专家一样,自己带上摄像机、各种测量仪器走进生活,这些工具就是我们的眼睛、鼻子、耳朵、心等各种器官,要调动各种感官去感受,并把这些感受如实地、原汁原味地用文字还原,运用"时空搬移大法"将生活中的情境搬入日记,让读者见其形、睹其色、闻其声、观其动、感其情,不知不觉地走进观察里。

第二,要在链接生活境遇中发展情智。思考可以带动学生对生活的构思和表达。我们经常开展"向大师致敬"活动,笔者认为除了要带领学生多读大师的作品,更应教会学生像大师一样思考。像大师一样,面对生活不粉饰,不矫情,态度真诚地用文字去表现、体味、感悟、剖析生活,特别是自己最熟悉和最有趣的生活经历。引领孩子学会把自己的观察思考整理并写下来,看、想、写,往复运动,盘旋上升,久而久之,学生的日记就既有生活又有思想了。

事实证明,一旦习作与学生生活密切相连,成为学生生活的"必备品",就会产生无限的学习热情。需要的,才是重要的;重要的,才会去主动学习。

(二)换一双眼睛看世界

要注意培养学生的创新能力,这是以往的语文教学比较忽视的。培养创新能力,核心是独立思考能力,还有丰富的想象力。怎样培养呢?比如,在识字教学中培养独立分析、识记字形的能力;在阅读教学中培养读文章想画面的能力,激活想象力;鼓励学生发表独特感受和个人见解,说真实想法,不人云亦云;在作文教学中引导观察,鼓励发现,提倡写个性化作文,增加想象作文的练习。

新课标提出:"要鼓励学生不拘形式地写下见闻、感受和想象,注意表现自己觉得新奇有趣或印象最深、最受感动的内容。"创新能力是要让学生写出真情实感,写出新奇有趣,就必须还给学生写作自主权。那么,又怎样从现实生活中挖掘创意呢?这就要引领孩子把大千世界浓缩成一个小小的窗口,换一双眼睛看世界。

换一双眼睛看世界,就要换一种言语方式。写作,应是心灵的倾诉,就是拿笔来说话,相应的,写作也应该像说话一样自然真实。语言表达并不是某些人独有的特异功能,每个孩子都有语言表达的潜能,孩子对词汇的吸收和灵活表达能力是令人吃惊的,他们都是学习语言的天才。作为教师不要对孩子的思维和语言做过多的要求和限制。笔者经常鼓励学生用最有活力、最形象的、自己最擅长的口语化语言去表达真情实感。

现在对学生写作的评价标准规定得太多太死,其实,只要标准再宽容些,就可以把每个孩子的语言才华开发出来。孩子刚开始对自己的表达是没有多少自信的,这就需要教师这一权威的热情鼓励和支持,需要家长、伙伴的认同,让学生持续保持表达的意愿与快感,从而产生对文字的喜爱和感悟。

(三)开拓创意想象的空间

想象创新本应是儿童的生命表征,但教育进展国际评估组织对全球 21 个国家进行的调查研究显示,中国孩子想象力排名倒数第一。在教学中,我们也发现,低年级学生想象力丰富,到了高年级后,学生学了更多知识后,想象思维反倒受阻,失去了灵性。因而作为习作的关键成长学段,教师要在中年级有意开拓学生创意想象的空间,鼓励孩子创新。培养创新能力,核心是培养独立思考能力和丰富的想象力。怎样培养呢?首先,教师要设法为儿童架设真实想象世界和习作想象世界融通的桥梁,尽可能减少干预,引发学生更多基于生活的奇思妙想,本着"想象无错""延迟评价""数量至上"的原则,开展"头脑风暴"法是开展创意写作的便捷途径,提倡写个性化作文,增加想象作文的练习。

习作教学要"守正出新",在继承中发展,在发展中创新。雷夫所言:"不要想办法去控制你的孩子,关键是教会他们怎么样自我控制。"作文是发自内心的声音,让更多认识或不认识、见面或不见面的人听到这种声音。评判一篇文章的高低,有个标准,就是看作品是否凸显一个"新"字,是否具有小作者原初的创意。有了新意,作品就有了时代感,充溢时代气息的文章,才能与时俱进,才真正具有魅力。

创新的关键是要写出个性和真情实感。无论是从题目、构思、语言,还是从生活中发掘,都要写出个性,写出自己的真情实感。俗话说:"文如其人。"个性和情感是相辅相成的,凡是具有个性的文章都是具有真情实感的;反过来,有真情实感的文章也具有鲜明的个性特点。在习作学习中,我们经常开展"新意无处不在"的寻找活动,让学生尝试写写自己在生活中的新发现、新点子,学会换一双眼睛打量世界,从最平淡的生活中发现亮点。

(本文发表于《文教资料》2017 年第 11 期)

"儿童立场"在习作教学中的践行

书面表达能力是语文核心素养的一环。基于"儿童立场",贴近生活现场、创新写作方式、开拓创意空间,让学生"入"情、"动"情、"激"情,在转"学"成"趣"的过程中,让学生拥有更多释放真情的话语权。

一、"入"情:贴近学生习作的切入点

只有真正发现儿童和认识儿童,才能坚守儿童立场。对于小学生来说,"体验"是他们学习知识、养成能力的最有效途径。

坚守"儿童立场"的起点,以"好玩"引趣。情感的一个基本特点是"传染",情感在传染中会变得越发浓厚、深长。进入新学期,我们都会开启"快乐的传传日记旅行",会站在学生的角度列举"传传日记"的种种好处:同学之间相互传递,可以了解小伙伴的喜怒哀乐,同时相互学习、评价;可以写自己想写的内容,说自己想说的心里话;可以将日记收集整理成册,成为纪念成长的"一本书";能为习作提供好的素材和储备经验,成为"资料库",积累一些珍贵的见闻或资料……

坚守"儿童立场"的本质,以"自主"激趣。教育的影响,必须与儿童的自然发展相一致。我们不但要为学生提供一个"习作"之外的表达空间,更要尊重儿童天性,让其回归自由;尊重儿童的想法,让其童心洋溢。我们让学生自主选择自己喜爱的日记本,鼓励他们自己设计个性化封面,在日记本的第一页,我们特别邀请家长和学生各写几句话,祝愿并提醒学生贵在坚持。完成一本后请学生邀请家长、老师或朋友写一篇小结,永久收藏。就这样,每学期,学生都会拥有一两本记录自己和伙伴成长的"小书"。

二、"动"情:找准学生习作的着力点

坚守"儿童立场"的可能,以"灵活"增趣。儿童天生是自由者、探索者,他们希望按照自己的意志主宰生活。为降低学生对写作的抵触情绪,我们对"传传日记"的内容、写法、字数不做硬性规定,让学生按行文所需,该长则长,该短则短,内容只要是发自真心真情即可,不做过多要求。我们认为日记不是要学生写出多少东西,而是要让学生乐于记录下他们关注的、感兴趣的东西。随着学生年龄的增大,对研究对象的认识也会更加深刻、更全面,他们的作品自然就会逐渐丰富起来。而他们的整个写作过程,就会将学习、观察、体验、研究和写作融为一体,完成了一个比较完整的研究性学习的过程。

坚守"儿童立场"的有效,以"实用"延趣。"传传日记"为课堂习作储备了大量素材,为了更好地发挥其作用,笔者在学期初就和学生一起浏览本学期的习作题目,在教学和生活中及时提醒他们观察、留意相关内容,鼓励他们提供写作的资料和素材。学生心里装着作文题,就逐渐养成了随时观察、随时发现、随时记录的好习惯,有些本以为难写或无话可写的作文题,会因为平时日记里有丰富的素材积累得到有效解决,从而对习作的畏难情绪有了很大纾解,逐渐产生了习作的热情,最终成就习作的精彩。

三、"激"情:提供学生被认可的创生点

成长期的孩子有很多东西愿意表达,只要有内容写,有表达愿望,就是很可贵的状态。该怎样挖掘其写作才能呢?笔者认为最重要的是开发学生的潜能,并且使之良性运转起来。要诀就是:给学生一个认可和展示的机会。

成功激励孕育作文高手。心理学家盖兹说得好:"没有什么比成功更能增加满足的感觉,也没有什么东西比成功更能鼓起进一步求成功的能力。"习作教学要让学生体验到写作是一种心声表露,它代表着一种有价值、有分量的独特思想,得到认可同样能给人带来自尊。学生个体是千差万别的,我们不能用一把尺子去衡量所有的学生,应因人而异,用积极的眼光看待他们、看

待他们的习作,让不同的学生都得到成功的激励,促使"后进生进化、中等生优化、优等生发展",在各自的基础上都得到相应的发展。

赞赏铸成信心,我们采取多维度、多层面的评价方法来让学生体验成功的乐趣。"家长评佳作""同学眼中的写作之星""老师一周点赞"等讲评活动,会一次又一次地激发学生持续昂扬的写作兴趣。每当学生看到来自同伴、老师、家长及时而中肯的称赞,就会逐渐形成这样的一种自我认知:"哈,我也能成为作文高手!"在评价时笔者也绝不吝啬自己手中的高分,即使问题习作也会找出值得肯定的闪光点……就这样一天天不断鼓励学生的自信心,让每位学生都真切地感受到"努力定会让我优秀!"。有了成功的激励和体验,学生就会产生强大的内驱力,从而信心百倍地迈出习作的第二步,第三步……

多多"发表"造就作文高手。我们认为,儿童写作不光是语言学习的需要,还是为了健康、自然地宣泄感情,和别人沟通。学生的习作必须有更多的倾听者、欣赏者,让学生得到情感上的满足。作为教师,不应该把力量都放在"指导"孩子如何写作上,还应当研究如何"发表"这些习作。我们认为,"发表"是广义的,哪怕只是当众念一念、评一评,也是发表的一种。一次公开"发表",可能就会从此改变孩子对作文的态度。

"发表"是最强劲的推动力,作文的持续热情和灵感,很大部分是靠"发表"运转起来的。因此,我们坚持定期进行日记短评,让学生在小组内互相交流、朗读、评议,定期在班级黑板报中展示,充分利用"互联网+",把写得好的习作"发表"在班级博客、QQ群、家长微信群里,让学生、家长互学,互评,自我提高完善,并积极创造机会,推荐优秀佳作发表在报纸杂志上。每周末,我们都会让孩子选出本周最满意的一篇日记在家庭中诵读"发表",采取各种积极的方式让学生体验成功的乐趣,让学生真实拥有"写趣体验",从而造就更多的作文高手。

孔子说:"本立而道生。"我们在思考教育问题的时候要多想想它的"本"在哪里。坚守"儿童立场"是教育之本,习作教学中更应关注生命个体在成长中的各种精神诉求以及随之所表现出的儿童立场。唯如此,教师才能把脚踮得更高,去瞭望儿童精彩的未来。

(本文发表于《文教资料》2017年第11期)

"生本多元三步三法"在小学语文习作评价中的运用

习作评价是习作完成与提升的重要环节,它不仅仅是甄别,更是一种导向与激活。"人本主义学习论"催生着习作评价方式的改革,新课标要求教师"重视引导学生在自我修改和相互修改中提高写作能力"。在指导评价时,"应注意将教师的评价、学生的自我评价及学生之间的相互评价相结合,加强学生的自我评价和相互评价"。本人对如何让"儿童"站在评价的中央,如何让习作评价多元有效,进行了实践探究,逐渐摸索出"生本多元三步三法"的评价方法。

现以五年级学生豆豆的一篇随堂片段习作为例说明,初稿为:

考试

上课铃响了,同学们个个变得紧张起来,因为今天是语文单元检测。只见我们的语文王老师走进教室,她手里拿一沓厚厚的试卷走上了讲台,严肃地重申了考场纪律,考试开始了。

同学们一拿到考卷,就立刻动笔写起来。霎时,教室里安静得连自己的呼吸声都能听得见。我屏住呼吸静听,只听见笔尖在考卷上发出的"沙沙"声,偷偷看看四周同学,都屏气凝神,认真答题。考场如战场,这不,同学们不都紧张地与考题战斗吗?

"丁零零"下课铃响了。王老师催着大家赶快交卷,安静的教室变得沸腾起来,大家议论纷纷,有的同学手舞足蹈,有的紧锁眉头,有的跺脚,有的像被霜打过的花儿一样……

第一步:伙伴携手 "头脑风暴"法

"头脑风暴"法是受学生欢迎而有效的学习方式,更是"自主、合作、探究"学习方式的有效体现。崔峦老师说:"交给教师的应是学生改不动了的作文。"因此,教师要根据学情,放权给学生。

首先要根据学情进行合理分组,四人一组为宜,异质分组,选组织能力强的同学为组长,组员根据自身习作优势在批改中各有侧重。

互批互改时,首先将习作放置于大家都能看到的地方,互相进行朗读,发现问题及时讨论,用批注方式记下意见。批改时,学生既是作者又是读者,角色不断转换,相互启发,找优点、挑毛病、做比较。学生之间是平等的,他们彼此不设防,可谓是"知无不言,言无不尽","头脑风暴"后产生的评改效果经常会出乎老师的预料。

小组同学在修改了几处用词不太准确的地方后,这样评价豆豆的文章:小作者用较为生动的语言还原了我们的考试现场,一个个鲜活的人物和细节跃然纸上,让我们忍不住偷偷发笑,赞!但大家不同的表现还可以更加丰富些,同时建议有个更精彩的结尾。

学生互改后要趁热打铁,要求小作者及时自主修改。首先要求他们边读边看同学的旁批及总评,然后想一想,他们为什么提议这样改,自己的习作还可以怎样完善,从而产生修改的欲望。

豆豆在大家的建议下,进行了几处修改,并补上了这样的结尾:是呀!作为学生,哪一个人不想把这一仗打得漂漂亮亮的呢?

第二步:教师指导 面批面谈法

教师面批面谈法,是一种直观、互动、有个性、针对性强的评讲方式,学生易于理解和接受,对提高学生的作文兴趣、作文能力、修改能力都会有很好的效果。我的做法是:在每次作文中或作文后,分别通过"悄悄话"或"面对面"的方式,有目标地找几名学生进行面批面谈,争取在最短周期内,让每个学生都能获得至少一次面批面改的机会。

在面批面谈时,建议多和孩子的既往做比较,多尺度地衡量学生作文。在关注成果的同时,更要关注学生在作文中折射出来的思维过程和内心感受的体现,评价语要克服俗套,多用鼓励语言,不要吝啬手中的高分。对学生作文中暴露出来的问题,尽量从"建议"的角度出发。

豆豆的写作水平在班级属于中上,我在与她面谈时,告诉她:你有一双善于观察的眼睛,对同一时间、不同人物的神态和动作进行了较为细致的描绘,老师为你点赞!但文章还有许多值得提升的空间,比如题目、开头用生动的语言让它变得更有吸引力,细节描写可以更传神,语言可以更准确活泼。你是个有潜力的作文高手!加油哦!

"哈,我也是作文的高手!"当学生有了这样一种自我认识,感受到自己写作的潜能,就有了成功的激励和体验,必然产生巨大的内驱力,从而信心十足地迈出习作的第二步,第三步……

第三步:学生主体　自批自改法

学生学会自批自改习作很关键。叶圣陶先生说:"文章要自己改,学生学会了自改的本领,才能把文章写好。"对于学生的自批自改,教师要让学生明白自批自改的意义,教给他们批改习作的方法,使学生乐于、善于批改自己的习作。

朗读法。叶圣陶先生也曾说过:"再念,再念,再念,反复地念,出声地念,就会发现毛病。"在修改文章的过程中,将大声朗读和默读揣摩相结合,是一个好办法。凡读起来不顺畅、磕磕绊绊的地方,就是需要细心揣摩、修改和调整的地方。

还原法。学生自批自改作文时,建议先闭目回想,学会用"广角镜"和"显微镜"将事情经过的全貌和细节进行再现和放大,找到趣味点、细节处,再对照自己的文章进行增减修改。

搁置法。刚刚完成习作时,学生会有盲目的自足感和少许的懈怠感,马上自批自改,可能效果不是很好。建议学生在修改文章时,如果一时找不到问题,且感到无从下手,可暂时将待修改的文章搁置起来,过一两天再拿出来,经过反复审读后,再行修改。

豆豆就是运用朗读法和还原法,结合同学和老师的建议,对文章进行了修改,对题目、结尾进行了重设,并加强了考试时、交卷时同学们表现各异的细节。豆豆在自批评语中这样写道:"相信修改后的文章,会让许多同学穿越回去,回忆起自己在考场上是怎样的表现,哈哈!现场感十足!"

考试现场

"丁零,丁零……"清脆的上课铃响起,同学们个个变得紧张起来,要知道今天可是语文单元检测呢!

随着铃声,我们熟悉的王老师走进教室,只见她手里拿着一沓厚厚的试卷走上了讲台,重申了考场纪律。于是,我们走上了"战场"。

同学们一拿到考卷,就立刻动笔写起来。霎时,教室里安静得连自己的呼吸声都能听得见。我屏住呼吸静听,只闻笔尖在考卷上发出的"沙沙"声,这声音像是蚕儿在咀嚼桑叶,又像秧苗在吮吸甘露。同学们有的表情严肃,运笔如飞;有的紧锁眉头,咬着笔帽苦思冥想;有的抓耳挠腮,偶尔拿起笔在卷子上写几笔……考场如战场,这不,同学们不都在紧张地与考题战斗吗?

时间一转眼过去了,"丁零零"下课铃响了。王老师催着大家赶快交卷,安静的教室又沸腾起来。同学们表现各异:有的一脸潇洒,胸有成竹地走向讲台,把试卷交给老师;有的慢慢吞吞地站起来,眼睛还盯着试卷不放;有的急匆匆抓紧时间赶快添几笔……

交完试卷的同学,有的一屁股瘫坐在座位上,捧起书,前前后后地翻着;有的几个人围成一堆,讨论着试题的答案;答对的同学相互击掌、振臂欢呼,写错的同学有的紧锁眉头,有的跺脚,有的像被霜打过的花儿一样——蔫了……

是呀!作为学生,哪一个人不想把这一仗打得漂漂亮亮的呢?

好文章是改出来的,也是评出来的。本文的"生本多元三步三法"只是学生习作评价方式在学校层面的体现和运用,新课标指出"要加强学生的自我评价和相互评价,还应让学生家长、社区机构等积极参与评价活动"。可以推断,只要在实施评价中尊重学生的主体地位,面向全体学生,尊重个体差异,"生本多元三步三法"还可以走得更远!

(本文发表于《文教资料》2016年第27期)

"三味"语文之课题研究
——儿童成长视域下的课题研究

第二编

"二十四节气深圳表达"项目式学习与 信息技术深度融合的实践研究

一、国内外研究背景

当前,人类社会已步入信息高速发展时代。加强信息技术教育与学科融合已成为各国教育界的共识。1996 年,美国率先提出了"教育技术行动",旨在让每个孩子都能在技术文化中受到教育。日本政府于 2009 年实施了一项在基础教育领域有重大影响的"100 所中小学联网"的试验研究项目,探索一种全新的教学融合模式。2012 年,加拿大的教改报告《为了热爱学习》提出信息技术被视为促进学习体制改革的四个关键性领域之一。

2021 年,国务院发布《全民科学素质行动规划纲要(2021—2035 年)》,提出"推进信息技术与教育深度融合,推行场景式、体验式、沉浸式学习"。"互联网+教育"早已成为教育界的共识,但是现实情况是,这种信息技术与教育教学深度融合的积极效益远远没有完全显现出来,一些教师甚至认为信息技术辅助教学弊大于利。这种现实和思想也造成信息技术在教育教学中运用与发展的迟缓,亟须融合案例的促进催化。

2014 年,教育部印发《完善中华优秀传统文化教育指导纲要》,强调加强中华优秀传统文化教育的重要性和紧迫性。2016 年 11 月,"二十四节气"被正式列入联合国教科文组织《人类非物质文化遗产代表作名录》,引发了一些地区学校的研究热潮,在苏州、无锡、重庆、长沙等地有团队进行了节气方面的研究,但通过调研发现,研究内容大都较为单一,以学校指导下的吟诵、绘画为主要呈现方式。

二十四节气本应是我们身边的博物科学。但是随着社会的变迁,城市化进程的加快,二十四节气的时间标记功能以及对农业生产、日常生活的指示功能均在很大程度上弱化。同时,随着城镇化的加速、乡村景观的改变、虚拟技术的革新,人们对身边自然变化的感知变得迟钝,很多人患上了严重的自然缺失症。在高速现代化的今天,"二十四节气"需要我们重新发现和传承发扬,"二十四节气"学习项目方兴未艾。通过知网查询,无锡市蠡园中心小学开展的《"玩美二十四节气"项目化学习策略研究——以立夏节气"蛋趣横生"课例设计为例》是唯一一篇对节气项目学习进行研究的文献,该研究以美育为突破口进行策略研究,但很可惜只研究了"立夏"一个节气。借鉴指导意义不够。

二、基础教育背景

2016 年发布的《中国学生发展核心素养》中提出以培养"全面发展的人"为核心,重视对学生科学素养和人文素养的培育。但在我们的中小学校园,学生沉迷于网络虚拟世界,缺失发现自然的眼光和兴趣,对身边自然资源熟视无睹的比比皆是。很多孩子不可避免地出现了"自然盲眼症",甚至是"心灵空虚症"等诸多身心及社会问题,更无法谈及素养提升和全面发展了。

当今社会,许多学生热衷于西方节日,却对中华民族的传统文化一知半解,对其文化源头和文化含义更是漠不关心、知之甚少,学生对身边自然变化的感知变得迟钝,在高速现代化的今天,"二十四节气"的传承与创新,需要我们用新的视角去认知。

以现代教育教学的视角看二十四节气,它是经历了千百年才形成的一个综合体,其中蕴含着无比丰富的德育资源、学科资源和信息技术资源。立足所居住的城市地区,通过项目式学习、信息技术融合,引导学生从发现问题到发出自己地区的独特声音,利用项目式学习与信息技术充分、深度融合,对二十四节气进行特色表达,是十分必要的。对学生终身发展和核心素养的提升,对传承发扬传统文化,创新表达方式都有着长远的价值和意义。

笔者所在的城市深圳是一个拥有 20000 多种物种,2000 多种植物、300 多种鸟类、10000 多种昆虫的城市,是多样生命的聚集地,其生命样态极为丰富,二十四节气项目可研究的内容普遍广泛而又独具特色。学生越早走进身边的自然,越早了解二十四节气变更,对他们的身心健康成长越有实际帮助。

同时,传承传统文化需要与信息技术深度融合,需要实践性、综合性、探究性为一体的项目学习引领。

近十年来,二十四节气引发了一些地区的研究热潮,苏州科技城实验小学校、重庆小学、长沙育才小学朱爱朝老师等学校和老师进行了基于部分节气课程类的开发研究,有一定的实践,但尚无成熟和完善的经验成果可以借鉴,实践研究报告稀缺。

现在是一个呼唤回归、需要向大自然学习的时代,也是一个需要深度融合信息技术、转换学习理念与方式的时代。立足学生居住的地区和现代眼光,紧贴生活实际,以"节气项目研究×信息技术融合×地区表达"为研究方向,从身边的自然变化观察记录、研究表达,引领孩子运用融合信息技术等多学科知识,发现问题、操作实践、解决问题,从而提升综合素质,摸索出一套适合本地师生学习、外地区借鉴的综合方法,对学生的成长和文化的传承都有着十分积极的实践意义和借鉴价值。

三、信息技术深度融合策略

(一)教师主导向以生为本转变

以学生的身心发展规律、情感需求和认知经验为基础,开展项目式学习与信息技术的融合,进一步撬动以"教师主导"的教学结构向以"学生为中心"的结构转变,促进教师的深度教学和学生的深度学习,更有利于学生创新性思维的培养。

(二)网状学习让生活与学习连接

"项目学习·信息技术融合·创新表达"三维一体的融合学习,颠覆知识获取结构,由线性知识向网状知识转变,让研究更具有时代气息,为传统文化的传承与创新发声。学生不再只是通过教师的单向灌输获取知识,而是在与信息技术互动和项目合作研究中逐步完成知识构建,培养问题解决能力、批判性思维以及创新能力。同时,学生从经历探究到最终项目作品的形成,教师加以导向和反馈,这一过程凸显了教学与评价的互生互促。

(三)打造混合式学习环境多维共享

项目学习和互联网、人工智能等技术的优势融合,既有广度更有深度。在研究过程中,技术支持可提供学习资源与混合式学习环境,可多维度、更深度地实现学习研究资源的流转共享。在总结推广阶段,通过微课、视频号、公众号、美篇、钉钉联动联播等多媒体平台,创新传播方式,进行研究成果的辐射、推广以及进一步优化,促进学生核心素养的发展和教师综合素养及能力的提升,同时达到成果多维度推广的目标。

本文立足二十四节气项目学习,以解决实际问题为导向,依据建构主义等学习理论,探索节气表达与信息技术融合的路径与方法。通过一年的节气轮回,依时据地进行发现创新,适时进行"技术与项目融合",探索师生对地方节气共同的表现方式,构建促进学生核心素养提升的学习研究模式,构建符合育人素养与学科素养、信息技术素养深度融合的创新途径,为传统文化的传承与创新发声。

[本文系广东省中小学教师信息技术应用能力提升工程2.0专项科研课题《"二十四节气深圳表达"项目学习与信息技术深度融合的实践研究》(课题批准号:TSGCKT2022045)的研究成果]

立德树人视域下二十四节气跨学科实践研究

——以"节气文化深圳表达"研究为例

　　立德树人,培养全面发展的人,是中国学生培养的总目标,也是培养学生成为担当民族复兴大任时代新人的重要途径。教育部 2017 年印发的《中小学德育工作指南》"德育内容"第三条明确指出,要利用传统节日以及二十四节气等中华传统优秀文化,创设行之有效的活动,引导学生了解文化背后的渊源传承、发展过程和精神内涵,加强对传统文化的真实体验感和文化内涵认同,从而增强对中华传统文化的自知、自觉、自爱和自信。2022 年版各学科"义务教育课程标准"中同样强调要全面开展素质教育,落实立德树人的根本任务。

　　小学阶段,要想有效落实立德树人的根本任务,培育中华优秀文化的传承者,就要立足生情,依据地域特点和时代风貌,增强德育活动的时代性、科学性、趣味性和实效性,不断推进理论和实践双向创新。其中,找到教育合适的切入点是关键。

一、思辨:节气文化需要被重新发现

(一)文化传承的需要

　　二十四节气,是中华优秀传统文化的重要组成部分,是中华先民智慧的结晶。早在 2006 年,"二十四节气"就入选了第一批国家级非物质文化遗产名录。2016 年 11 月,"二十四节气"被正式列入联合国教科文组织人类非物质文化遗产代表作名录。

节气文化既有深厚独特的历史文化积淀,又融汇了一系列行之有效的科学研究方法。从古至今,"二十四节气"世代相传,长期并深刻地影响着人们的生产方式、生活习俗、行为准则和思维方式,它既是中国传统历法体系中的重要组成部分,也是人们对中华优秀传统文化认同和继承发扬的重要载体。

(二)文化认知的缺失

随着近代社会的快速变迁、城市化进程的日新月异、乡村自然环境和劳动方式的巨大改变,二十四节气对时令的标志功能以及对农业生产方式,特别是城市日常生活的指导功能,均在很大程度上弱化了。许多人对节气的文化和功能已经渐渐淡忘甚至漠视,对学生的节气文化教育更是被搁置一旁。笔者对深圳6所学校低中高不同学段近300多名学生进行的问卷调查显示,65.9%的小学生更热衷于过西方的各种节日,说起来津津有味,头头是道。对二十四节气等知识却张冠李戴,一知半解,对节气文化的起源、内涵、发展及其现实意义更是缺乏了解,知之甚少,在问卷中会用"不清楚""过时了""没兴趣"等敷衍回答,从中可以看出部分学生对中华民族传统文化的认知力和认同感在慢慢丧失,出现我们教育者不愿看到的缺失和遗忘。

(三)全面发展的必然

2016年发布的《中国学生发展核心素养》中提出以培养"全面发展的人"为教育的核心目标,其中"文化基础"是重要基础。但在我们的城市校园,随着科学技术的迭代升级、各种虚拟技术的创新改革,学生往往沉迷于网络虚拟世界,缺失发现自然的兴趣和眼光,对身边丰富多彩的文化资源视而不见,他们的观察和实践能力不强,更缺乏长时间坚持观察、记录的习惯和实验、研究、思考的能力。很多学生不可避免地出现了"自然盲眼症",甚至是"心灵空虚症"等诸多问题,更无法谈及"全面发展"的培养和核心素养的提升了。

综上,在高速现代化的今天,"二十四节气"的认同与传承,需要我们用新的视角去重新认知发现,思考、实践"二十四节气"文化研究的地域性特色表达,是有意义、有价值的。

二、多维:跨学科学习的实践意义

(一)自然教育维度

两千多年前,庄子就提出天人合一的理念。现今,虽然现代生产生活方式较以前发生了巨大变化,但人类与自然的关系、个人与自然的关系,仍是我们要处理的最重要、最基本的关系之一。

从自然的角度看二十四节气,人类无法脱离自然生态系统而独立存在,人类社会面临的生态、环境、气候问题日益突出,保护生物多样性、保护人类自然家园愈发成为共识。围绕二十四节气开展相关主题活动,让每个学生随着二十四节气的韵律脚步,带着发现的眼睛,在真实自然的情境中,去俯仰天地,去观察记录,在研究与发现中饶有兴趣地走过一年四季。同时,在问题情境中进行节气知识、文化习俗、精神内涵的提升,通过合作、探究、反思、展示,增强对传统文化的认知、认同和体验,唤起学生去思考现代人与传统文化之间的关系,这对学生个人精神成长、学校德育教育水平、学生对传统文化的理解和认同,都有着重要理论意义和实践价值。

(二)博物学发展维度

博物学是人类与大自然交往的一门古老科学,是人类对大自然的认知和描述。"博物"一词在中国最早出现在班固的《汉书》之中。早在魏晋时期,中国就曾兴起博物学研究。从博物学视角看二十四节气,它是经历了千百年才形成的一个综合体,涉及内容极其广泛,包括天文学、地理学、地质学、生物学、气象学、自然文学等众多知识,它就是我们身边的博物科学。从科学发展的角度看二十四节气,中国古人认为人生天地间,其重要使命是"参天地之化育",其重要内涵之一是要"对自然始终保持敬畏",这与现代博物学家威尔逊教授提出的"生物多样性"概念殊途同归。博物学一直追求的是一种对自然地方性、丰富性、多元性的尊重,二十四节气也有与"地方性知识"(LK)以及人们的生活世界关系密切的特点,成为大众与博物科学之间的友好接口,非常适合学生进行探究和学习。

(三)跨学科实践维度

"跨学科学习"是2022年颁布的义务教育阶段各学科的创新学习任务之一。以新课标为例,新课标提出"学习任务群"的构建,"任务群"由系列学习任务组成,共同指向学生学科核心素养的培养与提升,具有情境性、实践性、综合性的特点,其中"跨学科学习"就是"拓展型学习任务群"的重要内容之一。

所谓跨学科学习,就是运用两种或两种以上学科的观念和知识对源自现实世界的有意义的问题或主题进行持续性探究,形成的跨学科理解及培养核心素养的课程。二十四节气的课程学习,跨越科学、语文、劳动、地理、信息技术等多个学科,蕴含着无比丰富的学科资源和德育资源,适合跨学科学习。

实施"二十四节气"跨学科学习,就需要创设真实的学习生活情境,提出问题,引导学生在实践活动中联结课堂内外和校园内外,拓宽学习和运用领域,开展观察、阅读、探究、交流等活动。在综合运用多学科知识中对传统文化重新认知,发现节气的魅力,在发现问题、探究问题、解决问题的过程中,提升学生的综合素养,促进全面发展。

跨学科学习"二十四节气",对于传承优秀文化、培养科学态度、陶冶道德情操、构建"人与自然生命共存体"等方面拥有不可替代的独特价值。

三、聚焦:"二十四节气深圳表达"创新

(一)基于地域自然立足点

"上下五千年,纵横一万里"的广袤中国,有着复杂的地域差异,因而造成了自然环境的差异和文化之间的差异,正所谓"百里不同风,千里不同俗"。

"二十四节气"是我国古代劳动人民以黄河中下游地区的天象、气温、降水和物候的变化规律为基准形成的知识体系和社会实践。而处于华南地区的海滨城市深圳,因位于北回归线以南,属南亚热带季风气候,对照二十四节气的节气风貌,在气温、降水、物候等各方面都有明显的不同。

《中小学德育工作指南》指出,要充分结合地方自然地理特点、民族特色、传统文化等,因地制宜开发课程,引导学生了解家乡的自然风貌、历史文化等,从而培养学生对家乡、对祖国深厚的感情。

"一方水土养一方人",一方水土也蕴藏着一方的自然风貌,孕育出一方的独特文化。我们立足深圳这片热土,充分挖掘二十四节气的育人价值,进行一体化、多层面的资源统整,促成多学科、生活化、活动化、信息化的深度融合,形成《鹏城节气之美——二十四节气深圳表达》"节气+X"系列活动,立足节气变化,开展"研学节气传统文化""发现深圳神奇物种""绘写深圳自然笔记""探究节气科学秘密""挖掘深圳特色文化"等板块的活动。和学生一起基于传统文化,深度探寻"地域文化多样态表达",用真实案例讲好节气中的深圳故事,点燃学生认同、继承中华优秀传统文化的热情。

(二)发展在地关怀生长点

在地关怀,是生命关怀的一种,即关心、记录、保护自己居住地的自然生态。其内容还包括"对长居地地理、自然与历史的探知;用知识和情感推动居住地向好的改变"等内涵。

深圳现居 1700 多万人口中,90％都是在 40 多年间从全国各地迁徙而来的新深圳人,其中儿童常住人口增长至近 300 万人,在地关怀正是培育孩子们家园意识的重要途径。

深圳拥有"南方生态美学"的美誉。依山傍海,四季常青,由茂林、河流、海洋、湿地、岩岸、山峦等点缀连绵而成。地域的特殊性,造就了深圳生物样态的丰富性。在深圳,生长在陆地与海洋的物种超过 2 万种,其中包括 2732 种植物、395 种鸟类、1 万多种昆虫,在我国已知种类占比较高,是生物多样态的聚集地,可研究的二十四节气内容普遍广泛而又独具特色。

深圳处处都是"自然课堂",在节气的引领下,我们开展了"发现鹏城节气之美"系列活动。以秋分、寒露节气活动为例,我们开展了"深圳寻秋"系列活动,用博物学视角进行跨学科实践研究,让学生走进自己居住的家园,认识她、记录她、深度了解她,真正感受到"来了就是深圳人"共融共创的家园情怀。

深圳寻秋(一)

节气	秋分(9月23日)、寒露(10月8日) 时间段:2022年9月23日—10月22日		
活动主题:在深圳找秋天(一)			
序号	活动	地点	观察记录
1	节气知识我知道	课堂、家庭	节气特点、习俗等趣味知识
2	了解深圳物种	网络平台	观看《野性都市》系列纪录片:湾区庇护所
3	黄金观鸟季,一起去观鸟	红树林保护区、湿地公园等	抵达深圳的首批候鸟
4	参与第5个"中国农民丰收节"	光明区欢乐田园	"大地丰收节"活动
5	节气写诗	校园、社区、公园、自然界等	观察有代表性的动植物的变化
6	专属深圳的秋天美食	社团、家庭制作平台展示	寻深圳秋令时节产出食物,探民俗做法,制作特色美食分享

(三)开拓节气文化创新点

文化是人类活动的印迹。在追求"生产、生活、生态"三生共赢、力求建设美丽中国的今天,二十四节气的文化创新同样可以与时俱进。

1.让节气文化更富有研究意味

"春分到,蛋儿俏。""竖蛋"是春分节气最受欢迎的传统游戏之一。现今,这个有着4000多年历史的中国习俗早已传到国外,成为"世界级游戏",备受欢迎。

在春分时节,我们带领学生一起玩竖蛋游戏,比比谁竖得稳,竖得多,学生和家长都积极参与其中。在玩游戏的过程中让学生大胆思考提问,有同学交流自己竖蛋的秘密,有同学质疑"竖蛋有这么神秘吗?""只有春分才能竖蛋吗?"等等。思维碰撞,这正是我们希望看到的,"竖蛋的秘密"研究活动就顺势开启了,我们通过实验观察、网络查询、请教专家等不同形式,让学生一步步发现春分古人竖蛋背后的原因和文化背景,并结合科学实验,进一步培养和提升批判思维。

自此,学生们"研蛋"活动一发不可收拾:"为什么秋分古人也竖蛋?""立夏碰蛋怎样才能获得胜利?""鸡蛋为什么是节气中常常出现的主角?"节气学习,就在这样富有研究意味的活动中开展起来,学生既收获了传统游戏活动的快乐,更明晓了事情背后的道理,锻炼提升了思维能力。

2. 让节气更富有文化意味

小满是个有意味的节气。学生通过对比,发现一个有趣的现象:节气中有小暑和大暑、小雪和大雪、小寒和大寒,但只有"小满"而无"大满",这是为什么呢?满头问号的孩子们百思不得其解。我们就带领学生走进中国古人的哲学思想,联系生活理解天人合一的理念,感悟小满背后的中国古人的人生哲学:小满未满,不可太满。孔子曾提出"多识虫鱼鸟兽草木之名",学生对节气的认知,也要从对自然界微观解读开始。儿童是天生的大自然亲近者、植物学观察者、神奇物候的好奇者,做自然笔记是非常好的方式,我们带领学生从春天开始,坚持做不同季节、不同区域、不同物种的"身边的自然笔记",他们带着好奇心、放大镜、望远镜、纸和笔走进学校农场、社区、公园、湿地,用稚嫩的笔记录下一片叶、一棵树、一朵花、一只虫的生长变化,用自然笔记、节气小诗、植物画等让眼睛和心灵都长出了发现美好的灵动触角。

3. 让节气更富有育人内涵

美国学者埃德加·戴尔(Edgar Dale)提出"学习金字塔"(Cone of Learning)理论:越是通过小组讨论、做中学等方式学习,效果越好。我们在班级、家庭自由组建了许多"深圳自然探秘小分队",有学生小伙伴组,有亲子家庭组,有社区联盟组,他们充分利用深圳丰富多彩的活动契机,去夜间观虫,去红树林观鸟,去梧桐山研究植物分布。在每年的立夏前后,利用"五一"假期,组队参加"深圳城市自然挑战赛",足迹遍布深圳各区域,用"深圳人"独特的视角和亲身体验,去记录和感受城市自然与每一个人的连接和触动。

在每年的惊蛰、清明前后,我们会一起记录深圳第一次雷声、第一场春雨以及动植物的变化,然后和其他地域进行对比,写首小诗留住它;大雪节气,学生们会在科学老师的带领下去造雪,一解对"雪花飘飘"的向往和疑惑;在冬至开始的日子,我们对照对比北方地区流传的"九九歌",创作属于深圳的

"九九歌"。

二十四节气的深圳表达,让学生穿越在节气博大精深的精神文脉里,知道我们从哪里来;让学生一直行走在逐渐熟悉亲切的城市和自然中,懂得我们要到哪里去,共同感受中华文化的源远流长,传承民族文明之火。

〔注:本文系广东省中小学教师信息技术应用能力提升工程2.0专项科研课题《"二十四节气深圳表达"项目学习与信息技术深度融合的实践研究》(课题批准号:TSGCKT2022045)的研究成果〕

(本文发表于《小学教学研究》2023年第18期)

走进大自然的课堂

——"我们身边的自然笔记"教学设计

【设计思路】

孔子曾提出"多识虫鱼鸟兽草木之名",对节气的认知,学生也要从对自然界微观解读开始。人类是大自然的一部分,儿童是天生的大自然亲近者、植物学观察者、神奇物候的好奇者,做自然笔记是非常好的走进大自然的方式,通过观察、记录我们身边的"自然物",探寻感受自然界中的奥妙,获得有趣味、有温度的体验经历,从而更加热爱自然,热爱生命。

【教学目标】

1.认知自然笔记的内涵、意义和组成。
2.学习掌握做自然笔记的方法策略。
3.能结合自然笔记评价标准,激发实践兴趣。

【重点难点】

学习掌握做自然笔记的方法策略,激发实践兴趣。

【教学时数】

一课时。

【教学过程】

一、激趣导入

大家好！欢迎一起走进"我们身边的自然笔记"。大自然是神秘的,每一天,它都在发生着精彩的故事,你想发现并读懂它吗？那就让我们一起学习记录自然的方法,获取通往神奇自然的门票吧。

二、什么是自然笔记

1.什么是自然笔记？

通过观察,用图画和文字为大自然做的真实记录。举例子。

2.为什么做自然笔记？

人类是大自然的一部分。通过观察、记录我们身边的"自然物",探寻感受自然的奥妙,获得有趣味、有温度的体验经历,从而更加热爱自然,热爱生命。

3.自然笔记有什么内容？

自然笔记要进行比较翔实的记录,关注五要素：

时间、地点、天气、观察到的内容(图画)、自己的发现和感悟(文字)。举例。

过渡:有了基本了解,走,一起开启我们的自然笔记之旅吧！

三、怎么做自然笔记

1.用好自然笔记的三组"小助手"：

(1)我们身体的多种感官。

小提示:鼻闻口尝必须在确保安全的基础上进行。

(2)工具"小助手":放大镜、尺子、本子、铅笔(包括彩铅)、相机等。

(3)高科技的小助手:"形色"App、"懂鸟"App、百度识图等都能帮我们快速识别物种。

小提示:在使用网络信息时,要特别注意验证信息来源的准确性,要学会查证思考和辨别分析哦!

2.自然笔记两步走:

第一步:组建活动小组,确定观察地点和观察对象。举例子。

第二步:持续观察,认真记录。推荐方法。

(1)刚开始做自然笔记时,可以用表格式观察记录,将定期观察到的情况记录下来。举例子。

(2)可以拍照记录观察所得。举例子。

(3)图文记录:举例。只有通过一笔一笔的书写描绘,才能真切感受到更多有趣的细节。

(4)挑战做"持续观察式"的自然笔记和"场景式"的自然笔记。

"持续观察式"的自然笔记:是对某一自然物进行持续观察,分别在不同时间记录变化。举例子。

"场景式"的自然笔记:呈现观察到的场景,记录印象深刻的动植物。

3.欣赏同学寒假里做的自然笔记:植物篇、动物篇。

4.小结。

5.自然笔记的小误区:

(1)自然笔记不是资源搬运工。真实是自然笔记的生命。要以自己亲身观察经历为基础,记录的内容是真实的、准确的、有生命力的,不能不进行观察,完全依赖科普书籍或网络资源进行摘抄。

(2)自然笔记不是绘画比赛。绘画好虽然会锦上添花,但更重要的是通过文字记录,对大自然有自己独特的发现和思考。

(3)自然笔记不是作文比赛。不需要大段的文字描写和抒情,需要的是作者对"自然物"的认真观察和细致记录。

四、怎么做好自然笔记

1.自然笔记评价标准。

(1)素材真实科学,观察细致入微。

(2)文字清新朴素,有独特的内心感受。

(3)有趣的小发现,带有对自然的热爱。

(4)图画清新美观,画面布局合理。

2.优秀作品评讲。

(1)山茶花:素材真实科学。对庭院中的山茶花调动多种感官进行体验。观察细致入微。用"放大镜"的方式放大局部细节,并做真实描写。

温馨提醒:小作者绘画技法不错,但色彩不要喧宾夺主。

(2)秋英:观察笔记文字清新朴素,有独特的内心感受。

温馨提醒:持续观察会有新的发现。

(3)番茄苗成长记:小作者拥有一颗对大自然的好奇之心,掌握了科学的观察、表达方法。热情、真实地用文字和绘画记录了番茄苗成长中的"重大发现"和小惊喜。

温馨提醒:适当写写感受更好。

(4)蟹爪兰:图画清新美观,画面布局合理。

小作者的四次观察记录,像一幅幅连环画,赏心悦目。运用数字说明、植物术语等把蟹爪兰一个多月的生长变化记录得准确、清晰。

温馨提醒:思考如果四幅合为一幅画,该怎样合理布局。

(5)学生视频展示:土豆生长记。

五、总结激励

1.总结。

(1)走进自然,真实观察第一位。

(2)文字朴素清新,图画美观合理。

(3)记录有趣发现,表达独特感受。

2.激励:同学们,这节课后,希望大家争做"小小自然观察员",用自然笔记来记录、讲述大自然的故事吧!

用心用笔与大自然对话

——写给孩子们的第一封信

乐活班热爱自然的同学们：

你们好！

欢迎一起走进自然笔记，一同走进我们身边的大自然。

大自然是个谜，里面藏着太多有趣的秘密。同学们大都是生物迷，喜欢在大自然中探险，喜欢观察、发现大自然的各种各样有趣的秘密。是的，离自然越近，你就越会被它吸引，越会爱上我们生活的这片土地。

寒假里，我们将开展"我们身边的自然笔记"活动。这可是件有趣的事儿，更是一个技术活，不知你们是否想挑战一下呢？

第一步：自己和爸爸妈妈或和身边的小伙伴组成活动小组，就近开展观察研究、记录，比如我们的小区、旁边的花园、公园等。

第二步：确定要关注的1~2个你感兴趣的研究对象，记住，一定是你想观察、研究的对象哦！比如家养植物、小动物，小区里的桂花、炮仗花、勒杜鹃、小鸟们，公园里的小蚂蚁、小蜜蜂、蚯蚓、小松鼠等，然后用这一个假期的时间，进行长期定时定点的细致观察，用图画和文字来记录它们的变化和自己的思考和感受，能写成一个真实的小故事当然更棒啦！

下面，王老师就如何做自然笔记，提几点建议。

1. 自然笔记通常包括以下内容：

时间、地点、天气、观察内容（图画）、你的思考和感受（文字）。自然笔记就是我们为大自然做的小小记录。是真实的、有生命力的，不能不观察，不能完全依赖科普书籍或网络资源进行摘抄。

2. 做自然观察，就是用心在和自然对话。我们要静下心来与身边的一花、一树、一虫、一鸟等做朋友，真诚地进行"对话"，这就需要调动起"我们身体的多种感官":用眼看、用耳听、用鼻子闻、用嘴巴感受(鼻闻口尝必须在确保安全的基础上)等去倾听大自然对我们"说"了什么。想要听清大自然的语言,还要借助一些"小帮手":放大镜、尺子、本子、铅笔、"形色"App 等,把我们的所见所闻记下来、画下来、写出来,然后分享给同样热爱大自然的朋友们。

3.自然笔记最看重的是真实、准确,强调的是实事求是。要以自己亲身观察经历为基础,融入真情实感,记录要尽量准确,还需要在自我观察、小组分析记录的基础上查阅相关资料、进一步提升精准表达、真实绘画、个性化思考。

我在信的后面会附上一些值得学习的自然笔记照片,请大家学习。

最后祝每位同学开学后,都能向小伙伴们展示自己的大作哦!

加油吧,乐活少年! 大自然的课堂正向你开放!

你们的王老师

做小小自然记录者

——写给孩子们的第二封信

乐活班热爱自然、热爱观察的同学们：

假期好！

放假才一周的时间，王老师就收到了许多同学的作品，大部分作品是真实观察所得、图文并茂的，你们的表现真令人欣喜，你们就是"小小自然观察员"。相信那些被你们记录的植物们：秋英、羊蹄甲、水仙花、海虎兰、芦荟、番茄苗、白萝卜苗等，也会向你们微笑致意，向你们表示深深的感谢！

这是为什么呢？

因为你发现了独特的它，细细观察了它，还认真记录了它成长中的点点滴滴，既有时间、地点、天气变化，还有细节观察、临摹描写、思考感悟，其中你们赋予了难能可贵的情感，就像法国作家安托万·德·圣-埃克苏佩里笔下的小王子用心呵护那枝玫瑰花一样，它因为有你的关注和见证而变得独一无二。因而，我相信，它们会在大自然中更加努力地生长，在你的记录下愈发独特迷人，可爱无比。

欣喜的同时，我也发现了一些小问题，下面针对这些问题提出一些建议，供你们这些小小自然观察员们对照自己的作品进行参考借鉴，从而继续更好地记录、表达。

1. 真实观察第一位。

真实是自然笔记的生命。没有真实，自然笔记就如无本之木，无源之水，这样的作品是没有生命力的，更谈不上感染读者。因而，学习借鉴别人作品的表达是可以的，也是可行的办法，但切勿抄袭临摹别人的作品，或直接上网搜索知识点抄录上去。自然笔记不是绘画比赛，有绘画功底的同学自然会有些优势，但自然笔记更看重的是通过真实作品，看到认真观察大自然、对大自然有自己独特发现和感悟的作者。自然笔记也不是作文比赛,不需要大段的文字描写和抒情,它要的是作者对一草一木、一鸟一虫的真实观察和细致记录。什么是优秀的自然笔记呢? 运用多种感官(观其形、听其声、闻其味、触其感等)去观察记录有趣的小发现、小细节以及变化,清新朴素自然的表达,文字图画布局合理,就是很棒的自然笔记了。

2. 细节之处不可缺。

自然笔记就像我们平时记日记,每次都要记录下时间、地点、天气状况。这看似是微不足道的小细节,但对自然笔记来说,却是不可或缺的,因为它记录展示的是一段时间里自然世界某个事物的真实模样以及变化。记录好这些细节,以后不论是我们看到自己的作品,还是其他人读到你的这一作品,都能清楚了解我们当时当地的观察是真实可信、有据可查的。

3. 观察要持续,记录要有亮点。

真正有意义、有价值的观察是需要热爱和坚持的。大家还记得法布尔笔下的《蟋蟀的住宅》吧。作者对蟋蟀住宅的特点和修建过程的细致描写,是长时间细致观察的结果,没有对自然的好奇、对蟋蟀的喜爱是坚持不下去的。因而,达尔文称法布尔是"无法效仿的观察家"是当之无愧的。

那有同学会问,如果坚持观察做到了,是不是把每个细小的发现都记下来呢? 王老师的建议是根据不同的观察对象而定。如果是小昆虫,它们会运动,变化速度极快,那就要抓紧时间用拍照摄影、简笔画、关键词等简单记录,回去再一一整理出来。如果是植物,变化没有这么快,可以每天去观察,三五天或一个星期再进行一次记录,具体时间要根据植物的变化而定,要抓重点发现、突出变化或新发现。

4. 会用并用好"小助手"。

做自然笔记就是和大自然在说悄悄话。想要听清大自然的语言,就要用好我们的"小助手":照相机、放大镜、尺子、本子、铅笔、"形色"App 等,用肉眼能看到的直接观察,看不清的细节用放大镜;清晰的照片也可以成为自然笔记的补充材料,但不需多;尺子、铅笔帮我们测量记录大小长短,让我们的笔记更真实可信;App、网站可以帮助我们多角度了解观察物;等等。会用并用好这些"小助手"会让你的观察更便捷,更准确。

5. 发现并写好"小故事"。

植物不会说话,不会移动,会有故事吗? 有,你看,有同学记录"蒜苗成长记""水仙花生长记""白萝卜发芽记",王老师还发现羊蹄甲的叶子晚上会闭合,这些都是"会动"的小故事呀。

现在是冬季,小昆虫比较少见,偶尔在暖洋洋的中午,或许能看到蜜蜂在枝头花朵间嗡嗡唱着在忙碌。相信春天来临,气温回升,会有更多的小昆虫悄悄地出现在你们的自然笔记中,讲述自己的故事。期待第一篇关于小动物的自然笔记诞生。

开学后,我们会对大家假期的自然笔记进行评比,评选出"最佳合作奖""最佳观察奖""最佳表达奖""最具趣味奖"等一系列奖项,获奖的同学将获得放大镜、彩色铅笔等奖品,还能被推荐参加市级"自然笔记"大赛呢!

来,同学们,一起到大自然中去走走、看看,你一定会有发现!

期待更多有意味的作品分享。

爱你们的王老师

夏天,我们相约深圳探秘自然

——给乐活班同学和家长的第三封信

乐活班的同学们、家长们:

大家好!

你们知道吗? 近年来,全球兴起了自然观察的热潮,深圳市民也涌现出越来越多的自然爱好者。2020 年深圳首次公布"山海连城计划"建设方案,助力建设更生态、更宜居、更美丽的深圳。2021 年第一届"深圳城市自然挑战赛"就此拉开了全民自然观察的序幕。

2022 年 4 月 29 日至 5 月 8 日,第二届"深圳城市自然挑战赛"以让"城市回归自然"为主题,以全民自然观察为亮点,鼓励大家去自然中发现、探索、热爱和保护自然。我们——"2022 乐活自然探秘小分队"就是全市申报成功的73 个团队、龙岗区 4 个团队中光荣的一员。

王老师为什么要推荐大家参与这个活动呢? 主要有三个原因:

第一,提升素养。2016 年教育部发布的《中国学生发展核心素养》中提出以培养"全面发展的人"为核心,重视对同学们人文底蕴和科学素养的培育。但在我们身边,很多人沉迷于网络虚拟世界,缺失发现自然的眼光和兴趣,对身边的自然世界熟视无睹。有些人不可避免地出现了"自然眼盲症",甚至是"心灵空虚症"等诸多身心问题,更无法谈及素养提升和全面发展了。所以我们要在假期里,鼓励大家走出家门,拥抱大自然。

第二,资源优越。我们所居住的城市——深圳,是一个拥有 2 万多种物种,2732 种植物、395 种鸟类、1 万多种昆虫的城市,是多样性生命的聚集地,生命样态极为丰富,所拥有物种在我国乃至世界已知种类中均占比较高。这么得天独厚的资源条件,这么多的物种朋友等着我们去认识,不好好利用,岂不是太可惜了吗?

第三,基础优势。大家一定还记得,从 2021 年寒假起,我们就开始了对身边自然的观察与记录,一起开始了对二十四节气的研究,同学们与爸爸妈妈、同学伙伴一起观察、思考、探究、记录,在活动中表现得可圈可点,成果丰富,令人惊喜。整个活动还被王老师整理录制成了综合实践课"我们身边的自然笔记",并在深圳教育云平台播放,成为全市学生学习的榜样,为你们自豪! 更让老师欣慰的是,活动拓宽了大家的视野,让大家有了发现美、展示美的眼光和能力。有了这样的良好基础,再来看这次活动,我们有信心,没问题! 因为爱自然,我们一直在路上!

活动期间,正值谷雨节气离开,立夏(5 月 5 日)来临,恰逢二十四节气中的春夏季节交接之际,你听,刘雅睿同学在小诗中这样吟唱:

> 哦!
> 再见了,谷雨
> 嫩绿的芽儿
> 粉红的花骨朵儿
> 彩色的毛毛虫儿
> 黑黝黝的小蝌蚪儿
>
> 啊!
> 迎来了,立夏
> 翠绿的树叶
> 绚烂的夏花儿
> 飞舞的蝴蝶儿
> 活泼泼的大青蛙

"五一"小长假,是同学们期盼已久的假日,我们把这次活动作为立夏的重要活动推荐给大家,希望每位同学、每个家庭积极参与,让我们一起跟着林思娴同学的小诗,去自然中探寻秘密,发现美好吧:

> 在自然中有许多秘密,
> 等着我们去发现。
> 看花瓣一点一点绽开,
> 是一件美好的事。
> 数天上一颗一颗星星,
> 是一件美好的事。

看太阳一点一点落下,

是一件美好的事。

有时候,一个瞬间,

一次凝视,一个抬头,

就能发现世界的美好。

是的,大自然召唤我们一起去探索发现,共享这一年一度的全民自然观察盛会。

还要告诉大家两个小秘密:第一,这次公益比赛设有多样的团队奖项和个人奖项——奖杯＋荣誉证书＋不同奖品,我们在班级中也将进行表彰加分。其实,王老师想告诉你们,参与、经历、感受才是更重要的收获,它会滋养你的身心。加油吧,乐活少年们!

第二个小秘密更加了不起:今年参赛的73个团队将代表深圳与全球数百个城市的自然观察团队进行国际PK,一较观测数据的高下。同学们,能作为其中的一员参加这样的比赛,是不是有点儿小激动呢?

别急,别急,请先让激动的小心脏平缓下来,我们先一起研究研究比赛内容和如何参加比赛吧。

一、比赛内容早知道

2022年4月30日至5月4日,由家长帮助,用像素较高的手机或相机尽可能清晰地拍摄观察到的动植物,然后上传活动指定的小程序,即完成活动。

这两天许多同学都悄悄告诉我,家里在小长假会有出游放松的安排,这就是很好的参加时机。想想看,在沿途玩耍的同时把自己的观察发现拍照上传,既有意思更有意义,一举多得,何乐而不为呢? 如果你是在家休闲过五一,同样可以在社区或是到周边公园去观察记录。让我们五一回来后,一起聊一聊,晒一晒,展示你的作品,比比谁的发现最多,最精彩。

二、参赛作品要求

(一)什么是有效的挑战记录

1.可辨识的物种照片,可辨识的声音、形态的文字描述或准确的物种名称。

2.为确保真实与公平,所有记录都必须有地点定位和时间信息。

(二)记录活动过程"2+1"

参加挑战期间,请大家拍摄 2 张户外活动照片(孩子观察照片+合影)、1 段 10～30 秒户外观察或观察到的生物视频,用以记录活动和宣传。

三、参加比赛的重要建议

1.健康安全永远排在第一位。关注假日期间天气变化,外出佩戴口罩,做好防护。同学们都是未成年人,在小区活动,要告知家人。外出要和家人一起行动,不私自行动,不做危险行为,只观察拍照,不触碰、尝食野外生物。请爸爸妈妈们也要注意提醒、关注孩子安全。

2.勤观察,多发现。由家长帮助,用像素较高的手机或相机尽可能清晰地拍摄观察到的动植物(真实清晰第一、美观排后),然后上传活动指定的小程序,即完成活动。不管你是在公园、小区还是路边,只要善于观察,都能有新的发现,乐活少年,加油吧!

3.绿色文明出行。请外出活动时,大家都在公益环保理念和原则下进行自然观察和旅游休闲,那就是"零废弃、低碳出行、无痕山林、生态友好",做知礼南湾人,文明深圳人。

祝大家"五一"假期收获满满!

你们的王老师

探秘自然，收获满满

——给乐活班同学和家长的第四封信

乐活班的同学们、家长们：

大家好！

相约优秀的你们，立夏，我们一起探秘自然。2022 年 4 月 29 日—5 月 8 日，我们以班级为团队报名参加了第二届"深圳城市自然挑战赛"，我们"2022 乐活自然探秘小分队"就是全市申报成功的 73 个团队、龙岗区 4 个团队中光荣的一员。五一假期、周末时间，我们和小伙伴及家人一起走进社区、走进公园、走进自然，怀着好奇之心，去发现、拍照、查询、上传、分享，共同经历了这一难忘的活动，并在自然中发现、探索、热爱和保护我们的家园。你们已经成为小小自然爱好者，为建设更生态、更宜居、更美丽的深圳做了贡献！

热烈祝贺你们！在短短的假期，大家的足迹遍布深圳多个区域，观测结果 948 个，确定物种 397 个，位列深圳市 73 个团队前十，一举荣获完赛奖、最高人气团队奖、年度十佳团队奖三项大奖，这成绩来之不易，这经历更让每位参与者难忘和受益！

为总结经验，请认真填写下表，谈谈自己的感受。

姓名	观测地点	观测及鉴定物种的名称	排名
在活动中，你最大的收获和遗憾分别是什么？			

续表

你去过的地点,你觉得哪个地方生态环境、物种间的互动互生关系最好,好在哪里?	
如果请你来管理上面这个地方的自然环境,你会做些什么,又有哪些是可以改善的呢?	

希望在下面的日子里,继续走进、观察、爱护我们的大自然!

和你们同行的王老师

探秘小队:植物精灵会说话

——记录我和孩子们一起"走读深圳二十四节气"

我们是深圳市龙岗区南湾学校乐活班"探秘小队"的队员,也是居住在深圳的1700多万人口中的小成员,和生长在这片热土的2万多种物种共同拥有一个家园——美丽的鹏城深圳。

深圳,拥有"南方生态美学"的美誉,生物样态的丰富性让深圳处处都是"自然课堂"。中队辅导员王老师引领我们走读深圳公园,关心、记录、对话居住地的植物精灵,用自然笔记讲好深圳故事。

聆听:红树林里的故事

王老师:两千多年前,孔子就曾提出要"多识虫鱼鸟兽草木之名"。对家园的了解,也要从对身边自然的行走、观察、解读中开始。一起来听邴田、肖乔苡同学讲讲红树林里的故事吧。

邴田同学:和深圳人相像的一种树

深圳有许多我喜欢的公园,原生态的华侨城湿地公园是我的最爱。4月清明后的一个周末,妈妈和我在园区内沿湖走着,无意间闯入一个被一群树木和湖水包围着的栈道,里面有一位年轻的志愿者讲解员。他一看到我们,就微笑着说道:"欢迎来到红树林——"

经过他的讲解我了解到,原来"红树"是指好几种生活在海边的、属性相同的树;以秋茄为首的几类红树,竟然属于胎生传播;海桑和无瓣海桑都拥有着可以运输氧气的呼吸根。真是神奇的树!

　　天空下起了小雨,我继续好奇地关注这群我刚刚了解的有趣的红树们。

　　正当我在观察无瓣海桑与海桑之间的区别时,一位老爷爷撑着伞向我走过来——显然他是把我当成了小志愿者:"为什么这些树叫红树啊,你能跟我讲讲吗?"我可愿意干这活儿了! 于是我立刻将刚才志愿者叔叔给我讲的知识加上自己的理解一股脑讲给他听。老爷爷听得频频点头,我心中油然生出一股自豪感!

　　回去的路上,我依然在想,红树真是太有生存智慧了! 从它们进化出呼吸根、通过叶片泌盐,再到用胎生繁衍后代,在严酷的生存环境中落脚生长,联手成林。它们是陆地与大海交界处唯一的森林,是抵御台风、海啸,保护城市最忠诚的海岸卫士。它们充满智慧、勇敢坚韧、拼搏拓新,这是和深圳人多么相似的一种树啊!

肖乔苡同学:红树林里的大王椰

　　暑假里,正值大暑节气,我跟着妈妈早起赶去红树林看日出,红树林里身材高大威猛的大王椰树引起了我的注意。大王椰树也叫王棕、大王桐,它的树干挺拔笔直,一排排的,远远望去,像极了一个个高大威武的站岗士兵。我走近观察,发现树的尾端长满了小树瘤,它不仅树干长得奇特,叶子也很特别,呈羽状全裂,长在绿色的叶柄上,叶片弓形下垂,长约3—4米。

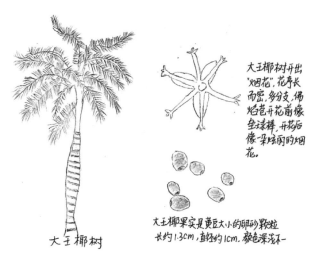

大王椰树开出"烟花",花序长而密,多分支,佛焰苞开花前像垒球样,开花后像一朵绚丽的烟花。

大王椰果实是黄豆大小的卵砂颗粒长约1.3cm,直径约1cm,颜色深浅不一

大王椰树

"一花一世界,一叶砸晕你。"据观察,大王椰树普遍可以长到十几米高,一片树叶可重达几十斤,幸亏有园林工人及时修剪,不然这树叶可真是悬在我们头顶上的隐患呀。想想当年牛顿只是被苹果砸中,如果是被大王椰树叶或者椰子砸中,那后果可是不敢想象呀。

深圳常见的椰树大多是观赏树大王椰,它也能开花结果,花是乳白色鳞片状的花序,它的果实可不是香甜多汁的椰子,而是黄豆大小的暗红色卵形颗粒,可以用来榨油或做饲料,树干可以做建筑材料,也可以做家具,真是大自然赐予人类的宝树。

中午从红树林返回的路上,看见在滨海大道的两侧绿化带里也种满了成片的大王椰树,我们仿佛置身于海浪逐沙滩的海岛之上,它们为美丽的深圳增添不少的热带风光。

对话:公园里的植物精灵

邴田同学:善变女神——克鲁兹王莲

立秋节气,深圳依然暑热不止,我和妈妈一起来到洪湖公园。走进池塘,震撼!湖中那一个个硕大的莲叶直径差不多有一米多长!莲叶的背面布满了密密麻麻的长刺,叶脉无比粗犷。摸一摸,下面连接着壮实的茎——上面也同样长满了扎手的小刺。

　　莲叶间耸立着同样巨大的花苞,呈深褐色。旁边立着这池奇特的植物的名称——克鲁兹王莲,善变女神。

　　叫它"王莲",我想也许是因为它拥有那超大的叶片和花苞。不过为什么又叫它"善变女神"呢?带着好奇,我又连着几天去观察,非常幸运地见证了整个王莲花朵的开放过程,一句"天啊!"概括了我所有的心情——绽放开的莲花很大,香味很浓重,为它传播花粉的也不再是小小的蜜蜂,而是几只大甲虫!第一天的莲花还只是淡粉色,到了第二天便变为紫红色了。等我第三天再过去观察时,花已经快凋落了,真像是放大加长版的"昙花一现",对得起它"善变女神"这个称号!

　　在见证了王莲开花后,我在网上查阅了更多有关它的知识。竟然发现,我特别喜爱的第一届世博会的标志性建筑——"水晶宫殿"也是借鉴了王莲的叶脉结构,这奇妙的仿生!嗯,一个明星植物,又具有特点,还与我喜爱的建筑相关,成功地拿下我的自然笔记中主角。

易子越同学:洪湖公园遇"君子"

小时候,常听外婆说荷花全身上下都是宝,我不以为意,总是笑笑,直到我看了《红楼梦》中林黛玉说到"留得残荷听雨声"时,才按捺不住好奇心,在暑假尾声,拉着妈妈直奔洪湖公园。

踏入公园大门,走到荷花池,处暑的燥热瞬间转化为<u>丝丝凉意</u>,池中飘来的清香仿佛在无声地呼唤我。一片片荷叶织成了碧绿的地毯,朵朵荷花如一个个舞者,在绿毯上肆意舞动。一滴水珠落入了碧绿的玉盘,却始终没有与荷叶融为一体,而是在荷叶上滚动。望着我不解的眼神,妈妈给出了答案:"这是因为荷叶表面有一个个的乳突,防止水珠进入荷叶表层。"哦,原来如此,真是太神奇了!

"那你知道荷叶还有哪些特殊之处吗?"面对妈妈的提问,我立马回答道:"荷叶可以做荷叶鸡。"哈哈,妈妈被我逗笑了,说道:"的确,荷叶不单可以做香甜美味的荷叶鸡,还可以用来做药呢。荷叶清热解毒,可以熬水喝呢,但荷叶更独特的还是它的内部结构。《爱莲说》中提到荷花'中通外直,不蔓不枝',就是说荷花的柄内部贯通,外部挺直,不旁生蔓枝。这种独特的结构有利于荷花吸收养分,更好生长。像我们洗澡时使用的花洒,就是仿照荷叶这种结构来设计的呢。"妈妈的话让我想到《爱莲说》中"出淤泥而不染,濯清涟而不妖"的诗句,莲,真花之君子也。话说这以"荷"为媒的洪湖公园,每年夏季都会迎来人从众的游客,也当真是深圳市又一张生机勃勃的绿肺名片。

肖乔苡同学:"伪装者"一点红

在生活中我们经常会遇见一些长相相似的人,在深圳的公园里,我们也会遇到一些神奇的"撞脸"植物,如龟背竹和春芋,绿萝和心叶藤,滴水观音和大野芋,蒲公英和一点红等。

4 月谷雨前后,我和妈妈到附近的石芽岭公园里玩,草地上四叶草、蕨草、海金沙在聚会。旁边一棵鸡蛋花树亭亭玉立,树荫下,几株毛茸茸的"蒲公英"吸引了我的注意,我嘟起嘴巴正想把它毛茸茸的冠毛吹散时,妈妈告诉我这并不是蒲公英,让我再观察它的花。果然在茎部的顶端我发现了一些花瓶形状的绿色小花苞,小花苞里包裹着粉色或者紫红色的头状花序,妈妈告诉我这是一点红,它的果实跟蒲公英非常相似,都长着纤细的白色冠毛,但是蒲公英的绒球是降落伞形状的,冠毛也更长一些。

这竟然是蒲公英的"伪装者"? 我有些不相信,马上用手机百度了一下,得知一点红又名叶下红、紫背叶、羊蹄草,虽然果实跟蒲公英真的很难分辨,但是我们可以通过花和叶子来区分,蒲公英的花是黄色的,叶子通常都生长于根底部,贴近地面而生;而一点红的叶子多数长于根底部,也有少数长在茎上,且越往上叶片越小。经过这一番对比,我把蒲公英和它的"伪装者"一点红认得明明白白了,大自然果然是最好的老师。

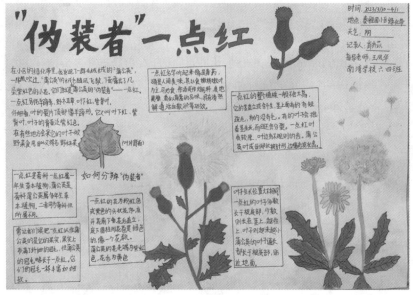

王老师:我们是大自然的亲近者、植物学观察者、神奇物候的好奇者,做"身边的自然笔记"让我们用发现的眼睛和稚嫩的笔触记录下一片叶、一朵花、一棵树的生长变化,从而走进自己居住的家园,认识、记录、深度了解她,在地关怀,从而真正拥有"来了就是深圳人"的家园情怀。

(本研究成果获深圳市"走读深圳"龙岗区文本类一等奖,被推荐参加市赛)

(王凤华　高思宁　林　颖)

记录美好:学生与节气里的春天

探秘自然:学生与节气里的夏天

收获快乐:学生与节气里的秋天

发现独特:学生与节气里的冬天

"三味"语文之课程建构
——基于核心素养提升的课程开发

第三编

汉字课程

基于核心素养提升的汉字研究

——深圳市精品课程《神奇自然》的建构

一、课程背景

(一)为什么做? ——课程缘起

1. 课标:"人生聪明识字始。"新课标指出,识字、写字是阅读和写作的基础,是第一学段的教学重点,也是贯穿整个义务教育阶段的重要教学内容。新课标要求教师要培养学生热爱祖国语言文字的感情,初步掌握学习语文的基本方法,从而使学生喜欢学习汉字,有主动识字的愿望,感受汉字的美,感受祖国文字的博大精深。

2. 现实:识字教学的现况令人忧虑,我们在调研中发现,许多语文教师对汉字教学重视不够,加上自身文字素养不深,缺少有效方法,识字教学呈现以下问题:学情意识缺乏,教学方法单一,识字与文化割裂,教学视野狭窄。

这些问题,造成本应该对汉字充满热爱和兴趣的小学生,却觉得汉字学习枯燥乏味、难记易错,以致在阅读、写作、生活运用中错字频出,社会评价颇为不堪。

作家冯唐曾给他的外甥写过一封信,信的最后一段是这样写的:"记得多练习中文,中文是世界上最美的语言。上次电话,你妈妈说你把外甥写成了处甥,你说你是我唯一的处甥,所以你妈很不高兴。"

本以为是个案,对比课程实验班六二班,一个班50人,7人同错:"外甥"

写成"处甥"。由此可见,孩子们的识字能力和汉字素养亟待提高。

3.校情:所谓"基础不牢,地动山摇",课程开发所在的南湾学校是九年一贯制学校,倡导"适合教育""和乐文化"。建校十年来,送走了一批又一批毕业生,"教孩子六年,想孩子一生",更能深刻感受到小学生语文基础知识、基本能力提升的重要性。

4.课程:统编教材非常重视汉字的学习,提出"汉字第一、多识少写"的建议。但在教材之外,我们调研发现,现有的汉字课程或读本选择不多,质量良莠不齐,呈现出:(1)选材空泛(许多课程或读物的著作者均是从成人的视角出发去解读自选汉字);(2)儿童地位缺失(内容设置较少考虑儿童需求和生活联系,不适合小学生阅读);(3)缺乏教育学、心理学支撑(没有真正研究学情,内容单一,讲解生硬,互动性差,不能有效激发学生阅读兴趣)。综上,真正适合学生基础阅读的优质汉字课程非常稀缺。

5.基础:本研究在 2016 年已有动议,2017 年开始招募优秀组成员开始进行研究学习,一边研制一边在一、二年级实验班进行实践修改,再检验完善,受到了学生、家长的欢迎和指导专家的肯定,认为课题的研究和课程的开发、开设让学生在学习关键期启蒙启智,受益终身。

6.想法:基于上述情况,我们有了一个想法——为何不自己开发一套立足儿童需要、适合南湾教育、浸润文化气息、有系统脉络的校本课程,作为国家课程的补充呢?

(二)谁在做? ——开发团队

课程主持人:王凤华老师,中学高级教师。省级名师,省学术技术带头人,先后被江苏苏州、深圳龙岗高端人才引进。现任教深圳市南湾学校,省、市、区名师工作室主持人、校教育科研负责人。

团队成员:高思宁、林颖、田丽、娄艺萱、周兰美、许海超、傅明、朱公鹏等老师。我们的团队是一个"自组织型团队",这个团队与传统的、用指令和权力组织起来的团队不同,是由一群志向和理念接近,为了共同的目标走到一起来的人自发自愿结成的团队。记得我在教师群里发布"汉字研究团队"招募消息后,3 天时间就完成了团队建设。团队成员中,研究生 3 名,中学高级职称 2 名,平均年龄 33 岁。

就是这几位站在教学一线的中小学语文教师,一群深爱着中国汉字的年轻人,一个来之能战,战之能胜的优秀团队,心怀对祖国文字的真挚热爱,秉持上下求索的创新精神,奉上"熊猫小博士的汉字研究"系列。希望,在学生心田播撒孕育美好汉字的种子,期待,悄悄生根、萌芽……

二、课程建构

(一)做什么? ——内容选择

1. 一组数字:中国汉字超过 8 万个,常用汉字 3500 个(这是义务教育阶段的要求),小学阶段认识 3000 个汉字,低年段(一、二年级)认识 1600 个。

2. 汉字众多,哪些是最基本、最关键的呢? ——"课标基本字",是指语文课标中附录 4《识字、写字教学基本字表》中的汉字。

3. 字表由来:是依据对小学生阅读使用的字频大数据调查结果来确定的。遵循规律的语文教学才是科学的教学,而汉字学习,则需要遵循汉字的构造规律,遵循儿童的识记规律。学习学指出,学习是一个由简到繁、从"一"到"三"、从提升兴趣到培养能力的过程,非常适合"举一反三""触类旁通"的学习。因而,我们就抓住学生要掌握的几千汉字中最基础的"一"——"课标基本字",开始了我们的课程研究。

4. 字表内容:课标指出,字表中的字构形简单,重现率高,这些字是汉字中最基本、最基础的部分,其中的大多数能成为其他字的结构成分。先学好这些字,有利于打好识字、写字的基础,有利于发展识字、写字能力,提高学习效率。

(二)怎么做? ——课程思路

1. 我们的原则。

我们在课程开发中秉持三个原则:"指向核心素养""把字教丰厚""让学于生"。

"指向核心素养"是关注到了语文作为"母语教育课程"的本质,以培养学生"文化自信""语言运用""思维能力""审美创造"四个能力为目标,为学生的发展打下"精神和能力的底子"。

"把字教丰厚"是因为汉字背后有故事和文化,汉语言文字是蕴含着中华民族独特性格的一个个精灵,是文化的根。

"让学于生"就是以人为本,看到了汉字身后的儿童和学情,创设"适合的教育",让"人的发展成为真正的目的"。

2.课程目标。

开发出一系列把基础汉字教丰厚,让低年段学生学有趣的校本课程。我们在课程优化中秉持两个原则:"把字教丰厚""让学于生"。"丰厚"是看到了汉字背后的故事和文化、"让学"是看到了汉字身后的儿童和学情。眼中有"目标",心中有"儿童",书中有"故事",字中有文化,课程便会有属于自己的精彩。

3.课程思路。

立足儿童,守正出新,注重全科,凸显运用,突显文化特色,优化评价方式。

课程组按照研究方案开展研究活动,把控好各阶段时间节点,资源配置齐备,研究保障可靠。一是遵循既定研究路线,由文献进而课程深度研究,纵深推进:文献分析—专家论证—研制汉字课程标准—开发课程用书—教学实践—完善优化—多层面推广—形成报告、论文;二是邀请汉字研究、课程研究专家通过专题讲座、听汇报、听评课、优化指导等研究活动论证课题效度和信度;三是完成中期检查、实验推广、课程建设、课程推广等工作;四是全面提升课题组团队研究能力、课程建构水平。

4.课程规划。

立足低年段学生年龄特点,将"课标基本字"按其内在联系重新归类。

提出五项研究:汉字的溯源,汉字的书写,汉字的趣闻,汉字的运用,汉字的游戏。夯实基础、积极创新,对汉字精讲趣练,为学生创设丰富多彩的学习情境,有计划地形成"熊猫小博士的汉字研究"系列校本课程。

在课程开发中,我们要进行"三"项结合:夯实基础与积极创新相结合,儿童心理需求与自主学习相结合,重点突出与多元学习相结合,把每个汉字放置于网状学习结构中,让孩子感受汉字文化,爱上汉字学习,从而让教师的教、学生的学都发生变化。

5.课程架构。

架构汉字校本课程让学习有趣有效。汉字教学既能弘扬中华文化,也可以培养基本能力。在校本课程开发中,我们将进行"三"结合:夯实基础与主动创新相结合,学习与儿童年龄、心理特点相结合,重点突出与多种学习形式相结合。将语文学习与其他学科跨界,实践全科教育,努力创设丰富多彩的教学情境,对汉字趣讲精练,结合综合运用,指向地方特色。结合教师的教和学生的学,把汉字放置于网状结构中,让孩子真正喜欢汉字文化,爱上汉字学习,从基础字开始,举一反三,让教师的教、学生的学都发生质的变化。

(三)做成了什么? ——课程结构

1.课程特点。

完善的课程标准。本课程的课程标准是基于"学"的,正如我们南湾学校倡导的——适合的才是最好的。我们关注学生已知、需求、动机、兴趣、学习规律这条贯穿始终的暗线,根据实践反馈,完善课程纲要。

"做思考的行者",是我们团队不断进步的动力。在课程开发中,我们一直坚持开发与实践结合,反思与修正同步,在课程开发中,我们进行"三"项结合:夯实基础与积极创新相结合,儿童心理需求与自主学习相结合,重点突出与多元学习相结合,把每个汉字放置于网状学习结构中,让孩子感受汉字文化,爱上汉字学习,从而让教师的教、学生的学都发生变化。

课程研究中,体现"学生立场",作为课程开发者,我们秉持"三有":心中有"标"——课标,眼里有"人"——学生,手里有"法"——方法,以学生的身心发展规律、情感需求和认知经验为基础,满足学生个性化的多元成长需要,培养兴趣、弘扬文化、学会方法、拓展思维、指向运用,课程开发接地气,连学情,多校实践效果明显。

注重"全科"表达。在课程优化中,我们将以学生的身心发展规律、情感需求和认知经验为基础,注重故事引领,通过文中的"泡泡"、问题等方式,强化"熊猫小博士"对学习的串联,进一步融合科学、音乐、美术、历史、地理等学科为一体,创设丰富多彩的教学情境,围绕汉字,进行"全科项目研究"的尝试。

绿色的评价方式。根据低年级学生喜欢游戏、热爱荣誉的特点,每课以完成任务后获得熊猫小博士奖励的"绿竹笋"数量多少作为评价方式。每组汉字学习后,均有"汉字游戏宫"作为阶段评价,由小博士带领,以闯关的方式,结合学生自评、教师评、小伙伴互评等方式进行复习诊断,将过程性评价与终结性评价有机整合,如同"成长记录"一样全程记录学生学习成长的过程,将绿色评价进行到底。

2.课程结构表。

分 类		例 字
基本字中的大自然	1.基本字中的数字	一、二、三、四、五、六、七、八、九、十、百、千、万
	2.基本字中的动物	牛、马、羊、狗、猫、鸟、虫、鱼
	3.基本字中的植物	瓜、草、豆、果、花、叶、竹、木、本、末
	4.基本字中的水	雪、雨、云、海、河
	5.其他自然现象	风、火、江、山、天、土、星、云、地、电
	6.基本字中的颜色	白、红、青、黑
	7.基本字中的时光	春、秋、冬、岁、早、午、时、年
	8.基本字中的方位	东、西、中、南、北、高、上、下、前、后

3.课程创新。

首次提出了"儿童是汉字学习自主参与实践者"的观点。解决了小学汉字教学中"单一学习方式"的问题,提出"儿童视域,守正出新,传承文化,凸显运用,汲取学科领域的最新成果"的课程理念,让更多儿童有兴趣、有能力参与汉字的学习研究,确立了"儿童始终站在课程中央"的主体地位。

首创了文化与信息技术相融合的课程体系,实现了人文素养与技术素养并举。提出的目标结构,创立了"文化—技术—思维"一体的目标体系的统一体;提出的内容结构,运用微课程辅助教学,将汉字文化、技术文化与项目式融合一体,构建了内容形式丰盈的汉字课程体系。

首创了"为儿童而创新学"的教学模式,实现了学习方式的创新。即"文化引领—趣闻分享—互助闯关—项目学习—绿色评价",将范例教学和基于项目的学习整合在一个流程中,改变了"填鸭单一式"教学,将学习方式转变到自主、合作、探究上来,使创新精神和实践能力的培养落到实处。

作为深圳市第一套以基础汉字综合学习为载体的系列课程,我们的汉字课程注重跨文化、多元文化的融合,注重渗透文化教育,多一点字源探求,多一点规律发现,多一点价值引领;我们还关注凸显地域特色,如广东风俗、深圳地方文化等,在汉字学习中,传承祖先留下的丰厚文化资产。引导学生尝试进行汉字项目主题式 STEAM 学习,满足学生个性化合作型学习需求,对学生综合性学习、综合能力的提升起到引领作用。

4.课程安排。

我们将基本字中的汉字按照"数字、动物、植物、水、现象、颜色、时光、方位"等8个章节进行研究,共33个课时,分为2册。

每课生字均由"汉字的秘密""小小书法家""汉字的趣闻""汉字的游戏"等板块递进组成;每组生字设计有单元"汉字游戏宫"引领学生"玩转汉字",在玩中自主复习、学中多元评价,整个课程融知识、能力、实践为一体,呈现主线清晰、目标明确、底蕴丰厚、趣味横生的绿色态势,是深圳市第一套以基础汉字综合学习为载体的课程。

5.教师用书。

教师用书作为学生用书的配套和补充。教师用书在内容上进行了多方位的延伸和拓展,在教的形式方法上进行了一定的创新和探索。

在课程里,让汉字变得更加美好

——深圳市精品课程《神奇自然》课程成果与特色

一、课程成果

(一)凸显文化特色

习近平总书记说过:"一个民族、一个国家,必须知道自己是谁,是从哪里来的,要到哪里去,想明白了、想对了,就要坚定不移朝着目标前进。"中华民族千百年来形成的中华民族的文化"基因"——风俗礼仪、社会结构、伦理道德、哲学思考、审美意识,几乎都隐藏在一个个汉字中。汉字中至今还留存着许多先民的生活方式、生存的地理环境,乃至世界观与宇宙观。优化时,我们会注重渗透文化教育,多一点字源探求,多一点规律发现,多一点价值引领;我们会凸显地域特色,如广东风俗、深圳地方文化等,在汉字学习中,传承祖先留下的丰厚文化资产。

(二)微课辅助学习

现代信息技术支持是课程的生长点。优化时,我们会将基础与创新融合,运用微课技术,将汉字的学习制作成操作便捷、生动直观、富有趣味的微课,形成二维码,"二维码一扫,趣味汉字来",进而形成系列微课程和码课码书与教材配套,让学习方式变得更丰富、便捷,让学习者更喜闻乐见。

(三)形成重要结论

本课题是深圳市第一个以基础汉字综合学习为载体的课题研究。在课题研究过程中,始终贯穿学生已知、需求、动机、兴趣、学习规律这条暗线,立足年段学生年龄特点,提出多项研究。整个课题研究过程中,有高度、有深度、有态度、有广度、有温度,融知识、能力、实践为一体,呈现主线清晰、目标明确、底蕴丰厚、趣味横生的绿色态势。研究成果成体系,逻辑性强,实操性高,对教师教汉字、学生学汉字都有指导意义,达到结题标准。专家对课题研究团队给予了高度评价。

(四)课程成效显著

专家认为,"研究一个课题""研制一套校本课程",培养了"一个优质团队"的做法非常值得推广学习。本课题有理论和实践的双重价值。该课题着力于学生语文核心素养的提升,将"课标基本字"的研究与校本课程开发深入融合,通过目标化、系列化、教学情境化,形成汉字课程系列。遵循语文教学规律,尊重学生身心发展规律,构建"课标基本字"的课程基础架构,进行"五项研究""三个结合",实现智慧的集纳化。课题定位了理论目标和实践目标,既兼顾了学术价值,又突出了实践意义。课题选题具有研究价值,课程成果具有推广价值。专家指出"连接""融合"是教育界的两个热词,本课题的成果——汉字课程作为国家课程的补充,内容结构中有很多横向、纵向的融合,非常有意义。

(五)学术性和实践性统一

根据研究目标,课题研究成果丰富,既有《"课标基本字"与校本课程开发深度融合的实践研究》的研究报告,又有《"课标基本字"中的大自然》的教师用书和学生用书、课程架构推广的相关论文、配套的汉字微课、录制的相关课例等。课题成果研究以行动研究为主,课程成果以实践活动为载体,在挖掘学生内在生活学习经验,培养汉字文化素养的同时,促使他们的学习兴趣、思维品质、审美情趣、文化感受力得以提升的综合性、实践性的校本课程。民族本土、儿童立场、全科表达、语言运用相统一,非常注重成果的学术性和实践性。

二、课程成绩

1.2017年10月,在深圳市"好课程"评选中获评"市精品课程"。

2.2018年5月,我们顺利通过了深圳市教科院组织的精品课程专家论证会。课程的优化方案得到了与会市区专家的一致肯定,专家们指出:《神奇自然》汉字课程是一套立足儿童需要、扎根南湾的适合教育、浸润中国文化气息、有创新有系统的校本课程,是国家课程很好的补充,是深圳市第一套以基础汉字综合学习为载体的课程。同时确定了"守正出新,传承文化,注重全科,凸显运用,汲取学科领域的最新成果,走在前沿"的课程优化思路。

3.2018年4月,应中国人民大学出版社邀请,课程组核心团队参加由中国人民大学出版社和中华字课研究院联合举办的汉字溯源在小学语文教育中的应用专题研讨会。会议上,《神奇自然》课程作为深圳代表进行了现场展示交流,得到了众多中国汉字研究专家的肯定和指导。北京师范大学古代汉语研究所所长齐元涛教授在看了汉字课程后,欣然留言"很用心,有特色"。中华字课研究院院长常耀华教授用"有教法意识,很有价值,希望进一步打磨,使之成为精品"的留言来激励课程开发团队。中国教育学会王鹏伟教授高度评价:"这门课程有价值,它通过汉字研究,勾连了相关的语文知识,呈现了一定的文化内涵,呈现方式及项目的设置均契合一、二年级儿童的学习心理。"深圳课改研究院宋承昊博士为课程指明了前进方向:"有价值的课程就是一种美好的遇见。南湾'汉字系列'校本课程完全可向着文化理解、文化认同、文化自信的方向发展。"会上,我们还与北京景山学校、深圳田心小学等共同发起并成为"基于汉字的学习"教科研合作体成员。

4.2018年5月,课程组核心团队应邀参加在中国科学院深圳先进技术研究院实验学校举行的"中小学未来课程建设共同体高端论坛",面向200多位来自全国各地的课程专家和课程团队进行了题为"在课程中,让汉字愈发美好"的专题讲座,反响强烈,广西及周边地区热情邀请团队去交流分享。

5.2018年7月,为江苏省无锡市新吴区教师发展中心32位教研员和学校教学主任骨干团队进行主题为《以〈神奇自然〉为例谈课程开发的实践与研究》的讲座和交流,受到好评。在赠书的同时,达成了优化成果进行跨区域推广的约定。

6.2018 年 10 月,汉字课程《神奇自然》获广东省中小学校本课程建设成果一等奖。

7.2018 年 11 月,结合课程优化主题,我们申请的省教育技术中心课题《"基本汉字"微课程教学设计研究》立项开题。广东省信息技术专家、省名师工作室主持人王继华老师、省特级教师操德胜、罗向新老师对我们的课程研究课题非常感兴趣,他们认为将基础汉字和现代技术相结合,有很强的现实意义,期待课题的研究成果和课程的推广。

8.2018 年 12 月,汉字校本课程《万物成长》通过龙岗区教研室评审,获优秀等级。

9.2019 年 1 月,工作室应邀加入了"汉字学习联盟"(深圳),在盐田区田心小学举行的全市汉字研讨活动中,汉字课程在活动现场进行了交流,高思宁老师为一年级同学上了汉字观摩课《豆》,收到令人欣喜的效果。

10.2019 年 3 月,汉字学习联盟(深圳)理事长王鹏伟教授带领团队到南湾学校进行汉字课程开发的学习和研讨,用"精益求精、完美绽放"充分肯定了我校的汉字课程优化成果。

11.2019 年 4 月,与新疆喀什学校教学主任骨干团队进行课程讲座、交流,在赠书的同时,达成了优化成果进行跨区域推广的约定。

12.2020 年 11 月,深圳市教育技术中心录制汉字优质课例《神奇自然》17节,在市"云平台"播放,是市中小学语文校本教材唯一入选课程。

13.2020 年 12 月,深圳南湾学校被命名为"全国汉字研究首批联盟校"。

14.2023 年 3 月,课题成果《小学语文启蒙:拼音·字词·阅读/名师讲堂码课码书系列》由清华大学出版社出版。

三、课程应用

本课程作为国家统编教材的有效补充,为一年级学生量身打造。

学生用书分上下册,4 组内容,22 个课时,每课内容由汉字组块学习、学习拓展、综合评价、汉字微课等组成,为一年级学生趣味学习汉字、课内学习补充量身打造,适合其他年级学生深入了解、欣赏汉字文化。

本课程内容丰富,选材精美,可服务于教师课堂教学及语文兴趣社团开展活动。在完成学习的同时,可结合每组生字后附的"遨游汉字王国",组织学生开展"我爱中国汉字""汉字小研究"等跨学科综合实践活动,把"熊猫小博士'基本汉字'研究"系列校本课程作为语文课程学习的有效拓展。本课程有教师参考书,可根据学情进行选择、指导、拓展与创新。

本课程从 2016 年开始策划开发,一边研制一边在一、二年级实验班利用活动课和语文课进行教学实践,接收反馈后,再检验完善,历时三年的锤炼雕琢。由于形式新颖、内容丰满、指向生活运用,课程受到了一年级学生和家长的热烈欢迎和高度评价,校内外掀起了学汉字、用汉字的小高潮,学生学习汉字的兴趣、能力得到了明显提升。同时,教师用书的开发给予了授课老师教法的精细指导和眼界的拓展延伸。老师、家长们称赞道:汉字课程的开发、开设让学生在关键期启蒙启智,受益终身。

四、课程思考

1. 当下:"做思考的行者",是我们团队不断进步的动力。在课程开发中,我们一直坚持开发与实践结合,反思与修正同步,希望带着下面问题进一步优化:

(1)如何更恰当地站在学生的视角教汉字?

(2)如何更准确地站在文化的高度教汉字?

(3)如何更全面地站在运用的角度教汉字?

从而使我们的汉字课程日臻完善,离孩子们近些,再近些,离真正的精品近些,再近些。

2. 未来:我们将深挖一口井,在 300 个基本字里做文章,形成"基本字"的系列课程:基本字中的大自然、基本字中的衣食住行、基本字中的偏旁家族等。

在做课程的时候,我们一直在思考一个问题,课程是什么?我们的回答是:课程,是教育的核心产品,是孩子和未来的源头。有什么样的课程,就有什么样的教育,就有什么样的孩子,就会有什么样的未来!

儿童视域下汉字课程的体系建构与创新

一、课程的提出

"人生聪明识字始。"新课标指出,识字、写字是阅读和写作的基础,是第一学段的教学重点,也是贯穿整个义务教育阶段的重要教学内容。要求教师培养学生热爱祖国语言文字的感情,令学生初步掌握学习语文的基本方法,从而使学生喜欢学习汉字,有主动识字的愿望,感受汉字的美,感受祖国文字的博大精深。

但识字教学的现实情况却令人忧虑。经调研,在小学语文汉字教学中存在两个突出问题:

其一,远离课标,缺失童年。远离了"让学生爱上汉字、力求识用结合"等课标要求,普遍采用"填鸭式"的教学,学生严重缺乏自主、快乐、个性的童年学习空间,不利于学生兴趣培养和文化传承。

其二,缺失生活,缺少实践。从儿童的视角,指向生活运用是目的,知识只是其中的一部分。缺失生活和实践的课程与文化传承脱节、与儿童真实生活脱节、实践运用能力严重不足,难以起到引领作用。

这些问题造成本应该对汉字充满热爱和兴趣的小学生觉得汉字学习枯燥乏味、难记易错,以致在阅读、写作、生活运用中错字频出。

二、课程的体系建构

课程组通过近十年的汉字研究发现,要系统解决以上问题,就需要创建新型的小学语文汉字课程,整个过程分为三个阶段。

(一)汉字课程重构阶段

从解决儿童在汉字学习中的地位出发,提出"儿童是汉字学习自主参与实践者"的理论假设,采用一边研制一边在低年级尝试检验的方法,观察学生是否在兴趣提升、文化积淀和实际运用能力上有所突破。经过反复尝试,由于形式创新、内容丰富、指向生活运用,课程受到了学生和家长的热烈欢迎和高度评价,校内外掀起了学汉字、用汉字的高潮,从而验证了假设,奠定了理论和实践基础。

(二)经验成果归纳阶段——汉字学习模式的创建

本阶段从学校开始推广使用汉字课程,开始进行实践研究,解决汉字课程的优化及学习模式创建问题。通过总结实践经验和理论研究,创建了基础汉字课程的新范式——回归课标、尊重儿童、联系生活,并开始在周边学校进行区域推广。

(三)理论成果推广阶段——实践导向模式的创建

课程组先后主持国家、广东省、深圳市三级规划课题五项,采取"用课题研究促实践"的方式开展教学实践和推广。一是结合深圳地域特点完善课程并在本校全面实施,并联络国内不同地区学校同时开展教学实践和检验。二是以省市课程成果评比获奖为契机,以名师工作室推广为方式,以国内各专题论坛学术研讨为平台,吸引全国更多的教师实践本成果,扩大传播效益,推动儿童汉字教育的发展。

本课程从顺应儿童生活出发,认为不能把儿童仅看作知识的容器,从而提出了"儿童是汉字学习自主参与实践者"的理论假设,通过省内外多所不同层次学校的实践检验,证明了小学生有兴趣、有能力用科学方法进行汉字基本字学习,积累表达运用方法,参与儿童汉字文的创新与实践,将汉字教学由"单一学习方式"转变为"为儿童而创新学"。

以此理论为基,结合语文是"学习语言文字运用的综合性、实践性"的课程定位,以创新为核心,系统创建了小学语文汉字课程的新范式——儿童汉字文化学习课程,拟定了"文化—技术—思维"一体的目标体系,生活经验、文化熏陶与综合融合的内容结构,"为儿童而创新学"的教学模式,从兴趣到实践的绿色评价方法,设计了学生喜爱、内容创新的系列校本课程,注意学科与信息化的深度融合,注重满足学生个性化学习;注重联系生活、多元文化的融合,尝试进行汉字项目主题式 STEAM 学习。

课程提出六项研究:汉字的秘密、汉字的趣闻、汉字游戏宫、汉字朋友圈、汉字的微课、遨游汉字王国。夯实基础、积极创新,对汉字精讲趣练,为学生创设丰富多彩的学习情境,有计划地形成"熊猫小博士的汉字研究"系列校本课程。

在课程开发中,我们进行"三"项结合:夯实基础与积极创新相结合,儿童心理需求与自主学习相结合,重点突出与多元学习相结合,把每个汉字放置于网状学习结构中,让孩子感受汉字文化,爱上汉字学习,从而让教师的教、学生的学都发生变化。

课程结构如表1。

表1　课程结构表

	分　类	基本汉字	
神奇自然	一、数说天下	1.一、二、三	2.四、五
		3.六、七、八	4.九、十
		5.百、千、万	6.汉字游戏宫
		7.遨游汉字王国	
	二、日月星光	1.日、月、星	2.光、电、风
		3.天、阳、火	4.山、石、田
		5.土、地	6.汉字游戏宫
		7.遨游汉字王国	
	三、五光十色	1.红、白、青	2.黑、金、亮、明
		3.汉字游戏宫	4.遨游汉字王国
	四、方位迷宫	1.东、西、中	2.南、北、高
		3.上、下	4.前、后、向
		5.汉字游戏宫	6.遨游汉字王国

三、课程的创新实践

(一)课程创新

首次提出了"儿童是汉字学习自主参与实践者"的观点。解决了小学汉字教学中"单一学习方式"的问题,提出"儿童视域,守正出新,传承文化,凸显运用,汲取学科领域的最新成果"的课程理念,让更多儿童有兴趣、有能力参与汉字的学习研究,确立了"儿童始终站在课程中央"的理念。

首创了文化与信息技术相融合的课程体系,实现了人文素养与技术素养并举。提出了目标结构,创立了"文化—技术—思维"一体的目标体系的统一体;提出了内容结构,运用微课程辅助教学,将汉字文化、技术文化与项目式融合一体,构建了内容形式丰富的汉字课程体系。

首创了"为儿童而创新学"的教学模式,实现了学习方式的创新。即"文化引领—趣闻分享—互助闯关—项目学习—绿色评价",将范例教学和基于项目的学习整合在一个流程中,改变了"填鸭单一式"教学,将学习方式转变到自主、合作、探究上来,使创新精神和实践能力的培养落到实处。

作为深圳市第一套以基础汉字综合学习为载体的系列课程,引导学生尝试进行汉字项目主题式 STEAM 学习,满足学生个性化合作型学习,对学生综合性学习、综合能力的提升起到了引领作用。先后获得省中小学课程成果一等奖、市精品课程、区认定校本课程,被选为省内外多所学校的特色课程。

新的学习方式点燃学生的学习热情,自主学习能力提高。通过诸多对比调查,发现各实验学校绝大多数学生喜欢"为传承而创新学"的教学方式,充分满足学生个性化学习需求。在师生间掀起了新内容、新教法、新学法的教学革新浪潮,学生均认为自己有兴趣、有能力学好汉字,自主学习能力得到跨越式的提高。

作为以基础汉字综合学习为载体的课程,我们在课程构建和创新实践时,始终贯穿学生已知、需求、动机、兴趣、学习规律这条暗线,立足年段学生年龄特点,提出多项研究。整个课程融知识、能力、实践为一体,呈现主线清晰、目标明确、底蕴丰厚、趣味横生的绿色态势。在课程系列构建和实践中，我们一直在思考一个问题，课程是什么？通过十年来的研究思考，我们的回答是：课程，是教育的核心产品，是孩子和未来的源头。有什么样的课程，就有什么样的教育，就有什么样的孩子，就会有什么样的未来！

（本文发表于《教育》2020 年第 43 期）

汉字的意味

——写给教师的话

老师,首先请您思考几个问题:您了解汉字教学的重要性吗? 您的学生喜欢汉字学习吗? 您拥有教学汉字的有效办法吗?

新课标指出,小学阶段要认识 3500 个左右常用汉字,识字、写字是贯穿整个义务教育阶段的重要教学内容。课标要求学生"喜欢学习汉字,有主动识字的愿望,初步感受汉字的形体美,热爱祖国的语言文字"。

但现实情况令人忧虑,本应该对汉字充满热爱和兴趣的小学生,却觉得汉字学习枯燥乏味、难记易错,造成运用时错字、别字层出不穷的窘况。"基础不牢,地动山摇。"学生的学习兴趣及汉字素养亟待提高。

新课标后附的《识字、写字教学基本字表》有 300 字,"这些字构型简单,重现率高,大多数能成为其他字的结构成分"。课标建议"要先认先写字表中的汉字,再逐步发展识字写字能力"。基础为重,我们团队将这些基本字按照内在联系重新归类,深入研究,形成"熊猫小博士的汉字研究"系列,"基本字中的大自然"是系列课程之一。

一、课程目标

一是指向兴趣培养。立足课标"教学基本字",契合儿童心理特点,创设丰富多彩的教学情境,举一反三,让孩子真正爱上汉字学习。

二是指向文化熏陶。汉字是一种"有意味的形式",每一个符号都是一种文化载体。在教与学中,可将抽象的符号转化为图画、故事,将文化的基因植入儿童内心深处。

三是指向生活运用。以儿童熟习、喜欢的语言因素作为主要材料,把汉字放置于网状结构中,充分利用儿童的生活经验,注重教给方法,力求识用结合,让教师的教、学生的学都发生质的变化。

二、结构内容

本课程以"基本字中的大自然"为主题,体现"学生立场",遵循"生活视野",注重"故事表达",设计了八个章节,针对 77 个基础汉字进行学习。第一组:汉字中的数字;第二组:汉字中的动物;第三组:汉字中的植物;第四组:汉字中的水;第五组:汉字中的其他自然现象;第六组:汉字中的颜色;第七组:汉字中的时光;第八组:汉字中的方位。每组内容由汉字学习及综合评价"汉字游戏宫"组成,由易到难,由学到用,多角度、多层面形成汉字体系。

主题突出、趣味互动、趣讲精练、一课多得,联系生活,指向运用是本课程特点,课程中特别设计"熊猫小博士"为故事穿引,将汉字学习结合学生生活的经验,深入浅出,融知识、趣味、实践为一体,实现智慧的集纳化。

三、评价建议

本课程根据中低学段学生喜欢游戏、热爱荣誉的特点,以获得熊猫小博士的小竹笋数量多少作为评价方式。在每一课学习中,完成学习任务后可给相应小竹笋涂色变绿,最后计算获得的竹笋数量来评价学习效果。每组学习最后一课均为"汉字游戏宫",以闯关的方式,由熊猫小博士带领,开展多种活动,以学生自评、教师评、小伙伴互评等方式,进行复习检测,像"成长记录袋"一样,全程记录学生学习成长的过程,突显评价的诊断、反馈、激励功能。

四、教学建议

站在学生的视角教汉字。我们认为,学生始终站在课程开发的中央。课程开发者心中有"标"——课标,眼里有"人"——学生,手里有"法"——方法,学习汉字兴趣第一,方法至上。在教学中,教师要以学生的身心发展规律、情感需求和认知经验为基础,满足学生个性化的多元需要;遵循生活视野,以贴近学生生活为原则,注重故事表达;从学生兴趣出发,让学生获得真实、快乐的生活体验,促进学生终身学习和持续成长。

站在文化的高度教汉字。民族的就是世界的,我们拥有全世界最完整的图像文字系统,许多先民的生活方式、地理环境,乃至世界观与宇宙观,至今还留在汉字里。我们在教学中,要结合教材有意识地渗透文化教育,更要对文化加以开发利用,传承祖先留下的丰厚文化资产,让学生在获得知识的同时,获得精神滋养,充分感受汉字之美、汉字之妙和中华文化的魅力。

站在运用的角度教汉字。汉字作为母语,每时每刻都出现在我们的生活空间。教学中,教师要充分利用儿童已有的生活经验,从学生的生活实际出发,到生活运用拓展中去。教学中,创设生活化的教学情境,运用符合儿童心理特点的、喜闻乐见的教学手段,引导学生在生活中识字,在识字中享受生活的快乐,从而发展学生的个性,为学生终身的生活学习打下基础。

汉字的趣味

——写给孩子们的话

孩子,先讲个故事给你听:

我们的老祖先最早是没有文字的,那有事情要记下来怎么办? 他们就用长短不同、颜色有别的绳子,打不同大小、不同距离的结,由记事人手捻绳结,回忆和讲述,传给后人。后来,又发展到用刀子在木竹上刻以符号作为记事。但时间一长,事情一多,这些方法都不能满足人们的需要了。

传说是黄帝的史官仓颉创造了文字。一天,天下起了大雪,山川树木全被大雪覆盖。仓颉在打猎的时候,发现山鸡的脚印和鹿的脚印不相同。他忽然想到,通过这些不同的脚印不就可以创造一种大家都能够看懂的符号了吗? 于是他模仿鸟兽的足迹创造了字的笔画,后来,他又根据龟纹、虫蛇、山川、草木等事物的样子,创造了最初的文字。在几千年的演变中,这些原始符号最终成了我们今天见到的汉字。

汉字的一笔一画都浓缩着祖先的智慧,传承着中华文化。作为中国人,我们为祖国的文字感到骄傲!

孩子,知道你需要认识多少汉字吗?

汉字总共有多少个呢? 有人说三四万,有人说五六万,答案不一。但可以肯定的一点是:现代通用的汉字有七千多个,我们要掌握其中常用的三千五百个左右,才能满足日常的运用。

那我们该怎么学习这些汉字呢?

汉字中有 300 个字形简单、重现率高的基本字。先学会这些字,就能打好识字、写字的基础。

每个汉字都像一幅生动的图画,每个汉字里都藏着一个有趣的故事,每个汉字里都蕴含着丰富的情感与智慧。孩子,来,一起走进汉字王国,发现更多汉字的奥秘吧!

坚守基础,回归原点:让孩子爱上汉字

新课标中,识字、写字是阅读和写作的基础,是第一学段的教学重点,也是贯穿整个义务教育阶段的重要教学内容。但在教学中,有些教师对识字的认识产生偏颇,以致走入片面追求识字数量的误区——识字教学方法简单、机械,识字过程脱离语境、枯燥无味。识字、写字教学呈现出一种弱化、泛化、简化的现象,亟须从点缀到主角,实现从弱化到强化的转变,下面以笔者自己的识字教学实践为例论证说明。

案例一:兴趣,让识字变得科学有趣

今天要和二年级的孩子们共同学习一篇新课文,虽然备课时我已做了较充分的案头准备,虽然昨天已经给学生布置了预习作业,但看着课后 11 个要认的字和 12 个要求掌握的字,我的心里仍不禁打鼓:短短一节课要将这么多的生字"消化"掉,难!最简单省事的办法就是根据自己的想法分类解析,把老师的理解强加给学生。这样也许能较快地完成任务,但想象着死气沉沉的课堂,又该如何实现新课标中"让学生喜欢学习汉字,有主动识字的愿望"的要求呢?

左右为难间,几天前课堂上发生的一幕又浮现在眼前,那时我正在讲生字"志",一个学生突然举手说:"老师,我有个办法记住它:一个战士有爱心!"小小的意外好似一石入水,激起层层涟漪,课堂顿时变得热闹起来,孩子们纷纷高举小手发表自己的见解,其中一个学生还联系前面学过的课文说:"一个战士有爱心,这名战士就是雷锋同志。"真是不听不知道,孩子们小脑瓜里的智慧可真不能小瞧!

放眼古今,人文化素养的提高都是从识字开始的。识字能力是形成学习能力的基础。"蒙养之时,识字为先。"作为教师,我们一定要更加重视识字、写字教学,同时顺应儿童身心及语言发展的规律确定教学重点。

想到这儿,我知道该如何上好这节课了,那就是想办法让孩子动起来,帮助孩子们用自己最喜欢、最习惯的方法来自主识字,让他们真正成为学习的主人。

上课伊始,我故作神秘地告诉孩子们:"今天我们要认识、学习的生字朋友可真不少,但今天老师不想多讲,我想让大家自己教自己。"话音刚落,教室里便炸开了锅,看着孩子们充满疑惑的眼睛、跃跃欲试的神情,我笑着说:"老师相信同学们一定能找到最巧妙的识字办法,顺利地完成这个任务,你们一定行!"

汉字的构造既讲法则,又体现艺术,既有"意"的表征,又有"音"的示读。著名心理学家皮亚杰强调:"所有智力方面的工作都依赖兴趣。"因此,兴趣培养应成为儿童识字、写字教学的不变追求。在教学中,顺应儿童认知规律,培养识字兴趣,让儿童快乐识字。突出汉字特点,教给识字方法,培养独立识字能力,让学生主动识字。综合利用各种资源条件,拼、识、读并进,学用结合,多通道交互联系,立体式识字等。

我首先引导孩子们回顾总结了以往的识字方法,然后采用异质分组开展小组合作学习,要求他们记录、汇总小组的学习成果准备进行全班汇报。在组间巡视指导中,我发现孩子们都能主动参与,连那些平时不爱发言的孩子的表现都可圈可点,只见他们小组簇拥在一起,时而专注倾听,时而争论不休,时而快乐得手舞足蹈,孩子们在思维的碰撞中实现了学习互补和"资源共享"。

学生们在成果展示阶段的表现令人赞叹,你瞧,有的用"以旧带新法"识字:难、堆、准、谁——维,语——吾;有的用"形声字特点法"识字:堡、沟;有的用"查找地图法"识字:疆、鲁、番、维、吾;还有的"联系生活"识字:鲁(我的好朋友就姓鲁)、维(水果里有很多维生素)、蜜(蜂蜜可真甜);最受学生欢迎的还要数"编字谜、猜字谜识字法":多一句(够)、弟弟站在木头边(梯)……孩子们发言积极踊跃,纷纷举起的小手像小树林,红扑扑的笑脸带着成功的喜悦。

案例二:创造,提升书写审美

"汉字是中华民族智慧的结晶。汉——把字与字连起来——是一串一串的明珠;我们的书写是给它们加上了一层光环。"写出一手好字,能给人一种赏心悦目的感受,能透出一个人内在的气韵,也能传达人与人之间的心境。人能写字,字能写人。因而在教学中,教师要有意识地培养学生一丝不苟、持之以恒的意志、品格以及乐学、求美的良好素养,真正做到"提笔即是练字时",在潜移默化中激发学生的书写兴趣,让孩子感受到写字是一种创造、一种快乐、一种享受,从欣赏走向成功。

在指导书写时,"蜜、密"两字中"心"字的规范书写一直是许多学生的难点,反复纠正效果仍然不好。于是我就向孩子们"求助":"孩子们,像小一休一样开动脑筋,想想用什么办法能让大家不再把心字写错呢?"学生们你一言我一语,共同想办法找对策,最后我们总结了"联想识字法"记住了"心"字的特征:可把"卧钩"看成一口小锅,三个点看成是三条小鱼,我们还编了这样的儿歌:一口小锅,煎了三条小鱼,两条蹦出了锅外,一条还留在了锅里。学生边背儿歌边练写,对"心"字的三个点印象特别深,相信再也不会把它们的位置写错了。

整堂课我和孩子们一起学习一起思考,共同分享学习的快乐。下课了,看着还围着我不愿离去、叽叽喳喳说个不停的孩子们,我深深体会到了孔子的"知之者,不如好之者;好之者,不如乐之者"这句话的含义,是啊,让学生乐学才是教学的最高境界。

识字、写字不单是低年级的教学重点,九年语文教育都要一以贯之,使之拥有不容置疑的"法定"地位,每个学段都不可小觑。它不仅是阅读和写作的基础,还是一个人文化素质养成和提高的第一步,更关系到开发儿童的智慧潜能。语文课程标准强调教学目标的"三个维度"要有机整合,互相渗透,融为一体。识字只是教学目标最基本的层面,识字目标的实现要依赖"过程和方法""情感态度和价值观"的支持和促进。所以,识字教学不仅要明确学什么,还要考虑学生应经历怎样的学习过程,习得什么样的学习方法,形成什么样的学习习惯,得到了什么样的情感体验,从而实现教学目标的全面性。

　　小小汉字,奥妙无穷。叶澜教授曾说:"学生年龄虽小,但同样具有主观能动性,是有可能参与教育活动的人,他们是学习活动不可替代的主体。"作为教师,要充分发挥主导作用,结合学生的思维特点,调动学生的多种感官,使学生积极地参与教学,处处从学生主体的实际出发,学生就能获得成功的喜悦,从而使枯燥的识字教学成为培养学生发现兴趣和热情探索的土壤,让学生真正爱上识字。

微课程与"课标基本字"课程开发深度融合的实践研究

《义务教育语文课程标准(2021年版)》指出,识字、写字是贯穿整个义务教育的重要教学内容。但在实际教学中,汉字教学的单一形式,造成学生识字兴趣、质量低下。本文立足儿童心理特点和认知规律,尝试通过汉字研究与微课程设计深度融合的方式,打破"轻设计、弱应用、缺创新、无系统"的汉字微课程现象,设计出系列形象直观、生动有趣的"课标基本字"微课程,让汉字学习方式多样化、生动化,从而改变教师的教和学生的学,有效提升识字教学效率。

一、微课程突破汉字教学困境

《义务教育语文课程标准(2021年版)》指出,小学阶段要认识3500个左右常用汉字。识字量大,识字任务重。识字、写字是阅读和写作的基础,是第一学段的教学重点。课标要求教师要培养学生热爱祖国语言文字的感情,初步掌握学习语文的基本方法。要求学生喜欢学习汉字,有主动识字的愿望,初步感受汉字的形体美。但现实情况堪忧,许多语文教师对汉字教学重视不够,缺少有效方法,加上自身文字素养不足,从而造成本应该对汉字充满热爱和兴趣的学生觉得汉字学习枯燥乏味、难记易错,以致出现错字、别字层出不穷的窘况。"基础不牢,地动山摇。"学生的汉字素养及学习兴趣亟待提高。

学习汉字兴趣第一,方法至上。如何突破基础识字教学单一乏味、枯燥无趣困局?这就需要我们在第一学段就要关注识字教学时儿童的心理特点,运用多种识字教学方法和形象直观的教学手段,创设丰富多彩的教学情境,互动生成,提高识字教学效率。

如何突破基础识字教学单一乏味、枯燥无趣的困惑和迷局,是困扰低年级语文教师的难题。通过实践研究发现,关注识字教学时儿童的心理特点,将微课程这种形象直观、生动有趣的形式与基础汉字教学深度融合,能改变教与学的方式,让学生爱上汉字。

微课是指运用信息技术按照认知规律,呈现碎片化学习内容、过程及扩展素材的结构化数字资源。对教师而言,微课将革新传统的教学与教研方式,突破教师传统的授课模式,更具有针对性和实效性,基于微课资源库的校本研修、区域网络教研将大有作为,并成为教师专业成长的重要途径之一。对于学生而言,"泛在学习"将会越来越普及,微课能更好地满足学生对不同知识点的个性化学习需求,既能增强兴趣又能培养能力,既可查缺补漏又能反复强化,作为一种新型的教学模式和学习方式,深受学生及其家长的关注和欢迎。

国家在落实《教育信息化十年发展规划》之际,微课程已成为当前教育信息化资源建设的重点和研究热点,知网查询发现,小学语文汉字研究的相关成果很多,但汉字微课程研究属于一个新兴的领域,前人研究成果较少,且不同程度出现了"轻设计、弱应用、缺创新、无系统"的现象。通过对国家哲学社会科学文献中心学术资源库进行中文检索,以"语文微课程"为关键词的中文期刊文章仅有6篇,没有以"基础汉字微课"为关键词的文章。

微课因其内容聚焦、主题突出、趣味创作、针对性强、反馈及时等特点,非常适合对汉字的趣讲精练,一字一课,一课一得。加上微课适宜一线教师进行研究,同时成果简化、多样传播、反复使用,都将使得汉字微课受众面更大,受益群体更多。

"互联网+"时代,基础与创新融合,系列汉字微课程由学到用,多角度、多层面形成融微课技术知识性与趣味性为一体的汉字微课体系,深入实践,杜绝"轻设计、无系统"的现象,让微课程更有价值。汉字微课体系探索了教与学的新途径,从而突破汉字教学困境,同时填补"基础汉字"微课教学的空白,成为国家教材的有效补充。

二、微课制作软件的应用功能

录制微课应用软件为 EV 录屏软件,迅捷屏幕录像工具。EV 录屏软件是一款非常实用的电脑录屏软件,这款软件可以帮助用户轻松地录制电脑屏幕,是一款简单好用的桌面视频录制软件。软件大小:22.4MB;软件语言:简体中文;软件类型:国产软件;软件类别:图像捕捉;运行环境:XP/Win7/Win8/Win10。

EV 录屏软件支持声音、画面同步录制效果,支持"定时录制",能够设置单次录制时长,也可以设定某一次录制开始的时间,可实现录制软件操作、教学演示、课件动画、游戏过程、视频聊天等各种需求。其录像区域、质量和声音都支持自定义设置,支持录制为 AVI、MP4 视频格式,录制时长无任何限制,是目前较为主流的屏幕录像软件,使用方法简便,只需要简单的 3 个步骤:打开软件,根据需求选择音频与视频录制选项;点击开始录制;结束录制,在文件列表里查看视频。

我们邀请了美术老师运用 AE 做特效设计了片头片尾,使微课更具现代性、更具吸引力。Adobe After Effects 简称"AE",是 Adobe 公司推出的一款图形视频处理软件,适用于从事设计和视频特技的机构,包括电视台、动画制作公司、个人后期制作工作室以及多媒体工作室等,属于专业后期软件。将录好的视频上传到视频网站,再将视频链接嵌入二维码即可。

三、汉字微课程设计

课标后附的《识字、写字教学基本字表》有 300 字,"这些字构型简单,重现率高,大多数能成为其他字的结构成分"。课标建议,要先认先写"字表"中的汉字,再逐步发展识字写字能力。基础为重,我们将这些基本字按照内在联系重新归类,组块深入。

我们立足校情、生情,将微课技术与课标"教学基本字表"深度融合,体现学生立场,遵循生活视野,注重故事表达,设计了四个章节,针对 45 个具有代表性的"基本汉字"进行研究和设计,从"汉字的秘密""小小书法家""汉字的趣闻""汉字游戏宫""汉字朋友圈""遨游汉字王国"等环节,从汉字起源、汉字书写、汉字趣闻、汉字运用多元评价、多角度、多层面进行汉字体系的构建,以培养兴趣、弘扬文化,进行以运用为目的进行汉字微课设计,形成系列汉字微课程。本课题研究成果是对国家教材的有效补充。"互联网十"时代,基础与创新融合,多角度、多层面形成的融知识性与趣味性为一体的汉字微课体系,可杜绝"轻设计、无系统"的现象,让微课程更有价值,探寻教与学的新途径,填补"基础汉字"微课教学的空白。

汉字微课程基于"三"项研究:立足"课标基本字",广泛查阅文史资料和相关论著,深入了解汉字起源、造字规律、演变过程、相关应用,追问细节,提出汉字的起源、汉字的故事、汉字的运用三项研究。

汉字微课程设计"三"项结合:关注儿童心理特点,创设丰富多彩的教学情境,结合学生熟知的语言因素,结合课标中《优秀诗文背诵推荐篇目》,结合学生的生活经验,把汉字放置于网状结构中,让孩子真正喜欢汉字和背后的传统文化。

每集微课6—8分钟,每一课均由一个基础汉字开始,进行识字及扩展,多元深入,最后实践运用。

按照教学设计制作汉字课程PPT及动画,运用EV录屏软件录制微课。将运用AE做特效设计好的片头片尾在EV录屏软件中与微课相连接。微课录制后,将录好的视频上传到视频网站,制作二维码。汉字系列微课程作为汉字校本课程的一部分在学生用书中出现,供教师教学、学生自主学习和家长指导之用。

三、汉字微课程的运用及思考

我们在汉字微课程开发实践中,立足"课标基本字",广泛查阅文史资料和相关论著,提出三"小"研究:基于"小现象",开发"小策略",积累"小故事"。课程运用微课技术,结合儿童心理特点,将汉字知识与学生熟知的语言因素作为主要材料,结合学生的生活经验,由"熊猫小博士"串联学习过程,为中低年级学生学习和教师教学量身打造。"二维码一扫,趣味汉字来",学习就此远离枯燥。

汉字课程融书本教学与汉字微课为一体,形成了"数说天下""日月星光""五光十色""方位迷宫"等4组系列微课,制作了100余节富有趣味的汉字微课。课程分别在一、二年级四个实验班进行实践研究、课程优化,共203位同学参与学习使用。教学实践运用中,课程深受授课教师、第一学段学生和学生家长的欢迎,有效地改变、丰富了教与学的方式。教师在课堂上有效充分利用、发挥微课形式新颖的优势,引领学习,提升学生的学习兴趣;学生在家里,可以利用微课进行自主学习、复习,许多学生说:"好像把老师带回家里一样,太有趣了!"家长反映孩子运用微课学习的热情高涨,学习有效。经调查统计,一学期来,微课程的观看达5700多次,在低年级掀起了一股学习汉字的热潮。

在微课程与"课标基本字"课程开发深度融合的实践研究中,我们认为微课的应用对象是学生而非教师,微课并非教师辅助教学的课件,在教学设计上要充分考虑以学生为主导开展自主学习和个性化学习的需要。基于单一知识点的孤立微课在教学应用中很难发挥其作用,只有为整门课程开发系列微课才能发挥其最大作用。本课题就是针对"无系统、碎片化"问题,对校本课程进行整门课程系统开发的微课,这样更具实用性和可操作性。

微课是一种深受学生欢迎的教学模式,我们应充分认识其优势,以学生自主学习为设计目的,通过网络交流与共享,在教学实践中逐步加以提高和完善,使其在教学中发挥更大的作用。

基于批判性思维培养的课程

基于批判性思维培养的小学高年级读写课程体系建构研究课程

一、背景及价值

批判性思维要求慎思明辨、基于证据得出结论或做出判断,是科学理念、理性精神的一种集中体现,属于高阶能力。哲学家罗蒂曾指出,学校应该为学生提供两种启蒙教育,一种是"文化扫盲",另一种是"批判能力扫盲"。

2015 年,联合国教科文组织发表的《2030 年教育:迈向全纳、公平、有质量的教育和全民终身学习》宣言中指出:"未来的教育,要发展批判性思维。"2016 年,北京师范大学受教育部委托发布《中国学生发展核心素养》,其目标是培养学生的创新精神和实践能力,明确把"批判质疑"作为 18 个核心素养之一。2022 年,新颁布的《义务教育语文课程标准》指出,思维能力是语文四大核心素养之一,总目标中指出,要培养学生"乐于探索,勤于思考,初步掌握比较、分析、概括、推理等思维方法,辩证地思考问题,有理有据、负责任地表达自己的观点,养成实事求是、崇尚真知的态度"。正如叶圣陶先生所倡导的"教知识不如教思维",教育的核心任务就是让学生学会如何思考。

反观我们的基础教育,学生思考"唯书、唯师、唯上",答案"标准化、唯一化、统一化"等异化现象仍普遍而严重,由此可见,批判性思维在基础教育中是非常"短缺"而又非常重要的。理论如此,但由于我国在批判性思维培养方面的研究和实践上还处于起步阶段,相关课程和教学实践不足,亟须真正"量体裁衣"的课程来支持和推进学生批判性思维的培养。

小学阶段,正是批判性思维培养的基础阶段,我们的学生需要批判性思维课程来改善思维方式,进行品质提升,把他们从思维惯性中解放出来,成为有辨别能力、独立意识、科学精神、理性思考的新时代公民。语文学科作为思维训练的重要基础科目,更需要立足国情,关注地域生情,通过"读、思、辨、写、拓"等环节,对思维异化现象进行矫正,开创性地研制开发适合有效的提升批判性思维能力的系列课程。

二、课程建构与内容

新课标提出建构六大学习任务群,其中"思辨性阅读与表达"任务群旨在引导不同学段学生在实践活动过程中,通过深度阅读、对比比较、搜寻资料、讨论质疑、推断思考等方式,梳理观点、事实与材料及其之间的内在关系,持有辩证态度与立场,辨别是非、美丑、善恶,养成勤学好问的习惯,保持好奇心与求知欲。负责任、有中心、有条理、重证据地表达,从而有效培养理性思维和独立精神。

本课程的架构基于语文课标理念,立足小学高年级学生思维特点,从建构主义课程角度出发,借鉴乔治·J.波斯纳在《课程分析》中的开发路径,结合阅读分析、现实议题和探究活动等内容设计课程内容。课程内容由自身认同逐步过渡到社会问题层面,思维支架由浅入深,螺旋上升,在对日常议题和一些综合性的探究主题的研究中,综合应用多学科的技能,通过思辨阅读、写作的方式,发展、提升学生面对复杂现实生活的批判性思维能力。

美国教育家内尔·诺丁斯在《批判性课程:学校应该教授哪些知识》中精选了十个社会话题作为教学内容,在这本书的启发之下,我们的课程团队创设了适宜的学习主题和学习情境,逐步摸索打磨出十个有中国特色和地域特点的批判性课程板块:自我认知、身份认同、与人沟通、自然世界、成长思考、挑战权威、网络之"度"、公德良知、寻找真相、生活之道。每一个板块都可以进行项目式研究学习,对板块核心问题进行比较、思辨,进而与写作关联,适时进行相关书目、电影推荐,学生乐于参与并自主学习,提升批判思维水平。具体内容如下:

小学高年级批判性思维读写课程(上)

单元	阅读材料	项目式学习	思辨问题	写作关联
一、自我认知	《百家姓》《中华姓氏》《家风》	小研究:绘制家谱、家族迁移经历	现代社会,传统家风要不要传承?	自我对话
二、身份认同	《北京的春节》《年味儿》《故乡》	深圳 vs 老家……传统文化 vs 现代文化	深圳是中国第一大移民城市,作为其中一位小成员,你怎么看这座城市?	传统节日的去留
三、与人沟通	《"精彩极了"和糟糕透了》《夏洛的网》	选书矛盾:"闲书"小调查	父母的意见和我们的想法不一致时,该怎么办?	都是"沟通"惹的祸
四、自然世界	《死去的鲸鱼》《鹿和狼的故事》《打扫森林》	"火眼金睛":违背自然规律的事情	有同学说:环保是世界大事,我们小学生力量太小,学习为重,保不保护环境无关紧要。作为小学生,你的观点呢?	记录"自然笔记"
五、成长思考	《金字塔建造之谜》《"精彩极了"和"糟糕透了"》	绘制童年快乐成长时间轴	失败是成功之母	"玩"也能玩出名堂?

小学高年级批判性思维读写课程(下)

单元	阅读材料	项目式学习	思辨问题	写作关联
六、挑战权威	《我最喜欢的老师》、8岁小学生指出课文《羿射九日》中的问题	古今少年那些事	历史学家是如何去探究真相?	吾爱吾师,吾更爱____
七、网络之"度"	《中关村二小霸凌事件》《台风"山竹"刮来的"风言风语"》	调查:每天上网、用手机的时间,上网、用手机的目的。	上网会玩物丧志/"玩"也能玩出名堂	我看"网络暴力键盘侠"
八、公德良知	《三清山巨蟒峰损毁案》《重庆公交坠江事件》	调查:大家讨厌的公共无德现象有哪些?	闯红灯是小事/闯红灯是大事	那一刻,我该如何选择
九、寻找真相	《马踏飞燕"马"的另一面》《竞选州长》	真相到底有几个?	"谣言"为什么能迷惑人?	我有"谣言粉碎机"
十、生活之道	《小狗钱钱》	填写"愿望清单"	辩论:小学生应该/不应该学习理财	"制定自己的理财规划"

三、课程实施与思考

乔治·J.波斯纳指出,如果想要开发一门课程,除了要回应相关"课程分析问题"之外,还要结合课程及学情选择特定的理论视角。我们所开发的课程在理论视角的选择上更加倾向于建构主义,它以学生的真实生活为基础,旨在通过生活中典型问题的研讨,帮助学生建构一套价值体系和思维方式。其间,引导学生学习搜集和选择信息的基本方法,关注信息的可靠性和权威性,学习区分原始资料与间接资料,学习运用文字、表格、思维导图等方式呈现成果,支持自己的思考和论说。

课程十个板块指向学生生活的方方面面,在研究中,我们让学生依据兴趣点组成探究合作小组,就某一个专题如深圳文化认同、自然环境之问等进行"基于问题的学习",开展持续一周或更长时间的学习与研究,促使学生像记者一样去收集查询资料,像侦探一样去探索、发现,像法官一样去梳理、思考,像科学家一样勇于实践。因为研究的是真实问题、现实问题,所以避免了纸上谈兵、缺乏兴趣和深度等问题;因为是团队合作活动,所以学生相互倾听、配合、讨论、总结,互相学习,相得益彰;因为是持续时间较长的研究,所以更有深度和广度。从案例到思维方法的获取,这样的课程和做法,受到学生及家长的广泛认同。

四、课程创新之处

本课程创新之处主要有三点。一是目前国内对于小学阶段批判性思维的课程研究尚在起步阶段,课程实践研究极为稀缺,本课程的开发研究对批判性思维课程的建设具有现实价值和推广借鉴意义。二是多学科联动。据研究分析,初高中的批判性思维课程多出现于语文、政治学科,本课题研究立足小学语文、数学、信息技术、自然科学等多学科联动,课程呈现出多彩、综合的特点,更凸显能力的综合运用和提升。三是课程设计及实施中,我们将运用国际上比较有效的批判性思维培养模式,"基于问题的学习",让学生组成研究合作小组,就某一个现实问题或者研究活动开展持续的研究和学习,从而培养思维,锻炼能力。

（本文发表于《教育教学研究》2022 年第 8 期）

基于思辨性阅读与表达任务群的
整本书阅读实践研究

一、国内外研究基础

(一)国外研究

思辨能力在英语中的对应词为"critical thinking skills"。思辨的讨论与研究可以追溯到 2500 年前佛教的教诲以及古希腊苏格拉底式的直接追问,用来判断权威的观点是否合理。

在现代教育领域,现代思维科学奠基人、美国教育家约翰·杜威,较早地提倡把思维能力作为学科教育的一个发展目标,并提出"反思性思维"这一说法。他于 1910 年在《我们如何思维》一书中详述了思维能力培养的重要价值和实施方法,这是思维教学从"幕后"走向"台前"的重要标志。杜威认为,只有能唤起学生思维的教学才是好教学,学校必须为学生提供能够引发思维挑战的情境。美国教育理论家艾斯纳也建议教师应在学生从事反思性的、理性的、旨在形成信念和做法的思维活动时,给予协助。

(二)国内研究

早在两千多年前的春秋战国时期,就有"学而不思则罔,思而不学则殆""慎思之、明辨之"的提法。"百家争鸣"中就充满着思辨精神。中国传统文化是儒道释相结合的,中国文化能够传承下来,就是思辨融合,再思辨融合的结果。

2016 年发布的《中国学生发展核心素养》明确把"批判质疑"作为 18 个核

心素养的基本要点之一。自此,批判性思维培养的研究在国内教育界开始受到重视和开展。新课标提出的核心素养的四个维度中,就包含"思维能力"维度,"思辨性阅读与表达"任务群是新课标"六大任务群"之一,是新课标的内容组织与呈现方式,凸显出教育的核心任务就是让学生学会如何思考。

"整本书阅读"源于叶圣陶先生在20世纪40年代提出的一个说法。随着基础教育语文课程改革的深入,"读整本书"已成为语文阅读及教学改革的重要一环。而在实际情况中,学生整本书阅读效果却不尽如人意。第一,在长时间碎片化、快速化阅读的影响下,许多学生难以静下心进行整本书的阅读,出现"读不进"的问题。第二,学生缺乏"深入阅读"的状态。读完一本书却道不清全文大意的学生不在少数,这是"读不懂"的问题。第三,许多老师只重视了学生阅读量的积累,却不知学生只停留于对文字的表层理解,忽视了质的要求,这是"读不深"的问题。

(三)研究意义

广东站在改革开放的前沿,深圳站在世界文明变革的前列,其教育最应感知世界的变化。教育要帮助教育对象学会掌握过去人类各种思维模式的全景格局和图谱,以适应变化的不确定性。更需要在讲究标准化答案、唯一性答案的中国教育体系里,积极推进思辨能力的培养。阅读是语文教学中的半壁江山,同时也是发展思维的基础。从单篇阅读到群文阅读再到整本书阅读,是一个需要思辨思维深度与广度不断提升的过程。整本书阅读体现出的深度思维、多元思维、整合思维,能有效推动学生由"浅阅读"走向"深度阅读"。本研究的整本书阅读主要指向小学中高学段"快乐读书吧"中推荐的整本书。

二、研究内容及路径

通过整本书和思辨性阅读与表达学习任务群的关联整合,有效地参与学生语文素养的建构。立足学情,拓宽拓深教师的教学思路,创新设计,以培养学生宏阔、较为深刻的思维方式。探究"读书为本,思辨为要,注重转化"的教学策略。在本研究中,教师需要提升自我,成为读写与思辨的教练,阅读与思想的引领者,这样才能培养学生有一双发现的眼睛,一颗思考的头脑,让"发现"与"思考"共生,促进理性的反思。构建、提供框架与路径,让读书理解走向理性与清明。还有转化性运用,将阅读所得转化为表达资源,也用于写作、说话、交际和各种语文实践活动中,让整本书的阅读上一个层次,有可感可见的效益。

三、实施原则及策略

通过对整本书和思辨性阅读与表达学习任务群进行关联融合,基于杜威实用主义教育思想体系的"从做中学"原则,运用现代国际上比较有效的批判思维培养模式——"基于问题的学习",立足小学中高年级学生的思维特点,在文本与学生的生命体验之间建立联系。

凸显整本书阅读的"整"。在开展阅读分析活动时,以思辨性阅读与表达为目标,让整本书阅读成为学生联系自我、体悟生命的一面镜子,成为阅读能力、思辨能力提升的一把梯子,引导他们在与整本书的对话中,建构自己的精神坐标系。

借助埃德加·戴尔的"经验之塔"理论引导,借助整本书阅读的工具——"读写互嵌型任务"实现读写结合,开放整个阅读写作的过程,让学生充分参与其间,获得鲜活的经验,逐步从直接经验走向抽象经验,从"浅阅读"走向"深度阅读"。

遵循美国著名语文学者 Gail E. Tompkins 提出的"读写结合教学原则",从文本阅读走向批判性理解,指向转化性运用,通过阅读与思考和写作的连接,梳理观点与事实,重证据、有条理、负责任地表达,从而更有效地培养学生的独立思考能力和理性思维品质。

儿童视角下的小学语文批判性阅读研究

——以神话《夸父追日》教学为例

教知识不如教思维,教育的核心任务就是让学生学会如何思考。"停一停""换一换""合理化",让学生从"不思考""在思考"变成"会思考""有品质地思考"和"批判思考",从而形成批判性思维的基本链条,让批判性思维培养真正走进课堂,走进儿童。本文以《夸父追日》为例,谈谈儿童视角下的小学语文批判性阅读教学。

缘起:课堂上的嘀咕

《夸父追日》是三年级下册的一篇神话故事。在我们惯常思维和教学中,向往光明、坚持不懈、勇于牺牲、无私奉献是对夸父的基本共识,本学期又上《夸父追日》,却遇到了问题。

课堂上,我提出"你们喜欢夸父吗?喜欢他什么?"后,学生们一个个正按照预期答案赞颂夸父时,突然耳边响起一声嘀咕:我不喜欢。追问再三,那个男生才吞吞吐吐地说:"这夸父不是在做傻事吗?他怎么能跑得过太阳呢。"他的话引得学生们哄堂大笑并议论纷纷,也引起了我对既有观点的重新思考和检视:面对孩子"另类"的理解,我该如何应对?如何利用呢?我心里也开始嘀咕起来。

很快,我的嘀咕有了答案:抓住这个难得的契机,尝试运用批判思维,带领学生走进分析论证。于是,课下我给学生留了一份特殊作业——找资料,说说你心中的夸父。看到他们眼睛里有光彩闪动,我知道这作业留对了。

批判:让思维更深一步

第二天的语文课上,我们就这个话题进行了讨论,学生的观点泾渭分明,展开了争论。学生在辩论,我在观察分析:三年级学生正在向抽象逻辑思维过渡,很多学生都有非黑即白的二元思维和明显的从众心理,而批判性思维就是对思维的再思考,这是学生们欠缺的,也是我们语文教学缺失的。

课标指出:"在理解课文的基础上,提倡多角度、有创意地阅读,利用阅读期待、阅读反思和批判等环节,拓展思维空间,提高阅读质量。"鉴于此,我在学生辩论的基础上,先后出示了两份观点不同的资料,带领学生进一步阅读思考。

资料1:肯定夸父

1.古文:"夸父与日逐走,入日;渴,欲得饮,饮于河、渭;河、渭不足,北饮大泽。未至,道渴而死。弃其杖,化为邓林。"   ——《山海经·海外北经》

2.古诗:夸父诞宏志,乃与日竞走。俱至虞渊下,似若无胜负。神力既殊妙,倾河焉足有!余迹寄邓林,功竟在身后。   ——陶渊明《读〈山海经〉》

3.成语:夸父追日:比喻有宏大的志向或巨大的力量和气魄。

资料2:质疑夸父

1.古文:"夸父不量力,欲追日影,逐之于隅谷之际。渴欲得饮,赴饮河、渭。河渭不足,将走北饮大泽。未至,道渴而死。弃其杖,尸膏肉所浸,生邓林。邓林弥广数千里焉。"——《列子·汤问》

"不量力"就是自不量力,是说夸父去追太阳,明明自己做不到的事情,还非要去做。

2.神话:盘古开天地、后羿射日、女娲补天都成功了,可夸父却失败了,他是个失败者,他的精神还值得赞颂吗?

3.歇后语:夸父追日——自不量力。

在认真阅读资料后,继续展开讨论,同时我又请学生做个"反转游戏",以同理心站在和自己观点相对的角度再进行一次辩论。就这样,学生的思考更具思辨性了:有继续坚持对夸父的肯定:不以成败论英雄,人要敢于梦想,敢于追求,即使不成功,也会给后人和读这个故事的人带来鼓舞。也有同意列子看法的,认为夸父自不量力,去做自己根本做不到的事。可喜的是,还有新的思想出现:我们要像夸父一样有梦想,敢于追求,但也要学会量力而行。思维质量明显较之前有了质的提高。

道理越辩越明,学生渐渐懂得:同一个故事,要允许有不同声音,不同观点,不同说法出现。这样,看待事物才更全面,故事也才让人回味无穷,我们的思维也会更加具有理性和独特性。

引导:回归本体理解神话

思辨过后,我继续出示资料,让学生在与各种资料对话的同时,回归神话本体,进一步了解神话存在的意义和价值。

资料 3:

1.起源说。据说夸父的族人原本是大神后土传下的子孙,住在遥远北方一座名叫"成都载天"的大山上。他们个个都是身材高大、力大无比的巨人,耳朵上挂着两条黄蛇,手中握着两条黄蛇。看样子很可怕,其实他们性情温顺善良,都为创造美好的生活而勤奋努力。

北方天气寒冷,冬季漫长,夏季虽暖但却很短,每天太阳从东方升起,山头的积雪还没有融化,又匆匆从西边落下去了。夸父的族人想,要是能把太阳追回来,让它永久高悬在成都载天的上空,不断地给大地光和热,那该多好啊!于是他们从本族中推选出一名英雄,追赶太阳,他的名字就叫"夸父"。

夸父被推选出来,心中十分高兴,他决心不辜负全族父老的希望,跟太阳赛跑,把它追回来,让寒冷的北方和南方一样温暖。于是他跨出大步,风驰电掣般朝西方追去,转眼就是几千几万里。他一直追到禹谷,也就是太阳落山的地方,那一轮又红又大的火球就展现在夸父的眼前,他是多么的激动、多么的兴奋,他想立刻伸出自己的一双巨臂,把太阳捉住带回去。可是他已经奔跑了一天了,火辣辣的太阳晒得他口渴难忍,他便俯下身去喝那黄河、渭河里的水。两条河的水顷刻间就喝干了,还是没有解渴,他就又向北方跑去,去喝北方大泽里的水,但他还没到达目的地,就在中途渴死了。

虽然夸父失败了,但他的这种精神、毅力一直被人们传为佳话,并且激励着许多有志之士不断进取。

2.科学说。夸父追日的目的真的能够达到吗?答案是否定的,原因就在于他违背了客观规律。大家知道,地球是太阳系中唯一有生命的行星,本身是不能发光的,必须借助于太阳的光和热来哺育其上的生命。地球被太阳照亮的半球,就是白天,背对太阳的一面就是黑夜,加上地球自西向东自转,这就使白天和黑夜不断更替,因此也就会看到太阳总是从东方升起,西边落下。夸父看到的太阳西行,实际上是地球自转的结果。

另外,地球在自转的同时,又在绕太阳公转,并且地轴和公转轨道之间存在着 66.5°的夹角。且北极总是指向北极星不变,这样就使太阳直射点只能在南、北纬 23.5°之间移动,结果使地球表面的太阳高度和昼夜长短出现差别。所以在地球表面,纬度越高,气温越低,也就是说北方要比江南寒冷。因此,即使夸父跑得再快,再力大无比,也无法改变这个事实。

3.神话说。《辞海》:神话是古代先民以世界起源、自然现象和社会生活的原始理解为基础,集体创造的部落故事。

人类的童年时期,处在丰富的新奇感中,万事万物都让当时的人类感到不可思议。他们没有办法解释的问题,就依靠天马行空的想象。

神话里的神,也就是大部分神话故事中的"英雄",他们大都具有超自然力量。人类有英雄崇拜的情结,神话就是这种崇拜情结的最直接体现。原始人面对大自然总是自感渺茫,面对各种不确定性总是缺乏安全感和归属感,因此将很多依赖心投射到英雄和神话中的"神"身上。

我引导学生思考:"三份资料,你读出了什么? 你眼中的神话是怎样的?以后你会怎样读神话?"通过比较分析,鼓励学生通过推理找到自己认为合理的答案。以此为基点,再一次走进文本,此时,事实、逻辑和情理基本达成一致了,学生对神话的学习和研究的热情也被进一步点燃。

这节课后,我总结摸索出了适合自己的语文思辨性阅读程式:第一步,遇到问题"停一停"嘀咕嘀咕,开始怀疑。第二步,看待问题"换一换"思维方式,"换一换"考虑角度。第三步,解决问题力求"合理化",将各种观点进行解构重构、对比改良和完善,最后形成自己的观点、自己的方法和自己的解决方案。

运用:程式形成思维链条

在三年级另一篇神话故事《盘古开天地》中,我运用这种解读文本的方式,在教学设计中着意设计了这样一个板块:比较故事,发展思维。

1.遇到问题"停一停"。

师:同学们,今天我们学习了远古神话《盘古开天地》,联系现在,你会想到什么问题?

生:宇宙是怎么形成的? 世间万物是怎么来的? 神话里讲的,真有可能发生吗?

师:你的小脑瓜里思考的这些问题,世界上许多民族的老祖先也思考过,我们一起读一读。

中国神话:天地浑沌如鸡子,盘古生其中。万八千岁,天地开辟,阳清为天,阴浊为地。盘古在其中,一日九变,神于天,圣于地。天日高一丈,地日厚一丈,盘古日长一丈,如此万八千岁。天数极高,地数极深,盘古极长……

埃及神话:很久很久之前,世界上什么都没有,只是一片茫茫的瀛海,叫努恩。他后来生下了太阳神拉。太阳神拉起初是一枚发光的蛋,浮在水面上,太阳神拉打破蛋壳,创造了天地,创造了众神,创造了人类,最后自己化身为世界万物。

伊朗神话:很久很久以前,神阿胡拉·马兹达用质地为金刚石的闪光金属创造了光辉夺目的宇宙,那是一个卵形物体,像一个巨大的鸟蛋,大地相当于蛋黄,天空相当于蛋壳。宇宙之上是无垠的光海,他将所有创造物置于天空之中。在这个无限广大的卵形宇宙之中,万物孕育了三千年。

印度神话:很久很久以前,一个金黄色的蛋从水面冒出,漂流了很久很久,最后,从蛋中生出了万物的始祖——大梵天。这位创造之神将蛋壳一分为二,上半部成了苍天,下半部变为大地。为使天地分开,大梵天又在它们之间安排了空间,这位始祖开辟了大陆,确定了东南西北的方向,奠定了年月日的概念,宇宙就这么形成了。

2.看待问题"换一换"。

师:读了这些神话,你们有发现吗?(适度讲解"宇宙卵""英雄创世""垂

死生化"等神话母题)

有问题吗? 抛出批判性话题:我们现代人都相信科学,还有必要去读神话故事吗?

学生独立思考,小组讨论后,学生纷纷表示:现代人还要读神话,因为神话神奇有趣,神话让我们了解祖先,神话告诉我们是从哪里来的……

3.解决问题寻求"合理化"。

师:(在讨论的基础上,继续抛出批判性话题)你觉得神话和科学很远吗?连线:

远古神话	现代科学
盘古开天地	小行星撞地球
女娲补天	卫星雷达
嫦娥奔月	宇宙大爆炸
千里眼顺风耳	人类登月
……	……

师:你发现了什么? 你还能联想到什么? 谈谈你的看法。

生:本想着远古神话和现代科学离得很远很远,原来里面有这么多惊人的巧合,让人觉得好神奇。

师:有意思的神话,还有许多秘密等你发现,还有许多问题没有解决,我们也来做个神话小研究吧,和小伙伴一起写出属于自己的答案。

神话小研究:世界是怎么来的?

各国神话	共同点	不同点	我的发现和推论	我提出的问题
中国				
古埃及				
伊朗				
印度				
我找到的其他神话				

从本课教学案例来看,我们有理由说,在信息社会背景下,在小学阶段引入批判性思维不是太早了,而是适时而为、应有之举。

(本文发表于《教育》2018年第43期)

批判性思维培养课程教学案例:开学第一课

　　同学们,每次新学年9月,我们都会收看央视的"开学第一课",今天老师想和你们一起上一节特别的"开学第一课",希望你能认真阅读,独立思考,学习做一个具有批判性思维的人。

　　两千多年前,《中庸》中就讲:"博学之,审问之,慎思之,明辨之,笃行之。"告诉我们会提问、善思考的重要性。中国科学院院士、赛克勒国际生物物理学奖得主、西湖大学校长施一公送给大家八个字——"独立思考、尊重科学"。

　　批判,是根据事实进行符合逻辑的评判。批判性思维能力,被国际社会认为是21世纪人才必备的核心素养。这节课,请运用整理分析、表达观点、同理心互换等方式来走近它。

【思维图书馆】

材料一

　　李子柒,"现象级"网红。这位美食博主,以中国传统美食文化为主线,用时间跨度极大的镜头记录了春耕夏种、秋收冬藏、三时三餐、四季流转的农家生活,创造了一幅田园牧歌的美好画卷。令人惊叹的是,她的视频在Youtube上备受追捧,收获735万粉丝,影响力堪比CNN,无数外国粉丝留言"她让我爱上中国文化""求英文字幕跟进"。

（引自《北京日报》,2019年12月11日）

材料二

　　毋庸置疑,李子柒的作品具有浓浓的中国风,成功塑造了一种诗意的山居生活情境,这种生活方式很容易引起各国网友的共鸣。

【甲】李子柒只是一个普通的农村女孩,事实上,她是抓住了短视频发展历史机遇的一个创业者,用自己的勤奋和纤巧展示山村生活的美好部分,以期获得观众的认可和关注。

【乙】李子柒的作品记录的是一个普通中国人的日常生活,但却恰恰展现了中华传统文化中的人文精神,而这正是中华文化与世界文明对话的重要价值共识。

【丙】当然,从结果上看,李子柒的作品很好地传递出精致的、文明的、可亲的、具有烟火气和人情味的中国形象,这是一个全媒体时代传承与传播中华文化的生动案例。中华传统文化博大精深,其内在的价值理念也具有很多方面,我们要取其精华,去其糟粕,继承和发展其中符合社会进步和人的发展需要的价值理念。

(引自《经济日报》,2019年12月10日)

材料三

那些认为李子柒不算文化输出的观点中,还有一种非常普遍的说法,即李子柒把中国落后的一面展示给了外国人,"中国人不是这样生活",李子柒这样做其实是中国人的罪人。

李子柒用唯美的风格讲述乡村故事,她的拍摄讲究商业技巧,但这只是提升了消费体验,她所讲述的那些故事,其"剧本"来自真实的乡村生活,这才是很多人喜欢她的一个主要原因。澄清争议,走出误区,李子柒呈现给国外网友的东西,这种小而美的中国故事所获得的共鸣,相信会激励更多的李子柒,因为这是文化输出,而且是我们所需要的文化输出。

(引自新媒网,2019年12月7日)

【思维可视化】

同学们,想培养批判性思维吗?

1.读一读,理一理。

材料一二三中,都是网友围绕李子柒现象在表达自己的看法,但大家观点不同,甚至针锋相对,请你结合材料内容,梳理下网友们的不同观点,填写表格。

2.想一想,议一议。

你赞同哪种观点?请结合材料和自己的理解,填写表格,和小伙伴谈谈你们各自的看法和理由。

3.换一换,提一提。

和刚才看法不同的同学来个观点互换,从另一种角度思考这个问题,看看你又有哪些新的想法、新的问题。

【思维编辑部】

我不想/想成为这样的人。

提示语:2021年五四青年节,某网站搜集了全国955名初中生的自白"我不想成为这样的人"。其中一个孩子这样说:"我不想做一个拿着锯子的人,随时随地把人群锯成两半,这一半是女人,那一半是男人;这一半是盟友,那一半是对手;对手赞同的,我们必须反对;对手反对的,我们必须赞同,不论对错只争输赢……"请结合本课的学习,从"我不想/想成为这样的人"两方面,来写一写自己的思考吧。

【思维小讲堂】

请在小组内互相交流"我不想/想成为这样的人",然后思考,再修改,把填写的内容,变成诗歌的形式,就成为你写给自己的小诗了。

【思维延伸操】

请选择下面一项你感兴趣的作业,认真完成它。

1.查询资料。

美国小学生第一课,需要背诵誓词:"我保证使用我的批评才能,我保证发展我的独立思想,我保证接受教育,从而使自己能够自做判断……"读一读,想一想,你在学习生活中,有没有"独立思考,做出判断"的故事呢?

2.阅读实践。

上网查询"开学第一课"演讲。

思考:如果请你在班级进行主题演讲,你会如何表达呢?

批判性思维视域下"'闲书'小调查"项目式学习的提出与实践研究

一、问题的提出

新课标对项目式学习有这样的指引：学生"能主动提出学习和生活中感兴趣的问题，共同讨论，选出研究主题，制定简单的研究计划"。多层面获取有关资料，"讨论分析问题，独立或合作写出简单的研究报告"。

"小学中高年级'闲书'小调查"就是基于真实问题开展的一项学生项目式学习案例。

在班级"读书郎"活动中，四2班同学经常因为读什么书的问题和家长看法不同，进而升级"矛盾"。家长困惑：为什么我们推荐的好书，孩子不乐意读，反而喜欢读一些我们成人看来毫无意义的书籍呢？孩子吐槽：爸爸妈妈非让我读他们推荐的书，为什么不能让我读自己想读的书呢？这个问题引起了笔者的注意，通过调查发现，各年级都存在这个问题，中高年级尤其明显。

为此，笔者指导学生申报了深圳市中小学生小课题，开始进行"小学生中高年级'闲书'阅读情况小调查"的项目研究。

本项目涉及语文、数学、信息技术、历史、心理等多门学科。

二、问题的定位

美国巴克研究所就项目式学习的设计提出了"6A法则"：真实性（Authenticity）、学术严谨性（Academic Rigor）、学以致用（Applied Learning）、积极的探索（Active Exploration）、与成年人的联系（Adult Connection）、评价的实际应用

(Assessment Practice)。在课程标准及"6A法则"的指导下,我们共同拟定了对项目的定位。

【项目主题】小学生中高年级"闲书"阅读情况小调查。

【驱动问题】为什么父母和孩子对"闲书"的态度不同。

【学习目标】1.调查研究:通过调查大家眼中的"闲书"是什么,探寻不同态度的原因。2.写作能力:通过讨论分析同学们为什么喜欢读"闲书"、喜欢读什么"闲书"? 写出简单的研究报告。3.思维能力:同理心指导下,学习如何与父母沟通,辩证地看待"闲书"。

【项目作品】相关小论文;倡议书;各年级"闲书"推荐等。

【项目评价】1.过程性评价:学生作为主要研究者,从项目的设定到活动策划、活动过程等环节,都有相关的评价标准、评价指导等后续活动。2.多元性评价:活动过程中,学生、家长、老师之间互动评价。

【项目管理】该项目研究一个学期左右,学生课题研究团队共10人,分别来自三、四、五、六年级对这个课题感兴趣的同学,根据年级及能力特长,分为资料查询组、调查问卷组、访谈分析组,还特别邀请了相关老师和专家指导。

三、实施过程

(一)研究思路

发现问题—调查问卷、查阅资料—分析研究—深入调查访谈—得出结论—推广运用—拓展研究

(二)过程分析

1.问卷调查研究。

研究团队从三、四、五、六年级各班随机选出131位学生及家长参加问卷调查,通过分析研究发现以下内容。

(1)学生方面:被调查的131位同学中,122位同学认为"闲书"是课外书,能带给自己快乐和收获,非常喜欢读"闲书",占调查人数93.1%。有9位同学认为"闲书"就是除了课本外,那些不能提升学习成绩的课外书,不喜欢读,

占调查人数的6.9%。

课题组综合调查研究,认为同学们眼中的"闲书",是课本之外,那些看上去与学习考试关系不大,但是能激发我们阅读兴趣的课外书,当然决不包括那些低级、暴力、坑害青少年健康成长的书。在学生眼中,"闲书"往往会让人觉得别有趣味,比教科书或家长推荐的传统意义上的"好书"更吸引人。

(2)家长方面:131位家长中,有93位眼中的"闲书",就是读了既不能提升成绩,又浪费时间的书,不支持孩子阅读,占调查人数的71%。29位支持孩子读"闲书",占调查人数的22.1%。他们认为"闲书"主要指课外孩子喜欢阅读的书,虽与学习、考试没有直接关系,但读了对学生开阔视野、增长知识还是有一定好处,但更希望孩子读大人推荐的书目。

(3)学生喜欢阅读的"闲书":三年级的学生单纯美好,都很爱看童话集,其次是漫画。而四年级的学生喜欢的大多是漫画和校园小说。五年级和六年级大多数学生喜欢动物小说和传奇类的书籍,也爱翻看有意味的漫画。高年级的学生成熟了许多,思维能力提升了不少,所以对书籍的要求更高了,更爱阅读成熟书籍了。

在调查表中"喜欢读的'闲书'"都出现漫画,学生都觉得读起来很轻松愉快,但许多家长都反对阅读,说漫画书籍没有营养。所以这类"闲书"读物家长和学生争论最大。

2.资料研究。

课题组搜集整理了关于"闲书"的资料,结合项目研究撰写了小论文:

"闲书"要不要读,听听先贤怎么说

古人认为"闲书"也叫"间书",旧时常指经史典籍以外的笔记、小说等。王建的《江楼对雨寄杜书记》:"竹烟花雨细相和,看着闲书睡更多。"《儿女英雄传》第三十八回:"凡是眼睛里向来不曾经过的东西,都搬出来放在手下当作闲书随时流览。"先人认为,"闲书"是可以令人放松、养心的书。

中国著名作家梁晓声就是看闲书长大的,有一次,梁晓声跑到他母亲工作的地方要钱买《青年近卫军》这本书。一位母亲上前劝阻:"大姐,你供他吃,供他穿,还供他看闲书啊!"但梁晓声的母亲却说:"我挺高兴他看书的。"文化巨匠鲁迅小时候在三味书屋也偷偷看了《山海经》等很多"闲书",过年"总喜欢用压岁钱买画册",从此播种了热爱读书的种子。著名文学家茅盾上小学时就偷偷看"闲书",父亲发现后,不仅没有批评,反而对他说:"看看闲书

也未尝不可,但不能只看插图,一定要把'文理看通',这样语文才会有长进。"不仅如此,父亲还把家里珍藏的好多闲书拿出来给茅盾看。

问卷中,许多家长排斥漫画、动物小说等这些所谓的"无学习意义"的书籍,但据著名阅读教育理论研究者斯蒂芬·克拉说:"轻松的阅读可以是发展较高阅读能力的阶梯,它既能提供阅读动机,又能培养阅读较深读物所需的语言能力。并且大量调查数据证明,阅读漫画等轻松读物不但不会产生消极影响,而且有助于阅读兴趣的养成和语言能力的提高。"

众多资料显示,爱读"闲书"的名人名家举不胜举,通过他们的成长历程,我们可以确定,读"闲书"对学生的成长是有益的。

3. 思维提升。

进入这一阶段,研究团队又向 60 位家长进行了第二轮调查问卷和现场访谈,他们主要来自反对读"闲书",和要求读他们推荐的"闲书"的人群。在问卷中,学生在老师的指导下,精心设计了三个问题,让他们换位思考,用同理心来思考、回答:

您认为孩子为什么喜欢读这样的"闲书"?	
你和孩子一样大的时候,爱读哪些书?	
您如果是孩子,会喜欢读这些书吗? 为什么?	

"思路变了,结果也会发生变化。"研究团队发现,原来那些不支持学生读闲书的家长纷纷"倒戈",开始尝试理解支持孩子。学生习得了一个很重要的研究方法,即运用"同理心",站在对方的年龄、兴趣、立场去考虑问题,态度会发生很大变化。家长们逐渐有了一个共识:一个人的精神发育史就是其阅读史。美国图书馆学教师苏珊·罗森韦格有一句名言:"如果您想要孩子完全按照您的计划阅读,那注定不会长久。"阅读是要符合阅读心理的,所以家长、老师们不能将孩子的阅读计划盯得太死。因为每个孩子的天赋不同,对事物感兴趣的时间也不同,所以完全没必要按照别人家孩子的项目、节奏来规划自家孩子的阅读内容,"闲书"不可不读。

批判性思维视域下"'闲书'小调查"项目式学习的研究成果与思考

一、梳理研究过程

研究过程如表1所示。

表1　研究过程

阶段	项目学习活动	活动方式	负责小组
第一阶段	调查问卷	1.家长问卷:"闲书"是什么? 为什么反对读"闲书"?	调查问卷组
		2.同学问卷:"闲书"是什么? "闲书"受欢迎的原因。	调查问卷组
第二阶段	分析研究	1.学生和家长眼中"闲书"的不同,查找资料,研究"闲书"的古今意义。	资料查询组
		2.在老师的指导下,分组分析数据,写出发现。	调查问卷组
第三阶段	思维提升	1.基于同理心、批判性思维寻找解决问题的办法。	访谈分析组
		2.结合同学、教师、家长意见共同进行"闲书"推荐。	小组合作
		3.在老师的指导下撰写调查报告,对学校、班级读书活动提出建议。	小组合作

二、研究成果与思考

课题组学生综合课题的调查研究成果,发表了"闲"书不"闲"的倡议书。

"闲"书不"闲"

——"小学生中高年级'闲书'阅读情况小调查"项目研究组

"读万卷书,行万里路""读书破万卷,下笔如有神"这些千古流传赞美读书的名言,告知我们读书的重要,但是我想问:难道读书就是"啃"课本吗? 当然不是,所以我们课题组向大家发出倡议——闲时读"闲"书,"闲"书一点儿也不"闲"。

忙碌的家长们,倡导您在"闲"书阅读中做到以下几点:

1. 不管"闲"事,适合最好:把选书权交还给孩子吧!"读什么书"最有发言权的是孩子自己,请家长不要管这个闲事,尊重孩子们的自主选择,相信我们会结合自己的兴趣与年龄选择适合我们的、我们期待阅读的书籍。

2. 不说"闲"话,多向理解:适度引导孩子们的阅读方向,购买正版书。但是在一些书籍的理解和记忆上,不要经常考问我们,让我们觉得读书好累。再说,我读的书,您都没看,怎么好好沟通呢? 这些您都不懂的"闲"话,就不要考我们了,我们有我们的理解和领悟,我们有我们自己的思维和吸收方式。

3. 多腾"闲"地,创造氛围:好多家长希望家里整洁,规定东西该放在哪里就是哪里,没错,但是没有人规定书一定放在书柜里吧? 希望您多腾出些曾经放美妆、游戏机等的空闲之地,让我们的"闲"书出现在沙发上、床头前、茶几上、餐桌上甚至洗手间……

4. 抽出"闲"时,陪伴阅读:培养我们的阅读兴趣,家长"身教"更为重要,您要是喜欢阅读、经常阅读,我们也会效仿您的。我们也更喜欢和您讨论交流,只要是平等的,尊重的。

敬爱的老师们,倡导您在"闲"书阅读中做到以下几点:

1. 放下点分数,讲些"闲"言:在您不断教授课堂知识之外,请您也多给我们分享一些有关这些书本知识背后的故事、知识,推荐给我们相关的"闲书",让我们知其然而更知其所以然。

2. 放下点作业,创造"闲"时:请您少留点"刷题"类的作业,把业余时间多多留给我们,给我们更多的空闲时间,阅读"闲"书,我们相信,这样能帮助我们更好地吸收运用。

美丽的学校,可不能"闲"下来,倡导组织很多"适合"的活动:

1. 不停"闲"地宣传:在适合的地方,比如在 LED 大屏上推介适合阅读的书籍名称,把各个年级的阅读书单展示出来,引导学生的"闲"书选择。

2.邀约"闲"人:邀请学生喜欢的作家进校园,通过分享交流会或者讲座,让学生们对"闲"书的源头和创作有深入的理解,从而越来越喜欢阅读。

3."闲"书不"闲"漂流活动:在全校、同一年级开展"闲"书交换活动,个人手里的一本"闲"书漂流过每一个学生的手,共享"闲"书资源,让"闲"书漂流起来。

4."闲"书接力代代传:高年级阅读过的,漂流过的书籍,交给下一年级的同学们。

我们本性喜欢翱翔,更喜欢自由地翱翔,在书籍的海洋里也一样,在此倡导学校、老师、家长给我们自由的空间,打造一个有"闲"书氛围的大书柜,我们会在其中"探索奥秘",从而打造属于自己的小书柜,相信我们会慢慢填满它!

通过此项项目研究,学生们都希望将研究成果推广,让更多的同学、老师、爸爸妈妈知道读"闲书"的意义所在,让更多的班级开始"闲书"研究活动。同时,他们还发现更多"闲书"的研究方向,比如同一学段,男女生读的"闲书"有什么不同等可研究的问题。

下篇

育人『三味』

把理想种出来

——班队建设创新的进阶策略

第一编

把理想"种"出来

——班级文化建设进阶策略探究

儿童是脚,教育是鞋。教育是为了儿童更好地成长,儿童的立场就是教育的立场。班级是少年儿童成长的家园和沃土,如何在班级建设中真正发现儿童、发展儿童是班主任关注的问题,"乐活"班级的建设和进阶是创建优秀班级的新载体。

一、定位:种下一棵班级文化"成长树"

"乐活"班级是深圳市南湾学校五2班的名称。师生取"乐活"之名基于两方面。一方面是关注"时代大背景":乐活是全球正在兴起的一种健康绿色、可持续有活力的生活方式,"乐活族"乐观包容、爱自我、爱家人、爱生活、爱地球。另一方面是立足"教育小环境",教育就是生活,生活就是教育。教育的目标和责任就是让学生身心健康、快乐生活、积极向上,具有发展性。它就像一棵树,一棵向上生长,向下扎根的有生命的树。

在文化建设中,我们对这棵"树"的成长规划愈来愈清晰,它的根基"两点一向"——"两点"是它扎根于《中小学生守则》和南湾学校的"和乐文化";"一向"是它的目标指向——"中国学生发展核心素养"。它的树干呈现"三体两美":三根主枝分别为"生活共同体""学习共同体""实践共同体",内涵指向核心素养的沟通、合作和创新;"各美其美,美美与共"是班级文化成长的目标理想。

图1 "乐活"成长树

二、定向:"成长树"的成长进阶模式

前苏联教育家瓦·阿·苏霍姆林斯基认为,想要收到预期的教育效果,必须创造一个好的育人环境。班级文化建设就是育人环境的重要组成部分。一个具有特色的班级文化应该是儿童主导的文化,是润泽生命成长的文化,是"硬文化"和"软文化"共同融合提升的结合体。

"三阶四步"进阶策略是基于"乐活"班级成长树的文化基础生成的,它以"提升班级文化建设亮点""打造家校共育平台""构建班级特色课程体系"三个维度四步进阶的创新,是"硬文化"和"软文化"相互促进的结合体,旨在努力达成"友爱、乐观、包容、思辨"的个人成长目标。见图2。

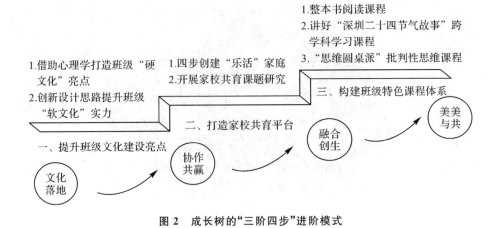

图2 成长树的"三阶四步"进阶模式

三、定法："三阶四步"进阶策略

(一)文化落地：提升班级文化建设亮点

1.借助心理学打造班级"硬文化"亮点。

"入室即静，入座即学"是班级公约之一，如何让学生进入教室就有舒适安静的氛围，需要借助色彩心理学来营建。色彩是最有表现力的视觉要素，低饱和度色彩给人安静、理性的感觉，更适合创造和谐、放松和舒适的学习空间，让学生学习更为投入专心。因此，教室内的班级公约、班主任寄语、中队园地、读书角、字画格言等显性文化，我们均以低饱和度的静谧蓝为主色调呈现，然后选择高饱和度色彩进行点缀，营造一个低饱和度、色彩丰富的环境。如在静谧蓝的"小小读书郎"书柜旁边，放置了鹅黄色、朱红色的靠背坐垫；在班级公约、中队园地中，点缀钴蓝色的主题词、琥珀红的图案配饰，既温馨又醒目，凸显中队文化建设中的审美元素，让学生在潜移默化中受到引导。

2.创新设计思路提升班级"软文化"实力。

在做好"硬文化"建设的同时，还需要富有创造性地提升"软文化"。"软文化"是一种隐性文化，是班级创造力、创新性的最佳体现。"乐活"班级在班徽设计、"班级故事"等精神文化创新活动中进一步凝聚了力量，提升了品质。

图 3　"乐活"班级班徽

班徽是集体的智慧和创新,也是整个班级精气神的提炼和展示。"乐活"班级的徽章设计以班级名称、发展目标、集体特点为基础,开展由学生和亲子家庭共同参与的设计大赛,经过层层选拔、多方投票等环节,把决赛获胜的两位队员的设计亮点进行融合优化,最终确定了主题为"乐活班级　宝藏少年"的设计(见图 3)。

蓝色是班级文化建设的主色调,同时也契合南湾学校的发展内涵。内外两圈的回文图、海浪纹彰显着对中华优秀传统文化的传承。书页中的年份记载入学时间,两个欢悦的儿童用不同蓝色代表男女生,共同举起红色星星火炬,奔向七彩未来。班徽设计获评校园"班徽设计十佳奖",体现着集体智慧和荣耀,深受学生们的喜欢和认可。在校运动会、毕业系列活动中,班徽成为"出镜率"最高的精神物象,成为"乐活"中队的象征和标志,留存在每个队员心中。

杜威认为教师越少意识到自己在施教,学生越少意识到自己在受教育,教育效果就越好。记录"班级故事"就是春风化雨、润物无声的教育,是提升"软文化"的创新之举。

"乐活班级故事"的载体是由学生设计封面,由学生、班主任、家长共同记录撰写的"一本书"。"班级故事"记录的是发生在班级生活中真实、鲜活、有意义的故事,有"好人好事""活动记录""反思成长""趣事趣闻"等板块。根据撰写者表达风格不同,文本记录形式不限,可以是叙事性文本,可以是日记、诗歌、小小说等体式。为增加可读性,我们还鼓励图文并茂,绘制连环画、附上照片等,这样记录和阅读意趣两得。

"乐活班级故事"每周由班长根据分组情况邀请同学或家长流动记录,周五交由班主任进行总评回顾。班会时由"故事亲历人"进行讲述,"学生评审团"进行点评。"班级故事"记录了学生及班级的点滴成长经历,因为展现的是真人真事,且图文相映、讲评结合,是最受队员欢迎的内容之一,也是学生进行自主教育的一种创新方式,富有趣味性、教育性。

(二)协作共赢:打造家校共育平台

依据生态系统理论和系统思维方式,要想让班级真正成为儿童成长的沃土,家校要协同共建,为儿童提供正确的引导,营造良性的成长环境,使班级建设目标内化为师生、家校共同的愿景和追求,实现整体育人教育格局的最优态。

1.四步创建"乐活"家庭。

2021年颁布的《中华人民共和国家庭教育促进法》明确指出家庭和父母在儿童成长中肩负的职责和主体责任。为促进家校共育的积极效果,"乐活"班级将"乐活"的"乐观包容、爱自我、爱家人、爱生活"理念推广至每个家庭,通过"摸清底""做镜子""蹲下来""评一评"四步争创"乐活"家庭。

"摸清底"就是通过家长会、家访、调查问卷等方法切实摸清学生的"底"在哪儿,家庭教育的"底"在哪儿,然后有针对性地建立沟通模式,通过个体家访、分层家访、阶段性家访和持续性家访等不同方案,让《中华人民共和国家庭教育促进法》和"乐活"家庭的理念真正落地。"做镜子"是指提醒家长遵循知行合一教育规律,在孩子面前知道、说到、做到一致,以身作则,让家庭教育产生"镜子效应",映照、引领、陪伴儿童共同成长。"蹲下来"就是要把孩子当作孩子,尊重个体差异,善用"三明治法则"——先肯定表扬某些方面,然后对事不对人指出问题,共同商议解决办法,提出期待,来解决孩子成长中的各种问题。"评一评"作为评价步骤,在过程中对照,在结果中对标,进一步完善"乐活"家庭的建设和评价提升,为"乐活"家庭建设注入"幸福因子"。

2.开展家校共育课题研究。

在班级建设过程中,经常会碰到各种各样的棘手问题,班主任在中队活动中不但要做管理者,还需要做思考者和研究者。把问题转化为课题,让师生、家校共同走进课题进行研究不失为一个好的解决方法。

在班级开展整本书阅读课程活动中,有同学因为读书的问题经常和家长意见不同闹矛盾,经过调查访谈发现这只是冰山一角,班级中孩子和家长选书的差异很大,学生有属于自己年龄段的读书圈子,但许多家长不赞同孩子读"闲书",所以矛盾丛生。借着这个问题,我们班级就以"小学生中高年级'闲书'阅读情况小调查"为研究内容申报立项了市中小学生研究小课题,以队员为主体,以辅导员为主导,邀请家长参与,开展了为时两年的研究。通过调查问卷、网络查询、家长座谈、亲子同理心换位、专家助力等方式,最终为"闲书"除弊、正名,推出了由学生、老师、家长三方共同推荐的"闲书"阅读书目,让阅读目的更长远清晰,也让亲子关系、家校协作更加亲密融洽。

2020年中共中央、国务院出台《关于全面加强新时代大中小学劳动教育的意见》,进一步明确中小学要推动建立以家庭为基础、学校为主导、社区为依托的协同机制。如何将有意义的事情做得有意思,是一个有意义的课题。我们立足"乐活"动感中队开展的"讲好深圳二十四节气故事"课程,进行了"节气＋劳动"的融合课题研究,设计开发了"跟着节气,爱上劳动"系列课程。

表1 "跟着节气,爱上劳动"系列课程

节气	中队课程	课程主题	研究成果	评价方式
雨水	制作量雨器	制作量雨器;测量记录深圳雨水节气的降水情况;感悟珍爱生命之水。	视频:录制制作与测量视频,发布在中队公众号、视频号。	1.按照课程主题要求完成劳动内容。2.记录完成过程中的自我思考、解决问题的办法和成果的创新程度。3.劳动成果的展示方式及效果。4.同学、家长、老师等多维度评价。5.综合确定评价等级,评选"劳动小能手"。
清明	校园放纸鸢	家庭制作风筝、放飞风筝能手赛。	图片集:制作、放飞风筝图。	
立夏	魔法蛋创新赛	立夏绘制魔法蛋;立夏斗蛋比赛。	习作集:《立夏,拥有魔法蛋》。	
夏至	万水千山"粽"是情	和家人一起制作家乡风味的粽子。	视频集:各地粽子"荟"。	
秋分	深圳秋收早	到校园农场、校外农田收割水稻,采摘水果。	中队会:劳动成果展示会。	
冬至	饺子的节日	与家人同去菜场购买原料,制作有特色(口味、外形)的饺子。	饺子网上聚会:利用制作视频、图片进行介绍。	

课程从学生感兴趣的"新鲜事""小活动"入手,通过家校共同参与,创建"学校＋家庭＋社区"的劳动实践平台,充分发挥劳动教育"做中学"的价值,让孩子们在传承节气文化的同时提升了劳动素养,在"沉浸式"劳动中获得快乐和滋养。

(三)融合创生:构建班级特色课程体系

1."红色之旅"整本书阅读课程。

教育必须"致良知",立德育心、培根铸魂。"红色之旅"整本书阅读课程紧紧围绕习近平总书记对少年儿童提出的"从小学习做人、从小学习立志、从小学习创造"的嘱托和希望,以义务教育语文新课标"整本书阅读群"推荐的红色书目设计课程,在五、六年级分时段进行《可爱的中国》《小英雄雨来》《雷锋的故事》《闪闪的红星》《小兵张嘎》的"红色之旅"整本书阅读。通过采用校内和家庭、个人和集体、教师指导与学生自主阅读相结合的方式,借助多媒体讲述、师生共读、亲子阅读、"讲好红色故事"会、"小英雄"戏剧节、"播下精神的种子"交流会等多种形式打造多维度读书共同体,让学生在阅读中受到精神引领,"扣好人生第一粒扣子"。

2.讲好"深圳二十四节气故事"跨学科学习课程。

自由和探索是儿童的天性,他们是世界的发现者。讲好"深圳二十四节气故事"课程,就是立足深圳儿童发现和探索的视角,将传统文化和现代教育与技术巧妙融合,充分挖掘中华优秀传统文化二十四节气的育人价值,统整多维度、多层面的资源,促成多学科、生活化、活动化、信息化的深度融合,形成"记录深圳节气之美"系列跨学科探究课程,开展"挖掘节气传统文化""发现深圳特色文化""探究节气背后的秘密""寻找深圳神奇物种""绘写深圳自然笔记"等"节气+"活动,培育学生"在地关怀"理念,设计形式多样的德育活动,充分发挥中队公众号、微信平台、视频号等网络优势进行宣传辐射,使课程更具文化味、时代性、创新性,从而达到启智增慧的德育效能。

3."思维圆桌派"批判性思维课程。

在物质丰裕的数字时代,全球化背景让多元价值观发生猛烈碰撞,儿童的价值观教育面临前所未有的挑战。新时代的社会主义核心价值观需要进一步清晰定位,德育工作必须要与时俱进,面向未来。批判性思维能力,被国际社会认为是21世纪人才必备的核心素养。在德育工作中引入批判性思维培养是时代所需。"思维圆桌派"批判性思维课程作为"乐活"动感中队的特色课程,立足于小学高年级学生的思维特点,重点对日常议题和一些综合性的探究主题进行研究,主题从认识自我到与人相处沟通,从学校生活走向社会议题,从认识生命到死亡教育等;内容从表面现象到反思重建,通过思辨阅读、交流和写作的方式,引导学生面对各种信息学习澄清、辨别和选择,发展应对复杂现实生活的能力和批判性思维能力,在思维的进阶成长中,提升道德认知、判断能力,使学生成为数字化时代负责任的阅读者、表达者、慎思明辨者。

班级文化建设是一门科学。以儿童成长为基本标尺,贴近儿童真实体验,贴近社会生活,找准教育切入点,遵循典型、多样、综合、开放的活动原则,种好班级文化建设这棵树,达到美美与共的生长目标,需要我们继续探索研究。

运用"点、线、面、体",创建润泽的教室

教室是什么? 这个看似简单但实际又很复杂的问题,在每一个教育时代都要被反复诘问。从传统意义上讲,教室是以教学班为单位,进行各种教育教学活动的场所。但我更欣赏下面这种解读,教室是师生相处、交流和互动的时空,是师生心灵交流的平台,是师生智慧生成的地方,简单一句话:教室是师生生命成长之所在。任何教育教学改革如果没有真正触动教室中课堂的话,那么这种改革就不能说是彻底的,不能说是真正改变了学校生活和教师行为的。

那我们可以给孩子什么样的课堂? 我想答案有许多,比如佐藤学教授提倡的"润泽的教室"。

《静悄悄的革命》这本书是去年深圳市推荐教师共读的书目之一,作者佐藤学是著名的教育家,对课堂改革有一系列备受关注的著作——《教师的挑战——宁静的课堂革命》《学校的挑战——创建学习共同体》等。

在日本,佐藤学被认为是日本学校教育最有影响力的人物之一。在中国,佐藤学是因为倡导"学习共同体"教育改革而被中国教师所熟知。有专家这样高度评价佐藤学:"如果说苏霍姆林斯基是我们的精神导师,那么佐藤学就是我们的行动导师。"

我想,这是因为佐藤学是一位"付诸行动的研究者",他是个真正的"行动派",用脚步"丈量"现实的课堂——在过去的 32 年里,他每周至少有两天深入学校,扎根中小学实地观察,直接进入教室观课,和学生、教师、校长面对面讨论和改进,他去过世界上几十个国家,访问了 3500 多所学校,累积了一万多间教室的现场感,观察了数万节课,是国际级的教育"大咖"。他的一言一行,就是他的教育思想的最好说明。

"与教室里的学生和教师同呼吸,这是我观察的出发点。"在《静悄悄的革命》一书中,佐藤学曾写下这样的句子。有人说,佐藤学教授在课堂上的姿

态,就是他的教育观的最好的阐释。的确,在他的课堂观察中,孩子的生命经历了什么、发生了什么才是核心;在他的视野里,每一个教室都与众不同,佐藤学教授带给我们的,首先是细节,是行动。他的课堂姿态,值得我们琢磨和效仿。

佐藤学教授倡导学校创建"润泽的教室",这不仅蕴含着他的教育情怀,更向我们传递了一种从每一间教室开始推动教育教学改革、让梦想开花的守候与坚持。在佐藤学看来,润泽表达了一种安心的、无拘无束的、轻柔滋润肌肤的感觉;"润泽的教室"是安全的、让人安心的,在这样的教室里学习,"每个学生都能得到尊重,每个学生都能放心地打开自己的心扉,每个学生的差异都得到关注"。在这样的教室里,每一个学生都是主人公。

"在学生相互促进、共同成长的教室里,能够看到身体放松、轻松愉快、毫无顾虑地表达自己感情的学生和倾耳静听学生轻言细语的教师。"佐藤学认为,要创设一个每个学生都能安心发言的教室环境,则在师生间、生生间必须建立起相互倾听的关系。当然,这就要求教师在课堂上"要以慎重的、礼貌的、倾听的姿态面对每一个学生,倾听他们有声的和无声的语言"。他的名言是:课堂在静悄悄地发生变化。

了解日本文化的人都知道,日本文化有个特点,什么东西到他们手里都要整出一个"道"来。中国的茶文化到了日本,变成了茶道。插花变成了花道,甚至是做个寿司也有道。小野二郎,一位八九十岁的老爷爷,仍在坚持做着看似简单的寿司:一个饭团上加片鱼片刷点酱,但他却会郑重告诉你:"这不是一般的饭团,我是一辈子把生命都投入这个手艺里了。"日本每年都有拉面大赛,获胜者也会告诉你,这可不是一碗普通的拉面,这里面有道,是我真心诚意融入生命的作品。佐藤学也是如此,他不但用摄像机、笔记本在记录,他更在用心灵,用脚步,在丈量现实的课堂,他用全部身心在寻找课堂里的教育之道。

我想,这就是"精益求精的工匠精神"吧,对于做教育的我们来说,也要像"庖丁解牛"那样,追求工匠精神,认真学习、一丝不苟,精益求精、不断创新、力求完美。

利用假期,我认真阅读、学习了佐藤学的专著和文章,发现其实他说的合作学习在国内也曾经搞过类似的课题改革,有的叫小组合作探究,有的叫兵教兵,有的叫朋辈,也有的经升华提高,叫作"生本教育"等,课题名称不同,但探讨的命题是相同的,记得我在2006年就发表过类似的论文《小学高年段小组合作学习的实践研究》,但读罢佐藤学的著作,再深入内核,细细和自己的课题进行比较,发现还是有许多理念和细节的不同之处。

比如课堂形式的改变。合作的课堂中,黑板和讲台在课堂里逐渐消失了,课桌椅改为四至五人用的大小,教科书变成配角,各种各样的资料充实起来,把世界作为学生的教材。学习是同客观世界、同他人、同自我的相遇和对话的过程。

比如关注的重点不同。我们更关注自己的教学设计如何巧妙精彩,如何进展顺利,合作学习更关注学习的真正发生,比如:孩子们课前怎么去收集材料,课上如何有效沟通……在课堂追求"活动式""合作式""反思式学习"。

比如对倾听的不同要求。我们经常追求的是"发言热闹的教室",而佐藤学的合作学习追求的是"用心相互倾听的教室"。

这让我想到我们中国的汉字"聪",我每次新接班都要向学生讲这个汉字,先请学生给"聪"字找朋友,学生会说"聪明、聪慧、耳聪目明",我接着说,是啊,你们喜欢这个字代表的意思吗?学生点头,当然喜欢啦。那我们看看这个字,看怎么做个聪明人,先看右半部分,这点撇就像人的什么?眼睛。口呢?心呢?那想要聪明,要怎样呢?对,用眼善于观察,用嘴善于表达,用心善于思考,这就够了吗?不够,离聪明还差一半呢!那就是用耳善于倾听,这样你才能发现更多、表达更好、想得更明白。你瞧,汉字多有趣呀,还能告诉我们做人做事的道理呢!这样的教育寓教于乐,学生印象深刻,屡试不爽。

目前,日本已经有近万所中小学、中国也有很多所学校参与到创建"学习共同体"的教育实践中来了。我们南湾学校也正在探索建构适合我校校情、师情、学情的"湾湾学习共同体"。

因为国情不同,我们不可能也没必要全盘照搬,要善于拿来,更要善于融会贯通,就像我们南湾提出的"适合教育"一样,寻找到合适、合情、合宜的落脚点。我们在思考,因为学段不同,学情不同,中小学可以分阶段、分步骤以不同形式、不同力度渗透相同的主题。比如,在小学"种子班级"可以尝试开展"小先生制",在中学开展"学习共同体深度学习"的研究,逐步实现把课堂还给学生,让学生成为课堂真正的主人的转型。

创建学习共同体,这只是一颗小小却充满生命力的种子,希望在摸索实践中,我们由一个"点"、一条"线"、一个"面",成为一个"体"——一个科学的、系统的、具有可操作性、有我们自己特色的理论与实践体系,等待种子萌发的日子,需要耐心和信心,待绿意渐起的时候,我们再一起细细道来,共同分享交流我们眼中的理想课堂。

班主任要做到七个"善于"

新课程背景下,班主任不仅是一个班级的组织者、教育者和管理者,还是学生健康成长的引路人。如何把班级管理好,是有效地进行教育、教学活动,完成教育任务的必要条件,也是每位班主任最关心的问题。本文就如何做好班主任工作从七个方面进行了探究。

一个优秀的班主任,能最大限度地挖掘每个学生的潜能,使学生具有获得成功的能力,能把班级建设成为一个团体认同、心灵安全、个性开放、乐于探索的精神家园,我认为做好一名班主任要做到七个"善于"。

善于示范

"学为人师,行为世范。"教师的道德、人格愈来愈成为新时代教师的一张核心王牌。教师应是学生阅读的道德书籍,是学生如何学会做人的楷模,学生只有"亲其师",才能"信其道"。正如车尔尼雪夫斯基说的那样:"教师想把学生造成什么人,自己就应当是什么人。"

在学生的心目中,班主任是神圣而高大的,班主任的一言一行、一颦一笑都在学生的内心深处留下深深的烙印。一个好的班主任,可以通过其自身无言的榜样力量,教给学生做人的道理,成为学生的楷模。"桃李不言,下自成蹊",学生照着老师的样子学,就会缩短由知到行的转化过程,能更快地完成知行转变,从而使学生在班主任的潜移默化下健康和谐地发展。

善于关爱

苏霍姆林斯基说："教师不能是一个冷漠无情的人。"没有爱的输出，就没有爱的回赠。感人心者，莫过于情，班主任只有与学生心心相印，才能铺设通向学生心灵的桥梁，可以说只有懂得爱学生的教师才能成为一名好教师。任何一位学生都渴望得到老师的关爱和呵护，班主任要努力做学生的知心朋友，这就要求班主任豁达大度，学会宽容：允许学生说错话、做错事；要给学生认识错误、弥补过失留有充分的余地；在学生需要的地方及时地伸出援助之手；要客观地、不带偏见地了解学生并看待所发生的每件事。

关爱无处不在。许多时候教师和学生谈话，常常是教师严厉批评，学生俯首静听，严肃有余，轻松不足。这样，即使学生点头唯唯诺诺，也是有口无心，过后便忘，收效甚微。我认为班主任要经常和学生做推心置腹、朋友般的谈心，可以在课间活动中或是放学、上学的路上，与学生并肩而行，随意而谈。此时学生对班主任无戒心、无保留，会谈出许多心中秘密，从而达到"春风化雨，润物无声"的佳境。

善于观察

有人认为班主任天天与学生"滚爬"在一起，不用专门了解，对每个学生的情况也是了如指掌。其实，一个班主任要想真正对全班、对每个学生做到全面深入的了解，是件很不容易的事。班主任要想洞悉学生的一切，成功地做好"育人"工作，就得善于"察言观色"，做个有心人。

由于小学生尚未能达到"深藏不露"的心理水平，他们的很多心理活动往往会不自觉地溢于言表。只要班主任处处留心，就会从其言行举止中发现一些问题。这些重要的信息，班主任只有做一个有心人才会发觉。发现异常现象后，班主任要从实际出发，及时、有效地展开教育工作。相信只要班主任具有一双善于发现的眼睛，就一定能够"见月晕而知风，见础润而知雨"。

善于从"小"处着手

"泰山不拒细壤,故能成其大;河海不择细流,故能就其深。"从细节入手,研究学生的生存状态,已经成为新时期班主任的核心工作。教育要求我们班主任必须要在"小"字上下功夫,注重工作中的每一个细节,把小事做细,把小事做实。

班主任工作就是细节的工作,作为班主任就应当具备做细节的精神,更应留心学生生活中的"特写镜头",将它记录下来,从不可忽视的细节的正反两面进行个案的研究与探讨。要了解学生的思想学习情况,就要从"小"处着手,在学生的生活点滴中"问一问",在这一问中,促进了教师对学生的了解,也使学生感到教师所给予的温暖,增加了师生之间的情感,努力做一个"精益求精"的探索者和实践者。

善于管理

班主任不仅教书,还要育人、管理人。教书要有渊博的知识,管理人要有管理才能。俗话说:"狮子带领的一群绵羊会变成一群狮子,绵羊带领的一群狮子会变成一群绵羊。"如果班主任学识渊博,经验丰富,富有组织领导能力,所带班级就会处处先进,各方面都很突出。

由于现在的学生绝大部分都是独生子女,对他们的集体荣誉感的培养就显得尤其重要,工作中引入竞争机制是个好办法。班主任可以把每一项班级工作都与各种形式的集体竞赛挂钩。每一天的班级活动,无论是从收缴作业本到打扫卫生,还是从运动会到各种各样的竞赛活动,班主任都要按竞赛小组的表现评分,通过班干部自己管理进行量化,评选每周或每天的优秀小组,定期进行表彰。这样,学生们对自己小组每天的情况就格外关注,当然,在具体工作时,还是要以引导为主,每天的评比重点应放在比进步上。慢慢地,学生就能把自己的一言一行与小组荣誉紧密联系起来。这样,让竞赛激励学生进步,让学生管理自己,不仅增强了集体的凝聚力,而且有效地减轻了班主任的工作负担。

善于发掘

罗丹曾说过:"美是到处都有的,对于我们的眼睛不是缺少美,而是缺少发现。"班级里的所谓差生,其实就如珍贵的钻石被坚硬的石头包裹在中间一样,班主任就要透过这外在的一层"石衣",善于发现其间闪光的珍宝。

班主任要教育好学生,首先就要相信学生,相信转变,树立"无差生观"。学生的智能是多元的,许多大家眼中的差生往往只是某方面智力因素较差,而在其他智能方面,如在意志品质、协作精神、集体荣誉感等非智力因素则可能是个优秀学生。班主任要对他们倾注更多的热情,努力发现这些学生多方面的优点,欣赏他们身上的长处和每一点进步,并不断给予鼓励和表扬,"要让每一个学生都抬起头来走路"。不要一提到某些后进生,就数落他们如何如何不好,不停地批评、指责他们。我们永远都不要忘记陶行知先生的谆谆告诫:"你的教鞭下有瓦特,你的冷眼里有牛顿,你的讥笑里有爱迪生。"班主任工作就要求我们做一个善于发掘,用赏识和爱心托起学生幸福明天的人。

善于反思

魏书生老师说:"抽打自己的鞭子要掌握在自己手中。"班主任劳动的复杂性、个别性以及不可重复性等特点,要求班主任对所经历的教育教学事件、情景加以回顾,进行审视。尤其是当班主任在教育教学中遇到了未曾想到的顺利、成功、失败、尴尬、感动等时,更需要及时反思,去寻找原因、悬鞭自警。学生在不断成长,其身上所发生的事情往往是出乎意料的,班主任也要不断改进教育方法,成功的教育方法是冥思苦想、学习借鉴的结果,需要班主任在实践中思索总结经验,再深思再总结,不断探索才能有所创新,闯出路子。

每一位班主任都应该也必须在反思中学会反思。在反思中学会反思,一个有效的方式就是通过教育叙事的方式来进行。对班主任来说,教育叙事常常就是撰写自己的教育故事。在这样的叙事中,对经历的教育教学事件和情境进行回顾、审视、追问,并且加以说明、揭示、阐释。着眼于"叙事研究"的反思应是积极而主动,全面而又丰富的。

"活到老,学到老""吾日三省吾身"才是正确之道。学会反思,善于并勤于反思,将会使我们的班主任工作富有创新性,使我们时时感受着与学生共同成长的幸福和快乐。

有一种师生沟通叫"重新定义"

相信读过《窗边的小豆豆》这本书的孩子,都会非常羡慕小豆豆的经历,因为她找到了能读懂她的小林校长,找到了适合她成长的"巴学园"。当小豆豆被原来的学校抛弃时,妈妈带她到巴学园来求学。她与小林校长第一次见面时,小林校长就把椅子拉到小豆豆跟前,面对着小豆豆坐下来说:"好,随便给老师说点什么吧!把你心里想说的话,全都讲出来"……校长边听边笑着点头,有时候还问"还有呢?"小豆豆开心极了,绞尽脑汁去想,不停地讲了四个小时,直到找不到什么可说的才算结束。就是这样一次倾听式的谈话,让小豆豆一下子就喜欢上了巴学园,喜欢上了小林校长。故事中的小林校长不急、不徐、不躁,耐心地倾听,真诚地交流,以一棵草的从容姿态,为小豆豆的心灵世界装点了一抹绿色。

读完这本书,你会发现,其实每个孩子都是上好的,遇见孩子是最好的缘分。我们要相信,每一棵草都会开花,每个孩子都是"第一""唯一"。要关爱不要伤害,读懂了学生,就读懂了教育。

无论从课堂教学还是学生教育,我们都越来越感觉到,我们的教育到了需要重新思考、"重新定义"的时候了。

"重新定义"是指重新认识教育的基本常识,让教育回到儿童本身——让儿童生命本身的秘密自发地显现出来,让他们自己去发现自我、认识自我、形成自我、创造自我。那么,今天,我们的教育就有必要在认识"儿童是谁"的同时,重新审视自己。

重新定义之——越平等越尊重

儿童喜欢生活在精神世界里。当我们教师用一种平等的心态去面对学生的时候,会突然发现,其实每一个孩子都能够透过外在的语言表象直达成人的心灵,很多时候,甚至根本就不用说,他们就能洞悉成人内心深处的东西。他们对生命、对心灵的认知绝不亚于成人,甚至比成人还要清楚。因而,有些人把儿童看作还未长成的大人,这种观点是错误的,儿童本身就是有思想、有个性、有内在价值的独立的人,正应了哲学家尼采的那句话,"每个人都有一个独特的自我"。

关于师生的平等关系,早在1200多年前,韩愈就在《师说》中讲过:"闻道有先后,术业有专攻,如是而已。"我们不过是比学生年纪大一些,早一点知道道理,这没有什么了不起的。其实大家都知道,还有很多东西,学生耳熟能详,我们却一无所知。《语感论》上说:"作为心灵,教师未必比学生高尚;作为人,教师未必比学生高贵;作为读写听说的语言主体,教师也未必比学生高明。"此话不假。

在我眼中,不管是一年级的娃娃,还是六年级的少年,都有其可爱之处,我喜欢和他们做朋友,喜欢他们下课逛到我办公室来看看我,聊上几句;我常常会虚心地向学生请教,他们也乐于指导我;我常常会真诚地向学生道歉:这个字是我读错了,谢谢指正;我更学会了自嘲和装傻,并乐于善意地嘲逗他们,因而我们的教室里经常会传出笑声。

有一次学生在课堂默写时,误把外字写成了形近字"处"字,结果"外甥打灯笼"就变成了"处甥打灯笼",我当时想起了冯唐的一封信,发现孩子都是一样的,就对学生说,我给大家讲个故事换换脑子,作家冯唐曾给他的外甥写过一封信,信的最后一段是这样写的:"记得多练习中文,中文是世界上最美的语言。上次电话,你妈妈说你把外甥写成了处甥,你说你是我唯一的处甥,所以你妈很不高兴。"我边讲边写这两个字,学生听了都哈哈大笑起来,我说,这么愚蠢可笑的错误,我们才不犯呢,对吗?学生纷纷点头。我话锋一转,刚才笑的人当中,就有这样的人,真是五十步笑百步呀!给你留点面子,等下默写发下来,先藏好,自己偷偷改正吧。学生们登时面面相觑、人人自危起来,就在这情境中,学生听了,笑了,记住了知识,我们的距离也拉近了。

我一直坚信,教师的威信不是树立起来的,更不是吼出来、骂出来的,而是在和学生彼此信任,在像朋友般的友谊中培养出来的,越是平等,就越能获得尊重。

重新定义之——越敬畏越成功

陶行知在《创造宣言》中提出："教育的最大成功是师生合作创造出值得彼此崇拜之活人。"我还没达到崇拜学生的境界,相比较而言,敬畏学生这个词对我来说更适合。

在现实生活中,当成人,包括孩子的父母和我们——孩子的老师,以为通过自己或者某种手段就可以把孩子塑造成我们想要的那种人,却常常遗憾地对儿童一无所知,或所知甚少,反而害了孩子。这种"我都是为你好"的态度表明我们一直缺乏对儿童生命的敬畏心。

我常常说要敬畏学生。因为学生年轻,年轻意味着有时间和资本。总有一天,学生都将会超越我们,把我们远远抛在身后。连伟人毛泽东也不得不承认:"世界是你们的,也是我们的,但是归根结底是你们的!"

这些年来,我一直在一线做老师,并且坚持做班主任做了 20 年,在别人眼中,我或许已经拥有了丰厚的资本,可以高枕无忧了,但其实每接手一个班级,我都是诚惶诚恐,担心学生不接受我或是不喜欢我的课,我甚至为此感到焦虑。

最近的例子就是 2015 年 10 月,我刚到南湾学校接手六 7 班语文课的时候,就有些焦虑,甚至有些小自卑,因为前面代课的小陈老师在学生嘴里是年轻的、漂亮的,他们喜欢她的人,喜欢她的课,先入为主,而且入得这么好,让我这年长的后来者怎么办?焦虑啊,不过我给自己打气,我虽不太年轻,却拥有青少年的乐观心态。记得上第一课时,我特意穿上靓丽得体的衣裙,带上我的故事和幽默,一笔一画地写好每一个字,上完课后回到办公室,才发现衣服汗湿了一大片,为了第一印象好,我也是使出了自己的"洪荒之力"呀。就这样,不到一周,我就俘获了孩子们的心。

其实,敬畏学生,担心不受学生欢迎的,可不只有我这普通老师,据说北京大学著名教授钱理群老先生,也是这样。每届学生的第一课前,他都睡不着,一个人在外面散步,徘徊,舒缓自己的紧张情绪。

叶圣陶先生说:"只有做学生的学生,才能做学生的先生。"敬畏学生,是我们每个教师必备的从业心态和操守。热爱学生和尊重学生,几乎就是我们职业成功的前提。敬畏学生,是敬畏自己对学生的责任感,是敬畏一份职业的神圣使命。只有如此,我们才能自觉地维护它和成就它,才能把职业换算成事业,并在事业中成就我们和学生的幸福人生。

重新定义之——越有爱越幸福

范仲淹这样赞颂老师:"云山苍苍,江水泱泱。先生之风,山高水长。"世界上伟大的思想、伟大的宗教都主张有爱,学生是正在成长的人,更需要来自教师的爱。教师的职业要与爱同行,只是为了达到"立人""成人之美"的目的,而不是世俗、自私、功利、有偿的,我相信,越有爱越幸福。

去年暑假,我陆陆续续收到一些来自远方的奇特礼物,它们都来自苏州我教过的学生。原来答应过要送他们毕业的,却最终未能如愿,但我、孩子们,还有家长们,至今都依然像一家人一样彼此牵挂,没有距离。先收到的是十几封信和照片等,有学生精心绘制的画作和制作的十字绣,然后是满满一箱图书,说是送给我在深圳教的学弟学妹们。最后,还收到了一幅巨大的"画"框,里面是全班学生集体签名的 T 恤。看着这一件件礼物,我不禁湿了眼眶,暖了心底。我只是做了一名教师、一名班主任该做的事,尽了应尽的职责,却收获了几十份满满的回报,心里充盈着巨大而细腻的幸福。

和大家分享两个孩子的来信。一个是不爱说话的乖乖男,他在信中记述了一件我都要快忘却的事:低年级的时候,您和我们做汉字游戏,要我们说说自己的姓是怎么组成的,有什么好办法能让大家记住,比如您姓王,是三横王,他姓张,是弓长张。我姓"姜",回去问了爸爸妈妈后,第二天很自豪地在班里说:我姓姜,美女姜。同学们顿时哄堂大笑,因为我是个男孩子呀,羞得我是面红耳赤,只好无助地看着您,您顿时明白了我的窘迫,笑着对大家说,你看,同学们说了这么多,就小姜同学的最有趣,让我们记得最牢,是不是呀!我们应该给他掌声! 下课后,还有些同学老是叫我美女姜,我很烦恼。您就偷偷告诉我个办法:他们叫,你就忍住不理他们,过不了几天,他们就没兴趣了。真的吗? 我将信将疑,后来发现果真如此,您真是太神了,从那件事后,我就更佩服、更爱您了。

第二封信是一个在我眼里一直懵懵懂懂没长大的女孩子写的,没想到一年不见,她不仅练了一手好字,还写得一手好文章:王老师,回首过去,我们已经好久没见到您了。只是在记忆中回想着您的面容,栗色的小卷发,爽朗的笑声,目光总是在我们玩耍的地方驻足,一笑风华绽,笑得那么美……今夕何夕,青草离离,距离抹不去我们在一起的回忆,我妈妈说,好老师到哪里都会发光的,就让我们将这几年时光悄悄埋在心底,静待它花开吧。风儿记得花儿的香,王老师,我们也一直记得,记得……

有点小煽情,我们换个频道,深圳这边的孩子同样懂得感恩,只不过表达方式、语言风格不同,另有特色。班上有个调皮灵活的小男生,在作文《我的理想》中这样写道:我长大后,要成为像王老师那样的老师,字写得好,课上得有趣,从不骂我们,调了课一定会还,绝不赖账,很讲信用。还经常给我们买东西吃,记得圣诞节下午的语文课,王老师让我们找她送给我们的圣诞礼物,我扒来找去,终于在书包的最深处发现了棒棒糖,好开心呀,原来是王老师趁我们中午不在的时候,为我们一个一个藏起来,偷偷送给我们的惊喜呀! 我决定了,长大以后,就做王老师这样的人。

"我喜欢我的学生,不仅因为他们的样子,还因为和他们在一起我的样子;我喜欢我的学生,不仅因为他们做的事,更因为和他们在一起时,我能做的事。"这是我多年前在随笔中写下的话,现在依然记得。

见字如面

2015 年 10 月,我来到深圳,进入南湾学校,开始接手六 7 班的语文教学工作。一个新环境,一个新班级,一群新家长,说实在话,对此,我有些不太适应,特别不适应的是——我不是班主任。

我作为语文老师兼班主任已有 20 多年,和家长交流合作得心应手、如鱼得水,曾创造过凭借自己班级的力量,代表学校,连续三年参加苏州市创意比赛,连摘三金的佳绩。比赛节目被中央电视台少儿频道选中,我又带领大大小小 30 多号人一路北上,参加了央视节目的录播,缔造了自己班主任工作史上家校合作的辉煌,其间的亲密协作、团队作战,让我和孩子、家长俨然成了相知相爱的一家人,这融洽让人生羡,这感情无可替代。

而如今,我孤家寡人一个,面对一群陌生的家长,沟通方式大概常用的只有 QQ 和电话了,顿时,心里空落落的,没了底。

正当我众里寻"法"千百度时,一个本子打开了我工作的僵局,拉近了我和孩子们、家长们的距离。这就是"日记传传本"。这个本子本是为提高学生写作水平而生,为激发兴趣,我另辟蹊径。第一步,从孩子的视角出发,设计话题,比如"熟悉的陌生人"写自己,"图书排行榜"写生活,"我在 25 岁前"订小目标等,将写作与生活相融,与未来相连。第二步,从提升能力考虑,又设计了自评、老师评、同学评、家长评等多元评价习作的方式,让孩子们的写作由"生—师"的单线,变成了围绕一篇文章多角度、多读者的"圆形"评价模式。为鼓励大家相互学习、借鉴,我还设计了激励政策:凡是有多元评价的,个人文章的"财富值"随之增加。

这一方法确实有效,班上的小家伙们积极性颇高,自己评自己,自己评伙伴,跨组去评价,不管评价是否专业到位,却也是真情满满,情趣多多。就此,习作、评价、批改,从孩子和老师都曾经为之头疼的苦事,变成了学生天天最期盼的乐事。我也从孩子们或成熟或青涩,或生动或朴实的文字中,看到了许多和课堂上不一样的孩子,看懂了许多平时不会讲出的情感,我们的心走近了。

但做了三期后,我发现了 10 个小组的一个共同问题——没有一位家长参与评价。怎么回事? QQ 咨询了一位家委会家长,回复说:孩子上六年级了,以前从没有被要求过参与孩子写作中去,虽然这次老师邀请了家长参加,但孩子并没有表现出特别的主动和热情,因而也就置身事外了。

我明白了,现在还只是剃头挑子一头热,家长这边也要鼓鼓劲,让两头都热起来,这样"传传本"的作用才能真正"传"出趣味、传出意义来。于是,我就和这位家长约定,从本期开始,关注孩子的习作,并写出鼓励为主的评价。这位家长难得遇到老师有事求,满口答应,并圆满完成了"任务"。第二天,我就故作神秘地告诉孩子们:班上有位同学的习作财富值比其他人高许多,想知道为什么吗? 当看到那位同学的妈妈洋洋洒洒的评价时,教室里是一片"哇"的赞声,我心里是一阵阵乐。

雨后春笋是什么样的情景,我们习作中出现的家长评价就是什么样子。陆陆续续,不同字体、不同表达方法、不同评价方式,在不同家长笔下诞生。通过家长的笔迹、字体、评价语言,我眼前仿佛看到了一张张未曾谋面,却又亲切熟悉的面容,随着一次次通过孩子习作的交流,我们仿若笔友,期待着每周一次的相约。

小叶姑娘是班里"沉默大多数"中的一员,顺从乖巧,声若蚊呐,然而却在"传传本"里表现出了她的风趣、幽默和小倔强。在"舌尖上的美食"专辑中,她写《诱人的红烧肉》,描述自己"我终于扛不住了,拿起筷子就夹。我的筷子仿佛长了眼睛一样,一下子就夹住了一块色如玛瑙的肉块儿。嘿,这肉真不赖,我心里暗暗赞道。这红烧肉,肥瘦相宜,肥的,吃到嘴里入口即化。瘦的,嚼起来,QQ 有弹劲,滋味悠长啊……"爸爸在下面评价:"孩子的好吃,看得我也是醉了。本来想给孩子建议写'三代人'关于吃的故事,孩子执意不肯,说老师要他们写自己想写的,我也只好就此作罢,呵呵。"我在旁边开玩笑回复道:支持小叶的想法,爸爸要好好欣赏,不要对我们的佳作"指手画脚"哟! 后来小叶妈妈同我说,有了"传传本"后,父女俩的话比以前多多了。

小薛是班上的"小叛逆王"加"小霸王",包容、友爱、温暖这些词都和他不搭界,班主任、家长起起他总是摇头。"传传本"传到他的那一天,我总是会担心又出现"忘带了""本子不知道怎么掉到讲台下了"等情况。终于有一次,他按时交了，我非常好奇，第一个改他的文章，那次的主题是"我在25岁前，要完成的三件大事和三件小事"，他写道："我要努力找个好工作，要挣很多很多钱。因为我要给我爸爸买一辆他一直都想要的宝马，给妈妈买很多名牌衣服，给姐姐也买很多她喜欢的东西。每次回家，都要给爸爸妈妈倒一杯茶，按一按摩，揉一揉肩，给妈妈洗洗脚，再跟爸爸聊聊天。要是我出远门，就经常给他们打电话问问他们的情况……"当我读到这些，我的眼眶温热潮湿起来，谁说我们的孩子不懂事，那是他们戴着"铠甲"，把自己柔软的心藏起来了。我把文章拍下来，发给他的爸爸妈妈看，屏幕对面是长时间的沉默。我把文章读给同学们听，教室里是一阵诧异后的一片掌声。终于，后来，我在小薛的习作后面，看到了家长的话：谢谢老师，孩子的文章我看哭了。字迹稚拙，却很认真，很温暖。

　　学完了"诗歌单元"，我安排了一期"写首小诗"，小圆同学在一气呵成写完《致爱丽丝》和《棒棒糖》后，又意犹未尽，写了首《当弟弟哭》："当你哭时，我心里十分地烦，那声音，好似汽车鸣笛在我耳边旋转。当你哭时，我却忍不住在旁边哈哈大笑，那表情，好像皱着眉头的小老头！当你哭时，我真想把棉花塞到你嘴里，或者用一个大奶瓶，让你沉沉睡去……"诗后还加了几句话：这首诗是给我出生才几个星期的弟弟的，我想让他长大后读一读，让他知道我第一次当姐姐的复杂心情。每次读小圆的文章都是一种享受，其实，还有一个期待，就是欣赏小圆爸爸——这个用秀丽笔写得一手好行书，如教授般评改得比我还犀利细致的"笔友"的专业评价。这次爸爸文风大变，一改学院风格，显现深情："夜已深了，读了女儿的诗，有些小激动。从孩子的想象力和对生活的点滴观察中，发现了生活中的情趣和深意。我为你鼓掌，我感到很欣慰，你遇到了一位好老师！"读罢，我掩卷微笑：我也很欣慰，遇到了很多很多像你这样的好家长。

　　一直到毕业，我仍和班上许多家长没有进行面对面、一对一地交流，但我们的"传传本"一直坚持在传。我想，见字如面，见信如晤，我们的交流一直在，我们的心一直在。

我们都曾经是条小蚯蚓

今年,深圳的四月不同寻常,微凉多雨。周三清晨走在上班的途中,转角就是学校,我加快了脚步,却蓦地看到灰色水泥地面上有东西在蠕动,定睛一看,是一条红褐色的小蚯蚓。"是不是昨夜的大雨把它冲到了路上,回不了家了,好可怜!"我边走边想,转念之间已转过街角,却又蓦地心中一动,踌躇片刻,返身回去,看着那条奋力挣扎却又毫不起眼的小虫,心里说:我来了! 先用小树枝挑,滑落,干脆上手,轻轻捏着它滑腻的身体,送到了绿叶繁花之下。

一到学校,就开始忙活第二天的家长会,这是六年级最后一期家长会,面对着两个月后,即将看着孩子走向中学的家长们,我要对他们讲些什么呢? 内容改了又改,主题最后确定为"态度+方法",形式上也做了创新,邀请三位学生分享他们的心得,其中"态度"一块的人选,我颇费了些心思,最后从七八个人选中,舍弃优等生,选定了班上的"后进生"——小杏姑娘。为什么要选她呢?

期中考试那天早上,我看到了前一天晚上 11 点多一位家长发给我的留言:"王老师,您好,我是小杏妈妈,不好意思这么晚打扰您,明天就期中考试了,小杏考前综合征又开始犯了,她刚刚哭着打电话给我说怕明天考不好,这学期我知道她在努力去学习,一直以来她也是很乖巧的孩子,所以麻烦您明天早上能否找她谈谈,叫她不要这么紧张。我刚才也安抚她了,但我想老师的话会更有力一点,拜托您了,谢谢您!"

小杏有考前综合征? 是的呀,按成绩来讲,小杏是我们班女生中较一般的,基础差,阅读迷糊,习作不知所云,常被同学暗中取笑。但我从来都没有否定她、放弃她,这是因为我从她每次默写后的埋头订正,每周传传本展现出的一两处小进步,每次评讲阅读时,她由迷惑进而有所理解后的点头中,看到了她默默地向好与努力。虽然"人一己百",但成绩仍然排在后列,每每看到她的沮丧，读到她想放弃，我都会找各种机会鼓励她，耐心地聆听她的倾诉，看着她又重新抖擞精神，怯怯甜甜地微笑，我发现了教育的美好。

早读，我来到正在低头沉思的小杏面前，发现了她的眼泡仍然微肿泛红，就握着她的手说："小杏，还记得王老师经常说的一句话吗？战胜自己一次比战胜别人一千次都来得光荣。今天考试，你只要尽了自己的努力，自我感觉比以前做题更有收获，这就是最大的胜利，其他什么也不要考虑，好吗？"小杏看了看我，用力地点了点头。

考试结束，我拿到卷子，首先翻到小杏那张，成绩依然不理想，但字体又工整了些，阅读和作文答题很稚嫩但带着自己的思考，我很替她感到高兴，她一直在自我蜕变成长，这真的很不容易。

当我邀请她作为学生代表进行家长会发言时，她有些慌张，更有些惊喜，当我们目光相对时，我看到了有亮光闪动。

下午，小杏妈妈的 QQ 在闪："王老师，您好，刚刚小杏打电话跟我说您叫她在家长会上分享自己的成长，万分感谢您给她这个机会，我相信通过这个机会，她会信心大增，对学习也会更用心。小杏的进步全赖您的教学方法好，是您引导她喜欢上语文和写作，我真的无法用语言去表达对您的感谢，真的非常非常感谢您！"

我回复道："感谢您的家庭培养出小杏这样坚持努力的孩子！"

"您太谦虚了，我们真不敢居功，您让我想起朋友介绍给我看的那本《窗边的小豆豆》这本书里那位伟大的校长，您创造了适合每个孩子的学习方法，谢谢您！"看到家长如此夸奖，我感动之余也倍感沉重。

晚上的家长会上，该小杏登场了，我正懊悔忘了准备小话筒，担心这平时说话像蚊子哼哼的小姑娘发言失败时，却看到小杏拿着自己精心准备的发言稿，带着笑容，用我从未听到过的响亮声音和从未有过的大方表现，让我和家长们都眼前一亮，感受到了惊喜。说实话，我没听出小杏讲了多少对家长有用的东西，但下面一阵阵真诚而热烈的掌声，告诉我我选对了，做对了。

面对下面 40 多位安静聆听的家长，我讲述了小杏的故事，阐述了自己的观点："为什么小杏会有考前综合征，您的孩子有吗？"有些家长在点头。"大家思考过为什么会这样吗？请不要怪孩子没有承受能力，我们能看到现在的孩子有空前的学业压力，这只是显性的，而隐性的东西是孩子们整天跟焦虑高危人群在一起,这些人就是孩子的父母,包括老师,我们老是会拿成绩说事,拿孩子比较。跟焦虑的人在一起,孩子会疲惫不堪,中国孩子的学习压力之大是别的国家都没有的。负重前行,充满焦虑,能获胜几次,能走出多远?"

教室里一片安静……

一切皆有可能

对于教育,"一切皆有可能",我信。

这学期又当了一次"后妈",中途接了一个六年级班,班上照例有几个特殊的孩子,比如小博同学。

还没进班,班主任就拿着期中考试成绩,在他的名字下面重重画了个三角,说"难搞",我扫了一眼成绩,20多分。

进班后,我对班级进行了"学习共同体"的分组,特意给小博安排了组内一位优秀同学做"小先生"来帮助他,但效果不佳,他每天仍然像只树懒一样趴在桌子上,面无表情,动作迟缓。

这天,小组习作传传本传到他手里"夭折"了,他一字未写被"小先生"举报,送到了办公室。教学生涯中遇到太多这样的孩子,我知道一味地批评指责只会起到反作用,对他们只有放低要求,找到他们的最近发展区,小步慢行才是正道。于是,我就按照低年级的方法,柔声引导他先一句一句说,然后慢慢记下来。他突遇温柔,有些不太适应,看在我的面子上,一字一挠头地写起字来。

我一边鼓励,一边拉开办公桌抽屉,开始做事情,却突然发现,由于来回拉送,放在里面的许多资料被堵到抽屉的底部,手伸不到,抽屉又拉不开,正在心里叫苦不迭的时候,坐在我旁边的小博说话了:"老师,你应该这样做,抽屉的两边滑轴上有小扳手,左边向上,右边的向下,就可以拉了。"啊?天降神兵,我一试,果然灵验,我激动地握着他的手表示感谢,他羞涩地说:"我经常跟着老爸出来接活,都知道的。"

过了好一会儿,小博的作文也终于磕磕巴巴写完了,200多字,已是他的最佳表现了。看着满脸愧疚的他,我说:"祝贺你!今天你做了两件让王老师刮目相看的事!我要在班上好好表扬你!"他眼神里先是有光芒闪现,一下子又熄灭了,说:"他们看我写这么短,会嘘我的。"我盯着他的眼睛说:"相信我。"

语文课每天的评讲"传传日记"环节是学生们的开心一刻,这一天,我先讲了爱因斯坦小时候交手工作业做三把小板凳的故事,微笑着问他们,一个小时候如此的孩子,长大后却成就辉煌,你能相信吗?

然后我掩住小博的名字,展示他的习作,问学生:这篇文章写得怎样?同学们纷纷摇头撇嘴,突然,有同学认出了小博的字体,大呼道:哇,是小博的,他从来不交作业的呀!班级里先是一片哇声,不知是谁先响起了掌声,霎时,蔓延到全班。

我趁势利导,又绘声绘色、略带夸张地讲了小博帮我解决困难的事,笑声、赞叹声、掌声响成一片,害羞的小博也许从未感受过这一波波扑面而来的赞许,把头垂得低低的。我想,此时,他的心一定在激动地跳,偷偷地笑。

这段时间,我发现他会时不时地跟着大家一起读书。见到我也不再躲避,亲热多了。周五中午,看到我在取快递,主动拐到我旁边,问要不要帮忙,我顿时感觉很温暖,谢了他,随手把午餐带回的梨塞到他手里,说,帮我吃掉它。他哈哈笑着,小心举着梨欢呼着跑走了。

教育就是生长。从教育学的角度看,孩子并非未长大的成人,他们的儿童期本身具有特殊价值,教育的任务是保护这种价值,尽可能给予孩子内心生长最需要的阳光,如果做不到,至少不要挡住阳光。

教育,"一切皆有可能",我一直相信。

成就自己，就是成就孩子

曾经读过《人民教育》上发展的一篇文章，文章在探讨为什么许多一线教师教不好自己的孩子的问题，问题的提出令人深思，剖析的现实令人警醒。作者列举了几个原因，指出教师对教育子女存在的盲区。

比如：长期的职业习性，让教师对自己的子女也像对学生一样，格外严谨，要求孩子言行举止中规中矩，以对老师的态度对父母，以言听计从为尺规，不可有超常的举动。长此以往，最终导致孩子失去个人独思的空间，总是处于屈从的心理状态，极难获得个性的发展。

比如：一线教师普遍爱唠叨，容易关注琐碎的细节，对孩子过于个性化的举动都视作大不敬，会不遗余力地对孩子进行教导，尤其偏爱说教。这种环境中成长起来的孩子遇事也会更多地考虑困难的一面，他们对处事难度的预设会更为仔细，因而也容易产生退缩情绪。

再比如：不少的教师实际上是觉得教师行业比较稳定从而从事教育工作的。教师自己是害怕从事高风险的职业的，都是希望能稳定就好。不敢冒险，不敢挑战，不敢尝试，这些独创个性的致命伤似乎在一线的中小学教师身上格外集中，无疑也会导致自己的孩子因袭这种个性。个性决定命运，把孩子的个性打磨得过于平整后，留下的就只有自卑、怯懦、服从了。

当读到这些比如、再比如的时候，我背后惊出了一身冷汗，好像每一条都是为我量身打造而来。我母亲就是一名教师，一名幼儿园教师，家中兄妹三人，又只有我一个女孩子，因而她从小便用乖巧懂事来衡量我的表现，常常用"人家的孩子"来指明我的方向，稍有越位，就开始"唐僧念经"唠叨、指责，让人头痛。记得有一次，我实在受不了了，就问她："妈，你在幼儿园也这样对小孩子吗？"妈妈的回答让我大跌眼镜："我的好脾气在园里都用完了，你小心别惹我。"可怜！这就是有个教师妈的后果，可悲！从此我的理想中就用一个大大的叉把"教师"从选项中杠掉了。

初中成绩优异的我，憧憬着考高中，上大学，当记者。又是我当老师的妈设计"骗"我：女孩子当老师多好，稳稳当当，受人尊重。你第一志愿报师范，第二志愿报个好高中，都考上了你自己选。现在想想真是"十八的能不过四十的"，我傻傻地就这样遵照她的心愿，极不情愿地上了师范这条"贼船"，久在樊笼里，一去二十年。不幸中的万幸，是我竟然还适合当老师，不然被我这当老师的妈安排，我这一辈子，哎，岂不……

正在边读文章边拭泪的时候，终于，在文章的最后发现了做教师子女的好，我如获至宝。文章指出，实际案例中，一部分优秀的教师家庭，能注重培养孩子的独立意识，尤其是注重早期教育，小学阶段就让孩子阅读了大量的书籍，不唯分数论，敢于放手让孩子尝试课堂外的领域。这些孩子最后都十分优秀。

我老妈不敢说多优秀，但爱学习确实是值得表扬的，不说年轻时的拼命学习，这不，70多岁的老太太了，每晚都要捧本书睡觉，前不久，还让我上网给她买笔墨纸砚，说要练毛笔字。这些都在无形中时刻濡染着、影响着我。因而，虽然很懒散的我，也明白读书、思考是做教师本分的道理。

然而，现今，许多一线教师丧失了对新知识的感知力，普遍陷在烦琐、庞杂的事务性工作中，成为"一个捧着书本谋生的人"。这样的观念和教学策略，也会相应地带到家里。因此，许多教师的孩子在中小学考试成绩还不错，书本知识掌握得比较扎实，可是孩子的视野却极其狭窄，关注社会和人生的热情不够，应对现实问题的能力却相对低弱，他们的心志也相对脆弱，极少有远大的抱负。

父母是孩子的榜样，这种榜样的力量能左右孩子的终生。倘若整日跟知识打交道的父母其实并不热爱知识，那么，在孩子的潜意识里也不会由衷地尊重知识。一个教师如果只是纯粹地把教书当作一份谋取薪水的职业，与此相应的琴棋书画、弹唱说写、人生哲理等高雅情趣和智慧并不能进入他的现实生活，那么，对孩子而言，当教师的父母并不能凭借自己这份职业魅力惠及孩子，孩子也不会以父母是教师为荣。

因此，我想说"成就自己就是成就孩子"，做一个学习型、反思型教师，做一个有高雅志趣的教师，对学生固然意义重大，更重要的是对自己的孩子有着固本培元、影响深远的作用。

"五个一点儿"助力家庭教育

一、每次升级都是转折点

小学的每次升级都是一个关键期、转折点:学习目的形成的"开端期",要让孩子明白:学习是他们自己的事情,是件快乐的事情,他们才会更加自觉主动地学习;智力开发的"黄金期",促使孩子变得更聪明。

二年级的语文学习已不同于一年级了,识字量增大很多,课文阅读量增多,难度加大。有些孩子一时难以适应,再加上没有好的学习习惯和学习基础,这样也就很容易出现两极分化(分化期)。小分化会随着年级的提升成为大裂痕。落后越多,学习越吃力。这是我们都不愿看到的。关键期:二年级是孩子良好的学习习惯、学习能力巩固的关键期,优秀的更进一步,落后的迎头赶上,只要抓住二年级,一切皆有可能。

二年级是特殊的、重要的。如何防止分化,让所有的孩子齐头并进,在成绩、能力、习惯上更上一层楼,是二年级老师和家长共同关注的重点。

二、家长在家如何配合

请家长帮助孩子做到"五个一点儿":识字写字规范点儿,读书背书勤快点儿,预习复习坚持点儿,开始写话鼓励点儿,读书家庭幸福点儿。这样,孩子进步的步子会更大点儿。

(一)识字写字规范点儿

这一点指向让孩子多识字、写好字。人生聪明识字始。识字写字是阅读写作的基础,是二年级的教学重点。小学如果识字量过少,会拖阅读、写作的后腿。家长指导孩子在生活中多识一些字,会对孩子提高语文能力有很大帮助。二年级生字量较一年级明显增多,形近字、同音字成为一些孩子错误最多的地方。其实,技能的形成包含两步:规范正确的学习、反复练习。只要多见面、多练习,没有掌握不住的汉字,写字时,一定要培养孩子动笔即练字的好习惯。同时请家长留意课后作业中按笔顺描红的字和要求读读抄抄的词语,这些都是孩子易错和必须掌握的知识点。

(二)读书背书勤快点儿

读好语文课本。语文书中的课文语言规范优美,练习里的四字语、小儿歌生动有趣,是积累储备的好材料,语文学习贵在积累。语文书每一课课后的第一题大都是朗读课文,如果不重视,生生之间朗读差距就会逐步拉大。我们的建议是进入二年级后,孩子要做到朗读上口、声情并茂、抑扬顿挫。各位家长可以在心中对照自己的孩子打个分。作为成人,我们都不得不承认,口语表达对于一个人的发展非常重要。朗读,是表达能力得以发展的基础阶段,大家一定要重视起来。在家里,如果您经常能听到书声琅琅,祝贺您;如果很难听到孩子读书背文,孩子的语文学习必有问题,请在家鼓励并要求孩子有感情地放声朗读、背诵课文吧。

(三)预习复习坚持点儿

会自学是我们"三会"中的重要一项。进入二年级,孩子要学会并坚持预习复习。温故知新是学好功课的"法宝"之一,更是自学能力培养的开始,自学能力的培养需孩子的坚持,也需要您关注、督促的坚持,好的习惯一旦形成将受益终身,希望我们大家都能"忙一阵子不要忙一辈子"。预习要求:1.读课文三遍。2.按笔顺书空生字三遍,描红本课生字。复习要求:读(背)课文,熟练掌握生字词,建议每个生字组1—2个词。

(四)开始写话鼓励点儿

二年级,我们开始进行摘录好词好句和写几句话的练习。这是孩子由说向写过渡的重要转折,请您一定要关注,您重视的程度,关乎他以后写作文的水平。怎么关注呢?摘录的目的是学会品味、赏析、感悟、选择,掌握标点符号的规范书写。摘录时,遇到没有学过的字,建议鼓励孩子尽量写字不写拼音。写话呢,要求写通顺、完整的话,并正确运用标点,为三年级的写作搭个小小的台阶。建议您在孩子完成后定期翻阅一下,对孩子的点滴进步多加鼓励,相信您的孩子一定会喜欢上写话的。

(五)读书家庭幸福点儿

记得有这样一句话:你不要以为把孩子送到学校就开始了教育,只有当你的孩子爱上了阅读的时候,教育才真正开始。家长们,在语文教育中最重要、最有效的手段就是阅读,它是一种乘法手段,可以让儿童的智慧以几何级数递增。低年级没有真正的学业落后,也决不存在绝对的成绩优秀,一切都是可以逆转的。使情况发生逆转的神奇力量就是:课外阅读。凡是大量阅读的孩子,他的智力状态和学习能力就会更好;凡是缺少阅读的孩子,学习能力一般都表现平淡甚至落后。请每天坚持和孩子一起读书吧,读书的孩子最聪慧、最可爱。

教育孩子难,把孩子教育好更难。有这样一句话,孩子是父母一生中最难读的一本书,也是父母一生中读得最有幸福感的一本书。让我们都能静下来潜心研究世上那本唯独属于自己的书。衷心祝愿每一位家长都能从中摸索出一条真正适合自己孩子发展的教育之道来,愿每个家庭的教育都成功。

我曾经的"外教"经历

"我的名字叫 Alex,2004 年 1 月 6 日在德国出生。我身高 140 厘米,不高不低;体重 63 斤,不胖不瘦;有健康、细嫩而且白净的肤色,还有较长的深金色直发和杏仁形状棕色的眼睛,一看就是个外国小帅哥。但因为我有很长的头发,从一年级到三年级,大家都笑我是个女孩子,这让我很苦恼。

"我喜欢练习跆拳道,因为训练有素,所以我的身体很强壮。我的手指很长,一次能按 9 个琴键。我爱阅读关于恐龙、龙和吸血鬼的故事。

"快乐的时候,我喜欢大嗓门地笑。当我跟爱的人说话时,我永远都不会停止说话,爸爸有时说我话太多了,但我乐意听从他的建议。你看我的自画像有趣吗?"

偶然间,在电脑里翻出这篇五年前的习作,让我想到了作者——一个德国孩子,这个在中国教育下读完三年级后转回国的学生,还有背后和我们这些任教老师相爱相杀的德国家庭。

Alex,中文名叫何晨龙,爸爸是纯正日耳曼民族人,大学教授,妈妈是中国人,家庭氛围西化。Alex 皮肤白皙,头发金黄,爱扎垂至肩头的小麻花辫或高高在顶的道士头,穿中式服装。从后面看,真真一个女孩子,低年级时常常会遇到一种尴尬,每次上卫生间,总有人大声尖叫:"哎,你走错了,你应该去女生厕所。"

他有许多优点:外形独特,吸睛率高,热情开朗,特爱发言,特爱表现自己、也特能展示自己,下课也要追着你问许多为什么,仅这外向热情,就让班上所有的亚洲孩子都相形见绌。

德国家庭对孩子的教育非常重视,每次参加家长会,一定是爸爸妈妈两个人都到,特别是高大强壮、头发花白的爸爸,不管冬夏,必然打着红色领结,穿着正规西服,不苟言笑,正襟危坐,由妈妈翻译着听完全场,会后还要留下来细细沟通。每逢圣诞、感恩节,爸爸妈妈都会主动带上礼物和 PPT 来班级给孩子们搞活动,近2米高的爸爸会一扫平时的严肃,动作夸张地表演,嘴里不时地蹦出几个中文字,特别有趣!

但可爱之人也有可气之处,我想,这也是中西方文化和教育不同诉求造成的原因吧。可气的原因中,最主要的是挑剔,说好听些是对中国教育、对我们老师有要求。教他这三年,身边的各科同事纷纷被他们告到校长那里,大家被告状的原因各不相同:这个老师上课教学太枯燥,缺乏幽默和方法,我的孩子不爱学习了;那个老师忽视孩子的举手,一节课只给几次发言机会,严重伤害了孩子的积极性;这个老师课堂管理能力太差,孩子不知道他在讲些什么;那个老师的口语不标准,让孩子的英文发音像乡下人,以后回欧洲会被人耻笑的……理由是无奇不有。

我作为孩子的语文老师和班主任,也曾和这家人有过几次针尖对麦芒般的交锋,记得有一次是关于作业,从一年级开始,Alex的爸爸就不让孩子做家庭作业,各科几乎都不做,问他为什么,德国爸爸说:"你们为什么给我儿子留这么多作业,那他还过不过日子了? 他还要学习跆拳道、钢琴、德语,还要玩,他一生的幸福是我们更关心的,你们不要让他回家后每分钟都花到作业上,最后他变成了人还是变成了机器?"说得理直气壮。

寒暑假作业更不做,为什么呢? 妈妈解释说:"假期里,我们照顾了一只生病的小狗,学会了骑自行车,读了很多德文课外书,结交了许多乡下朋友,这就是我们假期做的作业呀。"这样奇特的答案,是多么不符合我们中国国情啊,把我们这些任课老师都气得牙痒痒,但又无可奈何,因为她讲的虽有些夸张,但冷静下来站在对方国情角度细想想,真的全无道理吗? 也不是的。

德国以严谨著称。提起德国,很多人会想到奔驰、宝马等汽车品牌。也有人会记得,国内现在比较推崇的"华德福教育"——一种以人为本,注重身体和心灵整体健康、和谐发展的全人教育,也是从德国开始的。还记得,一年级时,校长牵着Alex的小手,把他带到我身边的样子,更记得,三年级期末,他带着鲜明性格和对中国式教育的爱恨挥手离开的情景,对他的教育,我承认,整体是失败的。我们没有改变他们,他们一家也没有改变我们,我们都在各自的轨道上前行。

时至今日回想起来,还是很感谢和这个德国孩子、这个德国家庭相处的几年,这种经历很难得,有快乐、有合作、有斗争,更有体悟和成长,让我慢慢磨炼出了包容平和、善于反思、就事论事、国际化的心态和视野。

　　班上还有两个韩国孩子,也带有鲜明的韩国特点:第一,特爱美,而且有礼。每次放学接孩子,韩国妈妈都必然是淡施粉黛,穿着得体,静静等候;每次和老师说话,不停地含笑点头鞠躬致谢。孩子呢,头发总是要烫得卷卷的,身上带着淡淡的香味,这可是男孩子哦。衣服几乎一天一套,套套雅致得体干净,养眼得很。第二,要好,而且非常要好,比中国孩子还要,身为韩国人要学中文,所以更刻苦,经常是不会就急哭了,擦擦眼泪再写,这也是韩国事事要做第一的文化的体现。第三,无条件尊重、相信、支持老师,这和前面的德国家庭截然相反。虽然孩子学习成绩不是很理想,但我们师生、家校却相处愉快,配合默契,这也许是地缘、文化的相似造成的。

　　很遗憾,因为是公立学校,后来的几年,因为学区里中国孩子学位紧张,外籍生渐渐减少。但我却经常怀念那个在校园里经常遇到各种面孔,多元化文化可以相互学习影响的时候……

连接·共生·辐射
——青年团队"一体两翼"促成长

第二编

连接·共生·辐射

——记深圳市王凤华名师工作室

以诚连接　情怀为歌

王凤华名师工作室最早成立于 2015 年 10 月的南湾校园,那是王老师作为教育高端人才被引进深圳龙岗的第二个月,呼啦啦吸引了 30 多位不同学段、不同学科的老师参加,阅读、思考、写作,仅"阅读有道"读书会第一季,接龙笔记就达 30 余万字。2017 年成立龙岗区小学语文名师工作室,考核成绩优秀,2020 年再次通过评审,2021 年 10 月获评深圳市名师工作室,2022 年成立广东省粤派名师语文学科工作坊。

工作室连接鲜活的灵魂,组建梦想之团队,八年来,吸纳、培养、输出 100 多位成员,成为市、区各个学校的中坚力量、教学骨干,他们拥有共同的成长愿景和职业理想,拥有同样鲜活灵动、热爱生长的美好灵魂。"聚是一团火,散若满天星",各美其美,美美与共。工作室全体成员秉持"与学生共生,与学习共生,与梦想共生"的宗旨,不停生长,培养教师,惠及学生,辐射周边,在区、市及省内外有着良好的示范和辐射作用。

以研共生　积学敦行

工作室主持人王凤华老师近年来先后获得教育部"一师一优课"部级优课、广东省教育厅优课、深圳市名师优课、区优质课堂等荣誉三十余次。2020

年,获得全国"第二届小学语文青年教师教学大赛"特等奖,是广东省唯一获奖选手。同年,斩获全国教师信息化交流活动"典型作品"、深圳市教育局"融合创新应用教学案例"比赛、市中小学教师微课大赛一等奖等诸多奖项,是深圳小学语文界一张独具风采的名片。

王老师倡导"三味"语文,带领团队践行"儿童·语文·思维"教育理念,以初心与哲思并臻,以"一体两翼"为策,探汉字研究之真,寻文体教学之美,研批判性思维培养之径,展思想共进之乐,努力深耕一线课堂。王老师认为,现代教师要做教育者,还要做思考者、研究者、实践者、表达者。她带领工作室立足统编教材的运用实践,主持结题《统编教材视域下小学语文文体分类教学实践研究》等国家级、省区市各级教育科学规划课题 32 项,研究团队编著汉字教材 6 部,先后获评龙岗区优秀课程、深圳市"精品课程"、广东省校本课程建设一等奖。2020 年,带领成员圆满完成市教育信息技术中心 17 节《神奇自然》高清优质课例的录制工作,成为市小学语文唯一入选精品课程。市区教科研专家高度赞誉:"工作室研究了一个个课题,开发了一系列课程,引领培养了一个优秀团队。"

以情辐射　孵化成长

主持人王凤华老师作为深圳市教师继续教育课程开发及授课专家,在市继续教育平台连续四年进行教师培训,组建团队对区新教师连续 3 年进行培训,带领团队先后在北京、成都、苏州、无锡、广州、陆丰、榆林、南阳等地开展线上线下交流活动近百场,参训教师达两万多人次,评价优秀,2023 年被评为深圳市教师继续教育培训五星主讲教师。

2020 年以来,作为区"小学语文学科首席负责人"的王老师,带领全区 40 余名青年教师通过 CCtalk 公益平台面向全国学生开发了 100 多节专题及新授课程。工作室高思宁、曾玲玲、刘洋、吴俪蓉、田丽、卓义青、龚霞等老师开发的 30 余节线上课程受到师生欢迎,观看人数达 85.95 万人次。

培训有期,成长无限。近年来,工作室先后培养林颖、田丽等五位老师在国家级教学技能比赛中获一、二等奖;高思宁、许海超等三位老师获"一师一优课"部级优课、省市级优课;指导傅明、卓文青、黄军华等二十余位老师获市区各类教学比赛一二等奖;见证了徐亚舒、龚霞、杨淳等十余位市、区名班主任、优秀教师的成长;记录了罗莎、叶慈妹等二十余位成员从青年新秀到骨干教师、学科带头人的成长经历……对他们而言,工作室不仅是名师"孵化器",更是互相帮助互相成就的精神家园。

连接、共生、辐射,这就是王凤华名师工作室,精神明亮,知行合一,行向春风来处。

"小室"和"大家"

——南湾学校深圳"双名工作室"揭牌仪式上的发言

今天是个好日子,儿童节刚过,端午节将至,南湾和乐会堂高朋满座,嘉友云集。今天,龙岗区教师发展中心肖院长和南湾教办廖主任也拨冗前来,为我们揭牌、鼓劲儿。大家的到来让深圳市"王书斌名校长、王凤华名师"工作室的揭牌更有仪式感,更具里程碑意义!

今天是个好日子,一所学校,两个市级名工作室揭牌,实属不易!感谢王书斌校长一年前从石芽来到南湾,促成了这"好事成双"。大家肉眼可见,我和王校相比,在各种高度上都差距很大。但仔细找找呢,很荣幸,也能找出几点相似之处,比如,我们都姓王,比如,我们的第三批区工作室都在教师发展中心考核中被评为优秀,又都主持了第六批区工作室工作;都是 2019 年广东省教育科学规划课题主持人;都在去年教师节领取了 30 年教龄的证书;在去年龙岗区首届课博会我校"三名"工作室共同呈现了 12 个优质讲座;更重要的是,在去年 2020 年一同参加市级评审,今天共同来揭牌。

这些相同的背后,其实是南湾学校合适教育理念的引领和乐文化成果的展现,就像王校所讲的那样:努力做幸福、无悔、有温度的教育。

今天是个好日子,两个市级名工作室即日起航,反复思量,觉得用这四个字,基本可以涵盖我的思考,那就是"小室""大家"。

首先说说"小室":我们的工作室按照市教育局要求,人数在 20 人以内,室小、人数少。正所谓"浓缩的是精华"。我们工作室连接的是鲜活之灵魂,组建的是梦想之团队。他们中,有知名校长、学校优秀中层干部,有学科名师、工作室主持人、骨干教师,真可以用"精兵强将""各具风采"来形容。工作室就像磁石,吸引各区青年才俊汇聚。因而,我想说,工作室虽小,但,能量很大。

说完"小室",再来重点说说"大家"。首先谈谈为"大家":工作室接下来的三年,我们作为主持人将践行立德树人、管理育人、教书育人的理念,充分发挥示范、引领、辐射作用,通过传、帮、带,积极开展队伍建设和人才培养,努力创造适合每位成员发展的机遇。

高质量完成"五个一"任务:完成一项重点课题、开展一系列培训活动、建设一批专业资源、搭建一个成长平台、带出一支优秀团队。

王书斌名校长工作室三年规划的关键内容是:面对现代化、全球化的大背景,以从"物化""美化"到"文化"为主线,高度重视学校顶层设计和理念创新,不断寻求发展原动力,用先进的文化引领学校发展。

我们名师工作室三年规划的核心内容是:一体两翼,立足课堂,践行"三味语文",研究"三味"课题,创设晓畅通达的"大语文"学习情境,落实新课标精神,指向师生共同成长。

作为主持人,我们会适当后退,把大家推向前台,激发大家的教育智慧,为大家创造成功的机会,让大家感受到育人和成长的快乐,这是我们主持人最大的成功和快乐。

再来说说成"大家"。"我是谁,我从哪里来,要到哪里去。"这些终极问题,作为主持人和成员都要思考,要自问,因为我们是教育人,我们要有教育愿景。

"愿景"就是"目标+使命"。工作室为大家创设舞台,就是希望大家不忘初心,牢记育人使命,把根深深扎进深圳教育的土壤中,拥有中国情怀、世界视野,个个成为独当一面、各有所长的"大家"。

最后说说做"大家",就要展现大家风范、大家气度、大家情怀,有一番大作为,争做一名"大先生",无愧职业、无愧人生。这是我们的目标,更是我们的使命!

"聚是一团火,散若满天星",这就是我理想中的"小室""大家",让我们在工作室里相互学习,借教育点亮自我,照亮他人,行而不辍,履践致远。

做这样的"师傅"

——苏州星湾学校师徒结对仪式上的发言

首先要祝贺在座各位朝气蓬勃、青春无敌的"徒弟们",在这所学校里,你们是幸运且幸福的。新学年,你们又有了新的"学科师傅""班主任师傅",学校为你们的成长着意设计,搭建了如此高位且宽阔的成长平台,这是我们刚工作时所不能比的,羡慕并祝贺大家。能成为你们的师傅,我们是荣幸且有巨大压力的,作为资历尚浅的师傅,我想从下面几位前辈身上多加学习。

第一位是孙悟空的师父唐僧。

在《西游记》里唐僧最值得我们称道的应该有两点:一、为师为范,为徒弟做了好榜样。二、坚忍不拔、执着追求、一心向善。在他的带领下,师徒四人历经磨难,终于取得真经。唐僧师徒的成功告诉我们:成功来自心中的希望与信念。作为教师,就要做一名有使命感和事业心的教师,教育不仅应该是有效率的,更应该是有灵魂的。做师父的更是如此,时时事事都要用高尚的师德行为去征服、感染自己的徒弟,热情关心徒弟的思想进步,做严格遵守各项规范的榜样。

眼界决定境界。目标的达成首先取决于个人的人生规划,作为师傅,要找准个人定位,制定好自己的学习计划,为徒弟规划好成长计划,努力做到一年上路,两年成型,三年合格,五年成为骨干教师。然后向唐僧师徒学习,朝着目标,执着追求、一心向学,相信终会有所收获。

第二位是鲁迅的老师藤野先生。

人的一生能遇到几位好老师是多么的幸运!鲁迅先生就遇上了他的藤野先生。藤野先生之所以能让鲁迅时时记起,重要的原因就是他对学生"热心的希望、不倦的教诲",让鲁迅觉得"他是最使我感激,给我鼓励的一个"。作为师傅,我也希望有幸做徒弟生命中的"藤野先生":严谨治学,在严格要求的同时给予真诚的鼓励。工作中,坚持向徒弟开放课堂,及时提供有价值的教育信息和优质的教学资源,主动传授教育教学的成功经验,共同探究教改新路,指导徒弟全面做好教学规范等工作。引导青年教师们乐于奉献,敏于学习,勇于创新,善于总结,逐步形成学校倡导的"博学、善启、为师、为范"的教风。

在这里,压力与成长并存。事实证明,谁善于时间管理、压力应对,谁就能更快成长。"积小成以成大成"是教师成功的策略,学习与反思是使我们变得有思想的不二法门。有个说法叫"三八理论",大意是:一天24小时,8小时工作,8小时睡眠,还剩8小时。人与人之间的差别就是在这8小时形成的。的确,本来旗鼓相当的两个人,每天就差那么一点点,日积月累,差别就会越来越大。

第三位就是被尊称为万世师表的孔子。

孔子告诉我们,为师要"学而不厌,诲人不倦"。我认为,"学而不厌"是"诲人不倦"的前提和基础。作为师傅,只有自己学而不厌,保持内心的开放和鲜活,才会有师傅教得不倦,徒弟学得快乐,师徒才能共同进步。从我的个人成长经历来讲,我认为促进教师的成长,最重要的仍是读书。张大千先生说:"作画如欲脱俗气、洗浮气、除匠气,第一是读书,第二是多读书,第三是有系统、有选择地读书。"读书对于画家尚且如此重要,何况对于我们教师呢?"熟读精思、虚心涵泳、切己体察、明辨笃行",只有师傅具有丰厚的文化底蕴,才能创造一个真诚、深刻和丰富的课堂,才能带给徒弟真正的收获与成长。

孔子说,三人行,必有我师。因而韩愈说"是故弟子不必不如师"。是的,能过关斩将来到这里的青年教师着实不简单,你们有充沛的精力、好学的热情、敏捷活跃的思维和改革创新的能力。作为师傅应有博大的胸怀、甘为人梯的精神和立志让徒弟青出于蓝胜于蓝的境界。同时不断进取,力求自身的完善和提高,与徒弟共同成长。

有人说,最上乘的武功是"手中无剑,心中有剑",最上乘的教学是"随风潜入夜,润物细无声",那我说,最高明的师傅是"博学善启、为师为范、严慈相济",最聪明的徒弟是"乐学善思、广采博纳、择善从之"。师傅们、徒弟们,新学期,新起点,让我们共同向"最好"进发吧!

谈青年教师的成长

青年教师的成长过程中,需要学生家长的支持,需要教学团队成员间的互助学习,需要掌握"望闻问切"的本领。

关于班主任,重点谈谈和学生家长的相处。孩子的背后是一双双热切而期待的眼睛,它们来自家长,对于和家长的关系,我的感受是"成也萧何,败也萧何",学生教育是否成功,家长的配合至关重要。

在座的大都是对一切都感到新奇的青年教师,结合我们过来人的经验教训,给大家提几个醒:第一点,对待家长的态度要有礼有节,不卑不亢。有的老师觉得自己比家长年龄小,见人只会和风细雨,不敢"命中要害,来个温柔一刀";有的老师则反其道而行之,遇到问题急火攻心,方法简单粗暴,让家长情绪逆反。这两者都不可取,把握其间的"度",是需要磨炼和智慧的。这就关系到第二点:全方位的学习提升,练就"长袖善舞"的本领。向谁学?向有经验的师傅学,向有创意的同事学,更要向渊博的书本学。

第三点,通过孩子改变家长,通过家长改变家长。我举一个班上的例子。上学期,我们班代表学校参加了苏州市的"创意变变变"比赛,获得了一等奖第一名。成绩固然可喜,作为班主任,我认为还有更多的可喜之处:班级学生40名同学除2人因病外,全部参加了本次节目的排练、演出,孩子们利用休息时间坚持长达一个半月的排练,哭过、疼过、退缩过、笑过、开心过,在学会将"小我"融入"大我"时,成长了。本次活动的起因,是班级6位核心家长的动议,本着锻炼孩子、自愿参加的目的,开展一个小活动。没想到一开始招募,孩子带动孩子,孩子带动家长,家长带动家长,全班40个家庭全动了起来。家长的力量是巨大的,大家在各自的岗位上都做出了不平凡的贡献。比如工作重心明显偏移。平时工作繁忙的爸爸们请假上场了;QQ群上,妈妈们时时在商量节目准备,各展所长:你为学生借服装道具,我为班级贡献奇思巧手,你给孩子们准备面包糖果,等等。作为班主任的我,只能做好一件事,做好总协调。当比赛评分灯亮到最高处时,孩子们、家长和我在欢呼雀跃中,亦有激动的泪光闪动。此番经历,不仅给孩子们的学生生涯,也在我们和家长们的回忆中,留下了值得回味的浓重一笔。

作为班主任,可借鉴的有如下几点:1.一定要有紧紧围绕在你周围的核心家长群,在活动时帮你摇旗呐喊,在困难时,帮你营造正确舆论。2.善用家长的力量,有些话,你不必说,让家长说;有些事,需要放权,让家长做,效果更好。3.如何做到上面两条,作为班主任,就要功夫下在平时,以一颗真正爱孩子的心换家长的热心、真心。

有句话说得好,"成就了学生,也就成就了老师"。作为班主任,我要说"成就了班级,也就成就了班主任"。

学生的成长可以是"牵着蜗牛去散步",但对于青年教师,社会、学校、学生、家长都不容许我们的成长"慢慢来"。快速成长,独当一面,是学校,更应是我们自己对自己的要求,否则,不进则退,你即使拿着船票也赶不上星湾这艘快船了。

两年前,我们组的青年教师大多和大家一样,"新手上路",刚刚走上工作岗位。但经过一年多的历练,纷纷崭露头角、小有成绩。

校内:班主任基本功大赛:参赛共8人,我组5人参加决赛,全部获奖。青年教师基本功大赛:27人参赛,前十名中,我组的陈俊、赵静、居夏华、俞鸿雁、陈晓萍分获总分第一、二、四、五、七名。5项单项比赛中,我们囊括4项第一。

校外:赵静连获区队会教案、说课、队会展示比赛三项一等奖,居夏华在区语文青年教师赛课中独占鳌头,获得一等奖第一名。成就是如何炼成的呢?一个词、五个字。

一个词:环境营造。我们组里有16对师徒,青蓝携手,为师者,大气睿智,倾囊相授;为徒者,善学乐学,孜孜以求。整个年级组关系淳朴而简单、融洽且和谐,因而青年教师有热情,有方法,成长迅速。

五个字:比学赶帮超。事实胜于雄辩,我给大家讲几个他们的故事吧。

先说说我们的陈俊老师吧,陈俊的英语口语非常了得,但两年前刚进校时,却因性格温和对课堂掌控、班级管理不甚得心应手,经常享受领导面谈的"优待"。但我们的陈俊说:星湾不相信眼泪。他不气馁,虚心向身边的老师求教,努力完善自己的性格和管理能力,一年多下来,他变得性格刚柔相济,管理有条有理,受到上至校领导下至学生的一致好评。陈俊告诉我们:面对挫折时,不抛弃,不放弃! 变压力为动力!

再说我们组里的"拼命十三娘"陈小萍,她所在的班级班风正、学风浓,学生成绩突飞猛进,是我们年级的一面旗帜。其实,这一切与她的付出是成正比的,虽然有孕在身,可她却毫无娇气,心中装载着对学生的爱与责任。她早来晚走,从没有一点懈怠。班级英语成绩下降了,她就天天坐在课堂后面听课,"厚着脸皮"向陈俊施"压力"、要"照顾";班级出现问题,她手书一封长信给家长,字里行间充溢着真情,让家长感动。此番种种,让我们看到了一个外表纤弱,内心强大的陈小萍,大家都笑称她为"陈坚强"。陈小萍告诉我们:世上就怕认真二字,你若坚强,谁能阻挡!

还要说说上学期分获区一等奖的赵静和居夏华,研究这两个人,有一个共同点:聪明好学,善于抓住机会。能到我们星湾学校的,聪明自不必说。好学可是让她们突飞猛进的法宝,我用中医的"望闻问切"来形容她们的学习情况吧。

第一,望。就是自己要给自己设定各项切实目标,并为之不懈努力。几个年龄相仿的青年人,他们阳光自信,相互学习,相互较劲儿,在班级活动、评比、成绩等方面进行良性竞争。仰望星空的同时更要脚踏实地步步前行。

第二,闻。在座的每一位青年教师都很快会有自己的教学师傅、班主任师傅,师傅是个宝哇,要学会师傅的点金术,那就像居夏华、赵静一样,天天黏着师傅听课取经,就这样且思且行,且行且思,你的收获是惊人的。

第三,问。有了思考,有了疑难,有了不同,一定要大胆问、随时问,我们组里的青年教师经常在办公室进行"头脑风暴",我也经常被徒弟们犀利的问题问得哑口无言,然后大家共同查资料,再研究,共同进步。在组里老师有比赛机会时,青年教师们都是相互鼎力支持,他们用行动证明:成就了别人,也就成就了自己。

第四,切。切就是抓住机会,勇于展示,敢于创新。青年教师思维活、点子多,加上老教师的底蕴、经验,大家齐心协力,怎能不创造成绩呢? 在赵静参加的区班会赛课、居夏华参加的园区语文赛课中,组里的老师们各展所长,把磨课看作攻玉,如切如磋,如琢如磨,这才有了她们的华丽转身。作为师傅,我想说,成就了徒弟,也就成就了师傅。

这就是我们组里年轻人的缩影,相信在座的各位新老师,同样很快就能适应星湾的节奏,演绎出自己的精彩,成就自己,成就星湾!

青年教师教学设计"修炼手册"

有青年教师问,什么是最好的教学设计?我的回答是:没有最好只有更好。教学设计优化修炼,我们都在路上。

一、教案设计要基本规范——做"第一眼美女"

首先,教案设计要基本规范,要做"第一眼美女",第一眼美女要具备的印象应该是书写规范,条理清楚,令观者视觉舒适。

教案设计必须是完整的一课或一个课时的教学内容,教学方式方法灵活而合理,体现先进的教学理念。教学设计包括课题、设计理念、教学目标、教学重难点、教学准备、教学过程及环节设计意图、板书设计、教学自我评析,根据需要还有课前预习单和课上学习单。

语文教学要文以载道,文、道都要关注,有老师目标设定不够全面、到位。建议目标不要大而空,要切合课文内容具体设定。怎么验证呢?课堂教学要确保至少三分之二的学生可以达成这些目标。

统编教材中,将"精读"改为"教读",将"略读"改为"自读",加上"课外阅读",就建构了"三位一体"的阅读教学体系。

那么怎么设计好教读课?提两点建议:课前,要安排好预习,设计用好前置性学习单,不要设置太多内容,主要就是提一些与文本相关的问题作铺垫和引导,激发阅读的兴趣。教学时,教读的重点是教读书的方法,教阅读的方法,同时也适时教一些写作方法,三者结合起来,设计就会鲜活立体起来。

备课的基本思路是首先要解决文本的三个核心问题:文章写了什么,指向表达内容;文章为什么这么写,指向作者写作意图;文章是怎么写的,指向表达方法。然后进行教学点的确认,首先是教师读到了什么层次,也就是要深度进行文本解读;然后通过预习检查,看看学生已读到什么层次;然后确定教学点,也就是学生读不到但又应通过学习需要读到的地方。

二、教案设计要凸显三个特点——做"第二眼美女"

《传奇》里有一句歌词:"只是因为在人群中多看了你一眼,再也没能忘掉你容颜。"那,教学设计怎样做第二眼美女,让评委多看你一眼,把你的教学设计记在心间呢?

当评委看设计的时候,能让他眼前一亮的,应该是特点、亮点、创新点。

(一)特点

我想谈谈关注文体特点。

统编教材专家温儒敏教授提出中小学都要关注文体特点。他说:"就担心那就是不管教学什么文体,无论小说、散文、诗歌、童话、议论文、科技文,全都用差不多的教学程序和讲法。有的上诗词课,也要分析主题意义;上童话课,就和教学小说差不多,还是人物性格、艺术手法分析;等等。不同的文体课型应当有变化。何况课型不变化,没有节奏,老是那一套,学生能不腻味?"因而,不同文体的阅读方法应当有区别,教学侧重点也应有所不同。

(二)亮点

亮点主要关乎教学思路的层次是不是清晰,核心要素是不是突出。

(三)创新点

创新点即设计是否体现教者的独创性,给人以新鲜的感受。

有老师运用表格梳理文章脉络;有老师用马蜂窝 App 查找壶口瀑布相关旅游信息,找与游记散文之间的差别;有老师以柳宗元的《小石潭记》联系本文导入、绘图标注所观、所感,板书设计新颖。

三、教案设计要不断进阶——成为灵魂有香气的女子

教学设计的进阶——成为灵魂有香气的女子。漂亮的皮囊千篇一律,有趣的灵魂万里挑一。做人,要成为灵魂有香气的人。教学设计的灵魂在哪里呢? 深度学习。"深度学习"有多种定义,其中有四个关键点:一是理解后的高认知;二是全神贯注的高投入;三是真实任务、真实情境的介入;四是有效反思。

在深度学习中,学生是积极主动的学习者;教师的作用是引起、维持、促进学习;学习的目标是学以致用;学习的内容是蕴含意义的任务,即真实情境的问题解决;教学过程表现为高投入、高认知、高表现的学习;学习评价为真实情境下的问题解决、完成任务的表现;反思即悟中学,是必需的。

深度学习设计要做到以下几点。

(一)语文教学的基本规律

新课标指出:语文是一门实践性课程,学生的语文能力是在实践中形成的,不是教师讲会的。著名语文教育家于永正老师退休以后对自己的语文教育生涯进行深入总结,他指出:"学生的语文能力不是讲出来的,学习兴趣不是讲出来的,情感态度更不是讲出来的。讲,真的作用有限。如果再让我教小学语文,怎么教? 多读书,读好书,好读书,读整本书,不但读,多读多背,多读多写。"这是于老师近六十年语文教学的切身体会。阅读能力是读出来的,作文能力、说话能力是在实践当中形成的,这是语文教学的基本规律。语文课应该是用课文教学生学语文。

(二)要看教师对学生的学法指导和学法设计

教师对学生的学法指导应是整体的,要解决"会学"和"学会"的问题。我们在教学设计中,要努力将"以教师讲述为主"的设计,改变成"以学生学习活动为主"的教学活动设计,重视学生学习活动的设计,最大程度引导学生参与学习,发挥学生学习的主动性和积极性,让学生在亲身参与的活动中

提高听、说、读、写能力,增加学生的获得感,从而激发他们学习语文的兴趣和动机。

(三)教学中应当加强思维训练,特别是批判性思维

通过"语用"的学习把思维能力带起来。这是我们语文教学的弱项。比如我在《伯牙绝弦》的思辨板块的设计(见前文)。

四、教案设计的背后是厚积薄发——岁月从不败美人

教学设计的优化提升非一日之功,要的是厚积薄发。大家熟知的两句话:"若有诗书藏在心,岁月从不败美人。"老师们,岁月是一张滤网,一个人的容貌,会被岁月带走;绚烂的青春,也会随着时间流逝。腹有诗书气自华,一生都不褪色的,唯有那永不凋谢的芬芳气质。语文老师要博雅。《诗经》有言:"如切如磋,如琢如磨。"一个好的器具离不开精雕细琢的好功夫,一个好的教学设计,更离不开平时的积淀、大量的阅读、勤奋的思考,然后深析细琢地精心设计。教学设计是成为经典还是流于泛泛,取决于我们是否有下定决心的付出和毅力。

"嘤其鸣矣,求其友声。"教学设计的修炼,我们一起,在路上。

和青年教师谈教学风格

来到德兴小学的感觉——美好。德兴校园小巧精致,处处匠心独具。德兴的老师文雅热情,腹有诗书,有股江南的文化味儿。这是一所让人来了就会爱上的学校。今天第一次和德兴的孩子一起上《夸父追日》这一课,三年级的孩子言谈举止稚气未脱,许多好习惯已然养成,听、说、读的能力都让人刮目相看,年龄不大,却个个自然大气,活泼真实,我很喜欢,谢谢这个班的语文老师,培养了一群这么好的孩子,窥一斑知全豹,德兴的孩子是幸福的,因为有时时为他们谋划终身幸福的老师们。

课上完了,但研课才刚刚开始,我相信,不同学段、不同老师共看一节课,一定有着不同的感观和评价,我珍惜每位的真知灼见。下面,我们就这节课来聊一个话题。作为语文教师,我们追求什么教学风格?

由课及人,首先来谈谈我眼中的语文课堂。我追求的教学风格:简约、务本、灵动。自有"语文"以来,它便承载着太多的"任务",因此,许多老师认为语文课千头万绪,都可以讲,也都舍不得不讲。因而,有人这样和数学做比较:"数学是清清楚楚一条线,语文是模模糊糊一大片。"这不是戏谑,是事实。我信奉"大道至简",认为语文课必须返璞归真,"简约、务本、灵动"是我追求的课堂。如果用一个词来讲,就是简约。简约是语文的本色,它的背后是大气、精要、深刻,也是智慧。简约课堂,必须要摒弃浮躁的、不需要的奢华和作秀,在课堂上认认真真做好"减法"。

1.教学目标简明。鲁迅说"人生得一知己足矣",而课堂上,一课能有一得也足矣。一堂课较彻底地解决一两个学生切实需要解决的问题,真正给学生留下点东西,和学生一步步走近文本,比浮光掠影、蜻蜓点水的教学要有效得多。

比如,中年级开始接触学习概括,在本课的教学目标中,就有"学习概括"的目标。大家都知道,概括文章的方法很多,在这篇课文中,我只重点渗透指导的是一种概括的方法:段意合并法。

2.教学内容简约。前段时间影院热映的《北京遇上西雅图之不二情书》不知大家看了没有,能给它打多少分?《新京报》书评周刊有段评论我觉得很有意思,它这样说:就整个叙事来说,主线过于单薄,而支线一再抢戏让影片显得散乱臃肿,也许是导演想表达的太多,对女性、爱情、亲情、移民问题、文化差异、传统文化的消逝、人类精神文明等一系列宏大命题的思考,被一股脑地塞进了这个不堪重负、题材陈旧的爱情片中。印象最深的是最后一句:"什么都想说,就必须得面对什么可能都没说清楚的窘境。"

我们老师不也是文本的编剧和导演吗?入选我们课本的文章应该说是篇篇精选,从字词句段到篇章结构,无不让人感受到它的精美,这些都值得我们细细品味。但课堂是个常数,是有限的,学生的学习精力也是有限的,如果追求面面俱到,反而会导致满盘皆输。因此,选择学习的内容,特别是关乎学生终身受用的"核心知识",就显得尤为重要。我在试上《夸父追日》的时候,超时了10分钟,怎么办,"减肥",只有适度给课堂内容"消肿",再次梳理主线,才能突出主干,凸显主体,瘦身成功。

3.教学环节简化。语文学习本身是一件简单的、快活的事情。我们没有必要设计那么多的学习环节,"勤教师培养了懒学生"!这种现象值得我们深思和反省。语文靠的是体悟和浸润,她的本身是"只可意会不可言传"的。我在备《夸父追日》这节课时,读了许多关于这个神话的资料,如果打印出来,我想不下30页纸,至少产生过六种不同的课堂设计思路,但反复推敲琢磨,删繁就简,最终确定了"学概括、找神奇、学思辨"三大板块。

"简约,不简单。"这看似简单的一句广告语,却恰恰是对"简约"的生动诠释。"简单"设计,提纲挈领主线突出,板块清晰提升学生能力,以至事半功倍,满堂悦色,这才是简约课堂的精髓之处。它要求教师在备课环节狠下功夫,在学情了解上做足功课,在课堂之下扎扎实实做好"加法"。相信再上这节课,我还会依据学情,依据课堂再次优化修改,都会不一样,都会有板块的修改、细节的改善,这"磨"的过程也就是自己思维成熟,文本解读、思路优化、专业进阶的过程。

三个"三",助力教师专业成长

教育是立国之根本。在"双减"实践中,我认为要处理好三个研究,进行三个创新和三个实践。

一、三个研究

(一)研究课标与教材

"双减"的前提是课堂增效,课堂增效的起点是教师对课标、教材的研读、把握与执行。教师要做课标的忠实执行者,做教材的创造性解读者和使用者。学科核心素养是学科育人的重要目标,分析研读教材,就是要对准学科核心素养这个靶心。

(二)研究学情与课堂

研究每节课学生"在哪里",研究教材,要研究每节课应把学生"引到哪里"。"教是为了不教。"教育的职责在于以生为本,通过创设合适的情境,师生共同参与课堂建构,共享探究过程,让学习真实发生,让学生学会学习。

(三)研究作业与管理

研究作业管理效能。教师在备课时须统筹安排每节课的作业量,将课堂适当留白,精心安排练习反馈的环节,及时查缺补漏,相对减少课后的书面作业量,提升课后作业的"质"。

二、三个创新

(一)创新课堂教学

课堂改变,学生就会改变。设计课程、实施教学的时候,要看到素养,切实体现"以学习者为中心"的理念。聚焦学生世界的真实情境,进行开放式探究的深度学习,对学生真实问题解决情况进行评价。

(二)创新教学手段

创新教学手段才能实现学校教育的多样性,提升学校教育的质量,学习效率有所提升。从小处着手,课堂上除了一对多地讲解,还可以组织同伴互助、小组共学,让每个孩子都"在场"。

(三)创新作业设计

依学情,分层次。"双减"鼓励布置分层、弹性和个性化作业。不要让作业成为"要我做"的"负担",而是成为"我愿做"的"常态"。

三、三个实践

(一)"双减"教学基本模式实践

进一步理解、执行"双减"政策,做创造性实施者。"双减",减的是内卷,增加的是教师对职业的专业认知;减的是负担,增加的是教师自身的专业本领,让认知升级,构建新的思维模型。依素养,定终点;缘学情,定起点;以趣味、个性、实践研究为台阶,习得方法,让学习与作业都快乐起来。夯实20%课内教学,瞄准80%素养空间。

(二)"双减"提升质量策略实践

进行学生眼中的"理想课堂与作业"小调查,改变教与学的方式,运用高效、趣味的授课工具和教育方式提高授课质量和学习兴趣。课后作业除了双基练习,更有灵活的主题活动、项目学习、特长发展,让每个孩子都喜欢。

(三)用课题研究来凝练提升

从问题出发研究。要深度研读新课标,创造性使用教材,将作业设计作为课题来研究。从教育教学真实问题出发,与跨学科教师协作,进而全面提升探究性、合作性作业的设计与实施能力。要让学生成为"双减"最大、最直接的受益者。把问题变成课题,让案例和故事来说话。把案例研究和叙事研究结合起来,鲜活、真实,可感受、可触摸,不断追求适合自己的教学风格,主张和风格可以使自己"清楚自己站在哪里",方向是哪里。成为思想者、学习者、实践家、优秀的表达者。

"一体两翼"助力年级成长

作为年级负责人,首先请大家走进并了解我们这个团队:我们一年级组18位教师,16女2男,平均年龄29岁,由语文、数学、英语、体育、音乐、美术等学科教师组成,每个人在承担教学任务的同时分别担任正、副班主任。我们这支队伍中,40%是"年轻的老星湾人",60%是来自五湖四海的新任教师。

在8月30日,我们这支学校最具活力的年级组即将迎来320多位最年轻、最可爱的"小小星湾人",其中35位分别来自韩国、马来西亚、德国等国家。这些外籍学生不远万里加盟星湾,共同创造了星湾年级中班级数最多、学生数最多的新纪录。如何迅速建立一个"养之有素、来之能战、战之能胜"的集体,成为摆在我们面前亟待解决的问题。下面结合学校开展的"三风"建设,谈谈我们对年级组建设的一些想法和做法,供大家借鉴,不足之处请指正。

我们认为,每一个成功的年级组都可以给予这样形象的描绘:"一体""两翼"有"方向"。

有"方向",就是要形成共同的愿景和目标。一个和谐高效的教师团队是学校可持续发展的源泉和基础。成为这样一个团队,正是我们一年级组全体老师共同的心愿。经过集体反复讨论、推敲、修改,我们初步设定了以下各项目标。

我们年级组的愿景是:脚踏实地、仰望星空,做幸福的星湾人!

每个人都成为灵动大气、乐于分享、勇于创新、善于学习的星湾人!每个人都成为星湾最靓丽的名片,年级组成为星湾一道靓丽的风景!

我们的行动口号是:沟通分享、互助共赢、来之能战、战之必胜!

仰望星空,更要脚踏实地,将愿景细化为三段目标。本学期近期目标:迅速创建和谐互助、团结高效的团队,探索团队特色。中期目标:形成"学习、生活共同体",彰显团队特色。学期目标:争创学校优秀年级组。这共同的愿景和目标就是一面旗帜,全体一年级组教师将为此齐心协力、团结奋进。

　　"一体"是指形成学习、生活共同体,我们是这样做的:首先达成共识。对我们来说,全世界60多亿人口,但真正对我们产生影响的人都在我们身边,其中很重要的就是我们的同事。魏书生老师说过:人生两件事,一是做人,一是做事。让年级组里人和人之间的关系质朴而简单、融洽而和谐,是我们共同的心愿。

　　我们组里年轻教师居多,他们开朗热情、大气洒脱、善于合作,综合素质颇高,昨天礼仪培训中,第一个主动站起来参与活动的气质美女,就是我们组的俞鸿雁老师。5位"70后"的中青年教师兼具青年人的活力与"三十而立"的成熟练达,在这艘洋溢青春朝气的快船上,大家团结互助、分担任务、分享快乐。

　　就拿我们正在紧锣密鼓筹备的办公室文化建设来说吧,在营建中,我们充分发扬团队力量,组长统筹协调,美术老师崔希静整体规划,提出设想,其他老师献计献策,每个细节都召开大家共同讨论,商讨多次才最终成形。记得在讨论我们的年级愿景时,我们首先要求大家根据学校工作计划,结合年级特点,每个人都先设计出自己的作品,然后,召开年级组会分别发言并讲述理由。众人拾柴火焰高,最后,在大家你一言、我一语的反复修改、完善中,我们的年级愿景"脚踏实地、仰望星空,做幸福的星湾人"最终获得全票通过。昨天晚上,陈俊老师在雷电交加中冒雨外出刻字,大家一心为公的精神可见一斑。其他还有我们办公室的"笑脸墙""墨香小桌",每班教室门前悬挂张贴,帮助一年级新生识记班级的"卡通画"、一年级学生发展目标"快乐学习,幸福成长"等等设计和实施,都凝聚了我们全组老师的智慧和汗水。这几天,老师们加班加点,兼顾班组,非常辛苦,借今天这个平台,真诚地说一句:谢谢大家!继续加油!

　　"两翼"是指纪律约束和文化浸润。我们在认真学习学校制定的各项规章制度的基础上,拟定了《一年级教师公约》和《办公室环境保持评比要求》,经过上午年级组会议大家讨论研究,修改后即日起执行,公约中我们提出了"四十字箴言":善待自我,善待他人;终身学习,提升自身;讲求合作,乐于分享;勇于承担,敢于创新;文明自律,与时俱进。在《办公室环境保持评比要求》中,我们具体分工、细化责任并将每天有专人检查评比,每周总结。纪律要求与人文关怀在我们眼中并不相悖,而是相互依托,相辅相成。

　　资源会枯竭,理念会落伍,唯有文化生生不息。两千多年前,孔子就提出了"君子和而不同"的思想,和谐以共生共长,不同以相辅相成。在我们组里经常被大家提及的就是"互助共赢,乐于分享",大家是这么说的,更是这么做的。我和朱兢、龚芳芳、钱诚等几位年龄稍长的教师经常在下面探讨青年教师成长问题,并形成共识:把自己最好、最有价值的经验和最惨痛的教训毫无保留地传授给年轻人,为青年教师搭建、提供锻炼的平台,让他们通过"成长三步走":带着走、自己走、带头走,尽快成长起来。很向往"待到山花烂漫时,我在丛中笑"的情景。

在工作生活中,田甜、华林智、居夏华等青年教师主动把体贴的提醒、个人的资料、材料提供给大家共享。大家都明白,乐于分享共同目标与集体感的人,可以更快、更轻易地实现目标,团队成员之间的精诚合作、相互真诚的分享交流,对于彼此的成长,有着十分重要的、巨大的价值。

"天行健,君子以自强不息。"学习是一种权利,一种责任,一种境界。知识的积累有一种浸润感,厚积而薄发,在变幻的世界里游刃有余。"广泛阅读、自觉反思、及时总结、团队合作"是最有效、最可行的教师成长策略,我们将在以后的工作中坚持开展读书漂流、"年级各科大教研"、每月工作亮点学习亮点展示等活动,促使大家在专业化发展的道路上更上一层楼。

作为年级组长,我是新手上路,我认为自己的主要工作就是用真诚和智慧去协调沟通,组织共建,让组里的每位成员都感到很温暖,感到自己很重要,使每个人的积极性、创造性都能最大限度地迸发出来,从而推动团队更快进步。我希望我的工作状态能很快形成一段交替前进的轨迹:从彷徨中应付,到压力下探索,最后在质量上领跑。

"乐然后不知艰辛",虽然我现在还处在"开始"阶段,但我深知,在团队中共同学习、共同分享、共同进步,相信收获的不仅仅是薪水,更有滋养生命的愉悦和成长!

做精神明亮的人
——从"学科教学"走向"学科育人"

第三编

做一个精神明亮的教育者

自 1991 年成为一名教师后,我一直喜欢这样解读自己的名字:永远做一个精神明亮、风华正茂的孩子王。

2015 年 9 月,我作为龙岗区面向全国招聘的高端教育人才由苏州来到深圳,来到南湾学校,这是我教师生涯中的第三次转身。学校上上下下的真诚与热情就如南国九月热烈的天气一样将我围绕,让我寻到了家的温暖。

我对深圳这片热土一直充满向往,没来到龙岗前,就知道这里是一个产出神奇的地方,短短数年间巨力迸发,教育成果斐然。我希望站在崭新的平台,心态归零,精神明亮,再次将自己的教育梦想点燃。

名师应当是思想者,是反思性实践家。我是一名小学语文教师,致力于"三味"语文的研究。我敬畏生命,敬畏儿童,敬畏教师职业,20 多年的教育阅历让我走过"乱花渐欲迷人眼"的迷茫,对教育看得越来越真切、越来越明白:教育是人学,教学是门科学。"语文姓语,小语姓小""教知识不如教思维"……"三味"语文是涵养的语文,是情趣的语文,是培养习惯、提升思维的语文,我们要葆有一颗童心,重新从学生学习的角度理解教学,重新从学生内心渴望和经验建构的角度理解学习。

来到龙岗后,我特别关注区情、校情、生情、师情,让自己的"儿童语文研究"扎根一线,贴地而行。当看到身边的小学语文课堂因为缺少对学生的体察和文体的解读,造成课堂的重复低效、鲜有乐趣时,南湾学校"适合教育"的理念与"三味"语文思想不谋而合。2016 年初,我带着思考,以国家、省、市、区四级课题搭建教育科研平台,以课题为载体,带领团队进行"文体意识关照下阅读教学策略的系列研究",开始用 3—5 年时间深挖"一口井",让"课改的核心在课堂",让"课堂发生静悄悄的革命",在锤炼自身团队的同时,影响辐射周边,让更多的老师、更多的学校受益于"儿童语文"。

风格是思想的血液,风格即人格。感谢我先后在两座文化底蕴丰厚的城市生活和工作过,古城开封带给我北派教学的大气和热情,苏式课堂使我的教学更加精致、灵动、厚重,南北融合、萃取精华让我"简(简约)、精(精致)、灵(灵动)"的教学风格愈发成熟,在多次区域培训中授课深受好评,在 2016 年度教育部"一师一优课"评选中,获得省级优课、部级优课,辅导各科青年教师十余人次在区、市优质课、省级"一师一优课"等各类比赛中摘金夺银。

教师首先应是读书人。引领团队,我首先倡导阅读。2015 年 11 月,刚刚来到南湾学校不久,我就成立了南湾学校"阅读有道 曲水流觞"读书会,带领中小学多学科老师组成团队开始阅读之旅,大家轮流推荐好书做主持人,读后反思接龙回帖,两年来,阅读团队由起初的 20 余人发展为现在的 120 多人,由校内辐射到校外十几所学校,仅阅读"第一季"阅读笔记就积累了近 300 多篇文章,30 余万字。阅读让老师们跳出学科看学科,跳出教育看教育,有许多获得成长的老师笑言:是读书会让我拾起了书本,开始了写作,帮助考入了正编……

教师要构建自己的课程。针对小学语文学科的特点,我们 2016 年成立了"南湾小小朗读者"社团,2017 年开始对汉字课程进行研究,我们"汉字研究团队"秉持儿童立场、立足文化熏陶、指向生活运用,对 300 个基本字进行了分类系列研究,成果《熊猫小博士的汉字研究系列——基本字中的大自然》(第一、二册)获评深圳市"精品课程",系列二《基本字中有趣的人》、系列三《基本字中的汉字家族》,现已进入辐射阶段。

"我就是语文""我就是成人派往儿童世界的使者",这是我和我的团队一直追寻的目标。保持精神明亮,葆有向学之心,相信我们离目标会越来越近……

课堂重建见风景

——基于学习共同体理念下"5＋2"课堂模式的建构

课堂改变,学校就会改变。创建学习共同体是学校改革的哲学,高质量学习在共同体学习中更有实现的可能性。本文立足课堂重建,从学习共同体的提出和理念、学习共同体的课堂愿景、具体的课堂操作方法、理念考量和操作建议等,多维度对共同体课堂模式进行建构。

一、学习共同体的提出与理念

"共同体"一词最早是由德国社会学家滕尼斯提出的,随后在 1995 年被伯耶尔在《基础学校:学习的共同体》一书中首次使用。国内许多老师是从佐藤学的《静悄悄的革命》《教师的挑战》《学校的挑战》系列专著中开始逐渐了解"学习共同体"的。佐藤学教授认为学习原本就是合作性的,原本就是基于同他人合作的"冲刺与挑战的学习"。课堂就是班级学习共同体,这个共同体是由学习者(学生)和助学者(教师)共同组成的,以完成共同的学习任务为载体,以促进成员全面成长为目的,强调在学习过程中以相互作用式的学习观做指导,通过人际沟通、交流和分享各种学习资源而相互影响、相互促进的基层学习集体。

通过长期的课堂观察调研,佐藤学教授发现"共同体学习"让弱势学生有了高品质学习的机会,它提倡相互尊重、相互倾听,建设班级的民主文化。因而提出"共同体学习"的核心是教学观的改变,老师要改变以教材、知识为核心组织课堂的模式,改为以学生互动式学习为组织课堂的核心,创建一个新型、合作的学习模式。

二、学习共同体理念下的课堂愿景

在学习共同体理念下的课堂上,你会看到,教室里的课桌椅被摆放成 U 形或小组形,课堂上的老师与学生平起平坐,游走于课堂中,能迅速到达困难小组的身边,聆听、参与、指引。小组同学四人一组互动,就如说悄悄话一样轻声讨论,推荐代表回答,组员聆听、补充、评价。

你还会看到,合作学习中,强者与强者之间展开激烈的辩论;强者细心热情地帮助弱者;弱者专注地倾听强者的解析;沉默者也被点燃表达的冲动;侃侃者学会适时停歇。课堂上空经常会出现学生头脑风暴撞击出的智慧火花,一闪一闪亮晶晶。

你更能感受到,老师是课堂的配角、引领者。整个课堂倾听重于表达,时不时安静的课堂让学生更容易进入思考,学生更加大胆、自信,更加善于倾听、发现和表达,思维也更加活跃。小组是一个学习共同体,班级是一个更大的学习共同体。

三、构建学习共同体"5+2"课堂模式

佐藤学说:"课堂改变,学校就会改变。"有了思考,按照设计先行的思路,我们就要进行"课堂重建",设计"共同体学习课堂模式"。纵观中国教育现代化历程,片面模仿某种国外的教育模式是不可行的,只有在坚持我们国情优秀传统的基础上博采众长,走国际背景下中国特色的教育改革之路,才能使中国教育现代化得以顺利实施。推及自身,我想,我们想要的模式,不是拿来主义,而是要落地校情、师情、学情,落实到课堂,通过改变来提高单位时间的效益,创设让师生受益的双赢课堂。"5+2"合作学习课堂模式的建构就是一次有意义的尝试。

(一)第一步:创境示题

立足学生"课前小研究"反馈,创设情境,出示本节课教学目标或需解决的问题。

需要注意:

1.教学目标或需解决的问题应是综合学生问题和教师设计要达成的目标的综合体。

2.创设情境要能激发学生的学习兴趣。

3.教师表述要深入浅出,明确学生学习的内容及学生要解决的问题。

(二)第二步:自学初探

学生围绕目标问题,自主尝试解决。教师要注意引导学生运用多种感官学习:眼到(看、找)、口到(读)、心到(思)、手到(圈画、批注)。

(三)第三步:合作学习

这一部分是深度学习的"主干",也是课堂质量的保证。

组学:以小组为学习单位,展示自我成果,暴露学习问题;组长带领,互助分享,关注帮助后进生。

群学:小组代表交流成果、提出存疑;组间互动释疑,教师点拨精讲,协助完成主要知识的学习。

需要注意:

1.关注倾听能力的培养和小组合作的质量。

2.引导学生逐渐学会静心倾听、认真思考后进行有意味的言说。

(四)第四步:练评结合

"练":当堂训练,查缺补漏。

"评":多维评价,给予鼓励。

师生评价过程中要"多拿几把尺子",提倡纵向评价学生的成长与进步。

(五)第五步:总结提升

教师总结向引导学生总结过渡;立足本课,延伸课外。

四、"5＋2"中的"2"是指学生课前、课后的活动

（一）课前活动——"前置小研究"导航

学习共同体合作学习的"根"在前置小研究。学生在课堂上敢讲能讲,是因为有准备。准备什么,准备到什么程度,都是由前置小研究所决定。前置小研究的制定要做到简单、开放、根本,要让学生发声,可以和学生共同设计。这种设计不拘一格,根据学科特征,设计几个或几层有研究价值的问题。可以借鉴导学案、学习单,但又要避免掉入设计的误区,如设计思路教案化、知识习题化、学习设计的共性化。"前置小研究"要求"从学生兴趣出发、从学生发展能力出发":备学生、备学情、备学法,这样才能真正让学习"发生"在学生身上。

（二）课后活动——"学后细内化"拓展

在课前小研究、课中的小组汇报、课后的拓展学习中,建议适时把思维导图运用起来,比如课前做初步感知图、合作时做思考汇报图、课后做探究拓展图,让知识更系统、思维更直观,学以致用。

在"5＋2"课堂模式中,我认为"前置小研究"是开展共同体学习的"根",合作学习中的组学、群学是深度学习的"主干",扎扎实实抓好这两部分,课堂效能定会逐步提高。

五、"5＋2"课堂学习模式理念考量

著名教育专家林格先生说:"有了体系,才称其为系统;有了体系,才称其为科学;有了体系,才有普适意义与推广价值。"一个好的教学模式,是一个系统工程,课堂背后有一整套机制。"5＋2"课堂学习模式构建的理念基础是:

共同体教育理念下的学生观——以生为本,关键是适合学生。以适合教育为依据,顺其天性而育之,依其个性而塑之,为每个学生提供适合的教育,

让每个孩子成为更好的自己。

共同体教育理念下的教学观——教皈依学,关键是灵活生成。孩子的学习能力是与生俱来的。我们要做的是保护生命的活跃,激扬生命的积极,让学生自由地发展,以确保每堂课始终以学生为本、聚焦学生行为,确保教师教学的思维可视化,思路清晰。

共同体教育理念下的教师观——生命的牧者,关键是"驱牛向草"。课堂上,教师所做的就是把学生引导到一个知识丰饶、精神丰沛的"芳草地",让他们主动吸收最精华的东西。有困难的,扶一下,推一把。至于怎么吃,把权力交给"小牛们"。

六、"5+2"课堂学习模式操作建议

"五无五不"指的是在共同体课堂学习中,倡导无合作不学习、无问题不成长、无倾听不表达、无生成不精彩、无激励不评价。

两个"千万":千万不要"神话"。模式不是"祖传秘方",更不能"包治百病",我们的思路有自上而下的,更要有自下而上的。自上而下是学校层面出思想、出框架,老师们开展课堂模式个性化的实践研究。自下而上是每位老师都来研究自己的课堂,教研组讨论学科共识,不同学科教师讨论共同规律。模式在实践中被商榷,可以被调整、被修改、被完善、被个性化。千万不要"僵化"。武侠小说中真正的高手是拈花摘叶,出神入化,心中有剑而手中无剑。回归我们的教学,这与我们倡导的"教学有法,教无定法,贵在得法"有异曲同工之妙。模式只是给大家一个基础范本,它本身就有了结构限制,具体如何运用、如何增减、如何搭配、如何组合,都可以灵活处理、融会贯通。没有最好的模式,只有最适合自己的方法,因为"僵化者死,活用者生"。

学习共同体理念下的课堂重建,不是找出学生的共性,而是发掘学生不同的个性,以形成独一无二的共同体。共同体就像乐团,希望每一个学生都能够在其中发挥作用,运用自己独特的乐器,合奏出一首和谐动听的课堂交响曲。

(本文发表于《教育》2017年第4期)

我眼中的公开课与家常课

窦桂梅老师在《绽放，在公开课的舞台上》提出"公开课，生命试练的地方"，还打了个形象有趣的比方：上公开课，就像家中来客必定要洒扫庭院、准备盛宴一样，其中有准备的紧张，更有展示的兴奋。正是那经常光顾的客人，使得家政技艺"一日千里"。这个观点，我深以为是。

关于课堂，我一直在做一件事，实践研究不同年段、不同文体的解读并设计范式，以期在自己授课和帮助他人的时候，可以相互借鉴。因而，我给自己定过一条"规矩"，每学期至少要上两三节公开课。为什么要有这样的"规矩"呢？因为，公开课是老师成长最好的"炼炉"，是生命试练的地方。这也正是我想对大家说的：创造条件，多上公开课。有了"公开课"这面镜子，你才知道怎么不断地修正完善自己，从设计、语言、评价、板书等方面全方位地真正提升自己。同时，要"一课多磨"，磨出的不仅是有思想的课，更是你的专业成长。对此，我想上过公开课的老师都有切身体会。

2010 年，我从古城开封来到江南苏州工业园区，江浙一带，整体教育水平较高。身处教育高地，我见贤思齐，用心将北方课堂的简约、大气、激情和苏式课堂的厚重、精致、灵动巧妙融合，逐渐形成了自己"简约、精致、灵动"的教学风格。

来到苏州的第二年我参加了一次培训，去杭州天长小学进行现场课交流，蒋军晶老师负责课后交流点评。我上的是苏教版三年级课文《李广射虎》，这是苏教版教材中的一种特殊文体——文包诗。在备课时，我努力把文本读厚，教案大大小小改了不下 20 遍，字字句句都被我反复推敲，自觉品得味道十足，课外资料也引用丰富而巧妙。虽然苏教版和浙教版教材不同，我对学情也不熟，但那次上课时，初次接触此类文本的杭州学生课堂活动和生成挺好，上完课的我自我感觉也挺不错。

这都不是事情的重点和转折点。课后，蒋老师进行点评时，他先是肯定了我的课堂精致扎实,接着婉转地表达了他的想法。他说:"如果我来教这篇课文,20分钟就能讲完,其他时间让学生拓展阅读,搞活动。为什么呢?因为这篇课文很简单啊,学生一读就懂,为什么要反复品来品去呢?"我这一听,才知道人家刚才的夸奖是礼貌,对文本设计的不同看法才是重点。刚开始我还有些不太能接受,想着是性别、性格差异,影响对文本的不同处理。后来,一直反思这节课、这番话,回去又和身边的苏州名师深入探讨后,醍醐灌顶,豁然开朗。

我的深度解读没错,但缺了更关键的一环,那就是做足了课下的加法,而没做好课堂上的减法,结果容量太大,过程太细、太多,就会被自己设计的环节牵着鼻子走。稍一出格,就会影响整个课堂的进程,自己给自己戴了副镣铐,怎么也跳不出自由、曼妙的舞蹈。

从此,这节课成为我教学的分水岭,我以后再设计教案,一定会提醒自己:要花大力气去提炼教学主线,抓重点、去枝叶、留主干,删繁就简、深入浅出、以少胜多。

回望过去,感谢这一路走来的一节节公开课,让我提升、受益,也正因为理念与行为的完善、改变,在以后的几年,我在江苏省比赛、国家级现场赛课中,先后获得了省一等奖、全国特等奖的成绩。指导的青年教师在赛课中,囊括区一等奖、市一等奖第一名、全国二等奖等诸多成绩。

2015年9月,我来到深圳龙岗南湾学校。记得刚到校的第一天,教学处郭主任就对我说:"王老师,有位年轻教师马上要赛课,你指导下课吧。"从那天下午,我就开始和这位年轻教师以及语文团队一起,开始了磨课之旅,40多天,三次不同层级、不同课题、不同要求的比赛,我陪伴、指导、见证着青年教师从街道一等奖第一名、龙岗区一等奖、走到深圳市赛获大奖的成长过程。这些成绩的背后,我认为都有以前公开课带给我的帮助。

我们在公开课上,往往会发现一种情况:因为是公开课,要面对众多专业听者,因而就有了刻意,有了刻意就会有了表演,因为有了表演,就会显得浮躁、虚假。怎么办?把握好度,从放弃刻意开始,放弃刻意,显露真实;放弃刻意,回归平凡;放弃刻意,保持本色。真正做到"课如其人"。

真正做到课如其人,不是那么容易的,仅仅靠一个学期去打磨一节公开课是远远不够的。"汝果欲学诗,工夫在诗外。"更要树立把日常的每堂课都当作公开课来上的目标,对自己的语言、板书、设计,与学生的互动、评价,都要有意识地去揣摩、去提升,坚持有备而来,坚持课后反思。

如果说我的教学有了一定的思想及风格,我知道,那是辛苦的"代价"换来的。这"代价"之一,就是把"公开课"随堂化,使公开课成为你平日的生活,即便没人听课,每天在班级上的随堂课,我也让自己仿佛是站在公开课的讲台上,因为下面是有听众的——50个学生,即50个小听众,这是一群真正值得我们重视,但往往被我们忽略的评价者。不要小看他们,他们是很有鉴赏评判能力的,我很敬畏这群小家伙,期待他们热烈的评价和回应。

正是在教学中,我力争把每堂课当作公开课来研究,所以,随之而来的快乐是学生真诚的爱戴——因为他们能真正分享到你的智慧与互动的快乐。他们敬重你,他们懂得你的每一堂课,都是精心为他们准备的。当你对常规课付出公开课的努力,把常规课上出公开课的感觉,那收获的不仅仅是自己的成长,更有来自学生真心的尊重和热爱。我认为,每天与学生诗意地栖息在课堂,才是做教师长久而真正的幸福。

2015年10月,我接手六年级一个班的语文教学,学生刚开始对我是不欢迎的,包括家长也反应冷淡。因为原来代课的老师,年轻靓丽,他们已经接受并喜欢上了这位老师,才不管你是谁呢。还有学生说:越是有荣誉的老师,越是严厉、古板。怎么办? 我不是班主任,只能在课堂上施展拳脚,上好课,写好板书,开展好语文活动,努力做让学生喜欢的老师:幽默风趣,知识广博,教学方式灵动……一周,两周后,学生就慢慢喜欢上了我这个年龄不小但颇有童心的老教师朋友了,后来纷纷表达:王老师是懂我们的,能不能初中还继续教我们?

有风格才有境界,无风格何以立身。我们在座的每位教师都有自己的特点,每位教师都可以选择自己擅长的教学方式和组织策略,呈现的课堂也会各具特色。

教学不可能,也没有必要取悦于所有人,要"融汇百家、自成一家"。最好的教学是适合学生,也适合教师自己的。"风格即人",唯有教师的个性与特长相宜相生的教学方法,才能体现教师鲜明的教学特色与风格。这样的课像这个教师的人,风格独特,课如其人。有风格,会令你在众多的语文教师中站稳脚跟,成为自己,就如《俗世奇人》中的刷子李一样,因为这教案是我的,是个人的思想一点一滴凝聚而成的,这课堂是我的,是别人无法替代的,是属于自己独特存在的,所以得以被赋予存在的独特意义,成为一道光。

　　清代著名画家郑板桥在感慨自己一生画竹的体会时,写有一首诗,我觉得,它对于我们教师的课堂来说,内涵和境界都是十分契合的:"四十年来画竹枝,日间挥写夜间思。冗繁削尽留清瘦,画到生时是熟时。"人们都说,教学是不完美的艺术。虽然现实当中达不到完美,但我们要"高山仰止、心向往之",需要拥有追求梦想、追求完美的灵魂,并为之不懈努力。

　　希望老师们在公开课也好,在家常课也好,不断实践,不断反思,都能达到郑板桥所说"冗繁削尽留清瘦,画到生时是熟时"的境界。到那时,当你的课堂改变了,你眼中的世界自然也就改变了。

如何从"学科教学"走向"学科育人"

新课程改革提倡教学目标的多元化和多样化。知识不再是我们追求的唯一目标,而成了我们实现育人目标的载体。在教学实践中如何发挥学科的育人功能? 我是一位在小学语文教学一线深耕 32 年的教师,自己和团队多年来对小学语文学科育人的思考,可以凝练为四个字——"三味语文"。"三味"是指语文味、儿童味和研究味。我以统编教材六年级上册第八单元"走近鲁迅"为例,谈谈我的想法和做法。

这个单元地位特殊。这是小学阶段第一次也是唯一一个为一位作家单独设置的单元,钱理群教授认为"鲁迅作品作为民族原创性、源泉性的经典,是要读一辈子的"。编者有意识地要在儿童成长阶段留下鲁迅的初识印迹,打上人生的精神底色,这与新课标三大文化主题中的"革命文化"高度相关。但小学生学习,颇有难度。如何进入呢?

第一,建构新的教与学模式凸显"儿童味"。儿童是脚,教育是鞋。立足学情,我将单元主题调整为"亲爱的鲁迅先生",设置让孩子"在故事里,走近鲁迅"的大情境和大任务,一线穿珠,在"听鲁迅讲好的故事""听大家讲鲁迅的故事""我们讲好鲁迅的故事"等子任务的推进中,达成"鲁迅先生,有您真好"的单元习作任务,让学生用儿童视角走近鲁迅先生。

第二,遵循语文教学规律凸显"语文味"。教学中,我重点引导学生"以语文的方式走近鲁迅"。其中关键的一点,就是发现、找到每一篇作品"文"和"心"的契合点,既要教学生"为文",同时又要"育心"。比如《少年闰土》在文章最后几段中,先后四次出现不同程度的"不知道",这反复的写法就是要抓住的"文"眼,以此为切入点:"我"为什么有这么多"不知道"? 谁又"知道"这么多? "他"是怎么讲给"我"知道的? 在梳理解决问题的同时读懂文本,然后再次回到语句中朗读,"由文到心",联系学生真实生活发表个人见解:闰土这样的伙伴你想拥有吗? "由文到心",这就是"会文章之意,而及学生之心"了。

第三,运用扩容与对比提升"研究味"。"每一个人心中,都有一个不尽相同的鲁迅。"扩容与对比,可以培养、提升儿童的探究意识与思辨能力,达成育人目标。鲁迅先生笔下像少年闰土这样鲜活质朴的儿童形象还有很多,我会让学生收集资料,进行"鲁迅笔下的儿童群像"项目式研究,从而让学生认识《社戏》中的双喜、阿发,《从百草园到三味书屋》中的同窗、《阿长和〈山海经〉》中的哥儿、《五猖会》中的"我"等和他们年龄相当的儿童。引导学生对比异同点,从而了解鲁迅以人性和童心的视角来观察写作的特色。

《我的伯父鲁迅先生》和《有的人》都是纪念鲁迅先生的作品,可以在完成自读任务的同时,推荐学生自主收集、阅读、分享同类纪念文章,如郁达夫的《回忆鲁迅》、林语堂的《悼鲁迅》、萧红的《鲁迅先生生活散记》等,鼓励有兴趣的同学可以走进许寿裳所著《我所认识的鲁迅》等书籍进行对比阅读,向鲁迅再靠近。

时代在变,教育环境在变,课堂在变,学生也在变。真正的教育是从了解学生开始。现代的教育已经不是知识教育,更多是一种情感的沟通和影响。需要教育者用心、用情、用策略去感知,触动,产生共鸣,我在教学中会通过三个策略来了解和影响学生。

策略一,用共读一本书构建沟通的桥梁。2023年全国教育工作会议一大亮点就是"要把开展读书活动作为一件大事来抓,引导学生爱读书、读好书、善读书"。语文学科育人是一个"润物无声"的过程。我认为最好的学习是自我学习。做读书的种子,打造一个阅读班级是我作为语文老师的理想。课堂教学时,我关注一篇带一本,比如由课文《刷子李》到冯骥才的小说《俗世奇人》,由《宝葫芦的秘密(节选)》到张天翼先生的童话小说《宝葫芦的秘密》,由萧红的《祖父的园子》到整本书《呼兰河传》等。课外,我依据学情,积极为学生创设阅读情境,每周读书郎笔记交流分享、书店图书馆打卡、每年读书等身照打卡、社团"快乐名著+"等活动都颇受学生欢迎。在共读时,善于发现和捕捉共同话题,与学生共同分享,并在阅读中尊重学生独特的思考与表达,搭建师生沟通思想和心灵的桥梁。

策略二,借助语文实践研究洞悉学生思想。怀特海说:"教育只有一个主题,那就是多姿多彩的生活本身。"实践性和综合性是语文课程的重要特点。儿童是天生的探究者和实践家。我们要努力设计创造积极的语文学习实践活动。比如在"鲁迅单元"学习过程中,我带领学生"网上冲浪",走进网上各地的鲁迅纪念馆。在绍兴鲁迅纪念馆公众号中"虚拟游"鲁迅魂牵梦绕的童年故居;在北京鲁迅博物馆公众号里聆听"先生的道理";在上海鲁迅纪念馆了解鲁迅日常趣事……借此还原一个"亲爱的鲁迅先生",一个不只是革命家、思想家、文学家,还是艺术家、生活家、幽默家的鲁迅。实践证明,"10 后"的学生特别喜欢这种"线下＋线上"的学习方式。

策略三,鼓励学生用语文的方式真实表达。学生是在解决真实问题过程中成长起来的。我们工作室立足学情,申报立项了广东省课题"'二十四节气深圳表达'项目式实践研究",自由和探索是儿童的天性,他们是世界的发现者。让学生在自然中奔跑、观察、记录,发现感受深圳的独特之美,从而让"来了就是深圳人"不只是口号。教学中要运用语文的方法,才能体现学科"真育人"。言为心声,课内,我们利用口语交际、师生每周热点新闻点评来鼓励学生表达观点,进行理性思考与交流。课外,我们通过日记和班级故事本进行生生、师生、家校交流,鼓励学生成为思考者、学习者、实践者和优秀的表达者。

他山之石:"苏式课堂"启示

说起苏州,大家会想起什么呢?苏州园林,昆曲评弹,吴门画派,还是贝聿铭设计的苏州博物馆?

说到苏州教育,大家又会想起谁?我想这几位大家一定都熟悉:第一位是宋朝"先天下之忧而忧"的范仲淹,在苏州创设学府,以后全国各地竞相仿效,有"苏学天下第一"之说。第二位是提出"教是为了不教,学是为了再学""课文无非是个例子"的中国教育界一代宗师叶圣陶先生,后出任教育部副部长。第三位是在小语界以板块教学独步一方的薛法根老师。

我在苏州生活工作过,特别感谢这段人生经历,身处教育高地,我见贤思齐,用心将人教版教材、北方课堂的简约、大气、激情和苏教版教材、苏式课堂的厚重、精致、灵动巧妙融合,形成了自己"简约、精致、灵动"的教学风格。苏州是我的第二故乡,我对苏州教育有一定的了解,参加了多个优秀专业团队:被聘为园区名师工作室主持人、语文骨干教师团队导师、苏州大市名师共同体成员,与苏州众多优秀教师切磋技艺,共学共长。我参加苏州市、江苏省优秀教案评比、优质课评比,均获一等奖。

苏州有 2500 多年的文化底蕴,因为毗邻上海,又受到海派教育影响颇深,因而苏州的师生、课堂自有一番独具一格的韵味,被称作"苏式课堂"。让每个孩子拥有幸福的课堂记忆,"优质、公平、适切"是苏式课堂的根本标志。

关于课内阅读,苏式课堂是一个读书的地方,要做一个好的语文教师,自己必须先做读书的种子,还要营造一个静静的"阅读场",进而才有可能谈到培养爱阅读的学生。苏州课堂,如果用味道来形容,应该有点"甜",那是老师身上一种淡淡的书卷气,那是学生身上一股爱书的天真气。触摸母语最好的办法就是读。朗读是美好的。课内阅读,首先要读好课文。在有声地读前或者读后,让学生有机会静静地"阅"。"阅"就是用眼看,用心想,是心脑结合的过程,是理解揣摩、深入走进文本的过程。

关于课外阅读,苏州各校有各校的特色,有学校专注做绘本,根据年级不同,开展"自己的绘本"活动,有自编绘本、亲子绘本、传传绘本等不同形式,并与音乐、美术等学科进行主题整合。有学校注重分层阅读,实施多维度读书分层考级,效果显著。

我工作的星湾学校在"阅读产生合力"、营建"书香家庭"这方面做得很扎实,"亲子共读一本书"及"书香家庭"的评选、"晒晒我的藏书"、"家庭晒书会"、参观好朋友家的"家庭图书馆"等活动,在不同年段,作为常规活动举行,受到学生和家长的欢迎。

班级读书活动的开展,我会首先取得家长支持,告知家长,最好的奖励是去买孩子喜欢的书。每逢节假日,就提醒家长带孩子去图书馆借书、去书店买书。"小书虫在行动"家庭阅读记录卡,家长每天记录孩子读书时间和内容,一周对孩子读书情况进行评价,每周由老师收、查一次,表扬先进,引导后进。这种方法,在不同地区不同学校实施,都非常有效。"班级读书漂流"活动,请家委会准备每生一个书袋、学生放两本好书、班干部组织进行漂书,记录。

读是输入,写是输出。读写结合,长期坚持,方见成效。班级的"传传本"在学生小组内传递写作,家长参与评价、写作,家长了解学生习作情况,能更好地配合学校生活。每学期鼓励学生创作属于自己的一本小书,每月制作一期学生作品集。我做区课题《导牗修改:小学中高年级"后作文教学"的实践研究》,就是在提炼、总结自己的读书、写作指导方法。

大家都说一方水土养一方人,我觉得很有道理。苏州的一些特色小吃店,只专做、精做一样,比如:东吴面馆、绿杨馄饨等每天只卖面和馄饨几百碗,多了没有,因为每天熬出好的汤料就那么多,而且其他的酒菜小吃也一概没有。专注出精品,食物如此,课堂也如此。苏州这样的阅读活动,许多地方也在做,也在搞,理念相近,方法相似,但往往效果有所不同,为什么?一是要精细化落实,二是要守住有效办法。慢而有恒,终有成效。

苏州的老师做事认真精致,他们勤奋努力,高效精准,他们的课堂也是如此。苏式课堂,是师生生命在课堂的相互辉映。厚重、精致、灵动……是苏式课堂的风格写照,而人才辈出、思想璀璨,才是苏式课堂的内在追求。

日本教育文化交流札记

　　我曾经在 2004 年和 2007 年,作为文化交流使者,先后两次去日本进行市级、校际文化交流,走访参观过几所学校。因为只是走马观花,不能以偏概全,只能找出给我印象最深刻的几点,和大家分享。2004 年去的是广岛,当时说是带我们去当地的一个中心小学参观,是当地的大学校,我很期待,因为我就是从一所拥有五六千学生的大学校来的,结果到了一看,大跌眼镜,一个大小只有八九亩地的学校,没有塑胶跑道,操场是土质的,一个简单的游泳池是我们没有的。学校共有 200 多名学生,每个班 20 名左右,教室宽敞,设施简单,小小的电视机、普通的黑板。学生的座位和我们现在的一样,面向黑板,排排坐。老师正笑着讲什么,挺随意的。但教室后面张贴的两排东西吸引了我的注意,那是每个学生的书法作业展示,笔法稚拙却很是认真,写的都是汉字。校长介绍说,这是非常好的文化,我们要每个孩子学习,他们都很有兴趣的。在互换礼物环节,当我们把从中国带来的十几幅学生书法作品一一展示给他们看的时候,听见赞叹声不断。其实当时我心里却很不是滋味,这是几千学生中能把毛笔字写得像模像样的少数学生的作品哪,论文化普及,谁更胜一筹呢?

　　交谈中,我们了解到日本的学制和我们国家相同,均为小学六年,初中三年,实行九年义务教育。当谈及课程设置时,她们对我们学校一年级就开设英语和微机课程大为惊奇,并一再询问中国小学是否存在打架、厌学等情况,学校有何解决方法。后经樱田老师解释才知道,现在日本学校长期存在两种令人担忧的情况,一是欺负同学、打架现象普遍存在,二是厌学、逃学现象时有发生、屡禁不止。这已引起了日本上上下下的普遍重视。早知道日本是一个非常重视教育的国家,忧患意识严重,由此可见一斑。

　　面对日本基础教育存在的问题和不足,作为教育者,我们不能不反思我们自己的教育。日本教育界有句名言:"除了阳光和空气是大自然赐予的,其余的一切都要通过劳动才能获得。"在这一教育理念的指导下,许多日本父母在教育孩子学好功课的同时,要求他们利用课余时间做力所能及的家务,并到外面参加劳动获得报酬。日本孩子在劳动中锻炼了意志,在活动中提高了能力。

座谈过后,我们跟随着校长来到教室,教室设施简单,没有什么空调暖气,只有一台不大的电视机,远不如我们学校的设施完善、现代。每个教室里有20多个学生,孩子们统一穿着蓝白校服,坐姿随意。看到我们,他们或主动大方或略带羞涩地向我们招手问好,宛如邻家的孩子。走出教室,不经意间发现走廊里的檐壁下,有一个不小的鸟巢,大鸟飞进飞出,里面的小鸟唧啾啼鸣,仿佛与学校的环境已融为一体,和谐而富有生趣。

随后,学生给我们表演了花道,我们中国叫作插花。只见他们净盆洗手、凝神静气,慢慢悠悠地摘花拈叶,高低错落,颇有风范,我们的心也在这过程中,沉静了下来。

午餐是和学生一起吃的,量不大却营养搭配合适,小孩子们由老师指导合理分工,有发饭的,有收饭盒的。因量合适,所以几乎每个孩子都是吃得干干净净,然后有趣的一幕发生了,他们先把饭盒盖好,然后把一张餐巾纸撕成两半,一半擦嘴巴,一半擦桌子,方方正正的牛奶盒被他们用小手折叠压挤成纸片,然后排着队,轻轻地一一放到指定的几个大箱子里。没有我们在食堂常见的一桶剩饭,也没有垃圾满桌,连牛奶盒纸片都是整整齐齐地摆放。日本人的节俭、条理、克己、认真让我记忆深刻。

2007年我去的是东京,东京的现代化脚步明显跟不上中国大城市的步伐,东京塔也辉煌不再,无法和上海的东方明珠媲美。但此时此地的日本教育已有了改变,仅从授课模式看就有变化:学生的座位摆成U形,老师和学生平起平坐,视线平等,课堂中学生合作学习经常发生,学生的学习兴趣从表情上就能看出,课堂参与度也高。

我们国家和日本走着同样的"后发外生型现代化"路径,但日本肯定是先行者。日本在20世纪90年代暴露出来的经济、社会和教育问题,在21世纪今日的中国都可学习借鉴,为我们的教育改革提供有益的启示。

教"三味"语文，做"斜杠"教师

1991年9月，我正式步入教师生涯。深耕一线教学32年来，用心将简约大气、厚重精致和激情灵动融会贯通，提出了"三味"语文的教学主张。我认为在新课标、"双减"背景下，语文教学更需要凸显语文味、儿童味、研究味。

我追求的语文味是"努力把每篇课文都上出它独特的味道来"。《夏天里的成长》《伯牙鼓琴》《刷子李》《宝葫芦的秘密(节选)》《"精彩极了"和"糟糕透了"》等一堂堂经典课例就诞生于这样的研磨之中。我会花最深的工夫去研读文本，再用最"儿童"的方式去表达，努力用最语文的方式与学生分享最真切的情意。我希望的课堂是简约、自然、温暖、灵动而富有生命力的；我追求的语言是精准、朴实、有趣、生动的；我努力让课堂有意味、有启发、有逻辑，努力抵达"一语天然万古新，豪华落尽见真淳"的境界。

语文是一门学科，更是一门科学，"语文味"是专属这个学科特有的维度。我关注语文核心素养的落实，教学中，引领学生触摸感受有温度、有灵魂的文字，细细品味"在文本中走一个来回"的情趣，萃取识得"举一隅而以三隅反"的方法。为培养学生成为真正的"读书人"，先后创办"小小读书郎""名著悦读"等活动，已经坚持了十余年，带领每一届学生从单篇、群文到整本书，读读写写、思思议议，告诉学生语出真心，言而有信，学语文实际上就是学做人。与学生共同撰写读书笔记20余万字，学生习作发表获奖100余篇，学科各类竞赛中获奖达200多人次。

我眼中的语文是儿童的语文，是发现的语文，是指向儿童真实生活、珍视学生内心渴望与经验构建的语文。我努力将热情、活力、幽默、智慧转化为创造和生成融入教学中。建构以"学的活动"为基点的教学，用儿童的方式教语文，观大自然、做小课题、画连环画、演课本剧……给学生充分的学习自主权，建构学习共同体，实施"伙伴成长计划"，帮助他们建立学习和做人的内在目标，点燃孩子内在驱动力。

小博同学因父母忙于生计对他培养照顾不够,导致学习兴趣缺失,自我认知力匮乏,极度自卑内向,在班级里几乎没有朋友,是大家眼中的"透明人"。我努力走近这个孩子,从未放弃,发现孩子声音清亮,就抓住契机,找准定位,请他做课前领读员,每天先一字一句指导他读准,然后鼓励他和领读员一起领读,多层面肯定表扬,孩子渐渐找回了自信,由朗读能力的提升延伸到学习内驱力增强,由喜欢朗读到接纳语文这门学科,逐渐绽放出属于自己的光芒。

"越成长,越热爱——热爱儿童。"我眼中的"儿童味"的语文是情趣的语文,是发现的语文,是指向儿童真实生活、珍视学生内心渴望与经验构建的语文,我希望"我就是微笑的语文"。爱出者爱返,学生们都说:"我们喜欢这样的语文老师。"

"越成长,越热爱——热爱教育、热爱儿童。"这是作为有着20余年班主任经历的我经常挂在嘴边的话。在学生眼中,我是位时尚的"斜杠老师",拥有众多的身份:语文老师/班主任/自然观察导师/学生小课题导师/深圳城市自然挑战赛分队长/A-STEM实践者……

中年级的学生开始喜欢读"闲书",家长不理解,学生就和家长"打游击",偷着看。有问题不能回避,我就带领同学们开展市级学生小课题"闲书小调查"研究,充分发挥学习共同体交流、学习、思辨的优势,有效解决了冲突和问题;部分学生在疫情期间心理波动严重,我就通过线上课堂,引领同学和家长一起走进"身边的自然",去观察、记录身边的自然笔记,让大自然来做心灵的疗愈师,家长评价"疗效甚佳",师生共同参与录制的综合实践课例《我们身边的自然笔记》在深圳教育云平台向全市中小学生展播。在建构学习共同体的同时,我在班级推动实施"伙伴成长计划",帮助每一个学生建立学习和做人的内在目标,点燃孩子内在驱动力。

北京冬奥会开幕式上,学生们对绽放的节气着迷,我就顺势而为,开展了"二十四节气的深圳表达"跨学科项目式学习研究,和孩子们一起参加"深圳城市自然挑战赛",发现和记录身边节气和物种的变化,学生们组成"乐活自然探秘小分队",在自然中奔跑、发现,在传统文化里遨游、滋养,激发了无限潜能。

来深圳9年,我用"斜杠"撬动班级成长,先后送走四届毕业班,成长与收获不期而至:开展市、区中小学生小课题研究3项,获得深圳城市自然挑战赛

"最高人气团队奖""年度十佳团队",学校班级文化建设金奖、文明示范班等多项荣誉。

"喜提'别人家的老师'!""我们的班主任是斜杠老师!"这是学生笔下的自豪夸耀。"名师精心育人,适合教育典范。"这是毕业班家长联名赠送的锦旗上的赞扬。赞誉,让我更坚定了"千教万教教人求真,千学万学学做真人"的信念。

引领成长，筑梦"大先生"

来深圳工作9年，我先后担任南湾学校名师工作室、龙岗区名师工作室、深圳市名师工作室、广东省"粤派名师"工作坊主持人。因为想法多，被大家称为"点子王"：指导教学时，我会通过找起点、搭板块和设任务来组织教学，让课堂灵动起来；指导青年教师时，我会践行并示范"现代教师不但要做教育者，还要做教育的思考者、研究者、实践者、表达者"；管理工作室时，我会适当后退，不断把成员推向前台，为青年教师创造成功的机会，因为工作室青年教师的成长和成功就是自己最大的成功和快乐。9年来，名师工作室先后培养40多所学校100多位青年教师成为各级语文教学骨干。

近年来，我和工作室的同伴们立足统编教材的运用实践，带领工作室开展国家级课题"统编教材视域下小学语文文体分类教学实践研究"；为落实语文核心素养，培养学生"思辨能力、全球视野"，进行省教育科学规划课题"基于批判性思维培养的小学高年级读写课程开发研究"、市教育规划课题"'基本汉字'与校本课程开发深度融合的实践研究"等课题。同时带领研究团队，编著各类教材5部，带领工作室成员圆满完成市教育信息技术中心17节"神奇自然"高清优质课例的录制，成为深圳市小学语文唯一入选精品课程，该汉字课程系列先后被评为龙岗区优秀课程、深圳市精品课程、广东省校本课程建设展评一等奖。市区专家高度评价："研究了一个课题，开发了一系列课程，引领培养了一个优秀团队。"

"经师易求，人师难得，明师稀缺。"我认为做教师，就要做"明师"，明教育之道，遵教学规律。人的生命有大小之分。小生命，蕴含在自己的身体里；大生命，则体现在自己一生的教育事业中。作为一名教育工作者，要清楚认知"自己是谁，从哪里来，要到哪里去"。

习近平总书记2014年提出教师要努力做"四有"好老师，2021年鼓励广大教师要成为大先生，做学生为学、为事、为人的示范，促进学生成长为全面发展的人。自此，争做"四有教师"，筑梦"大先生"就成为我的追求和理想。

2020年春节新冠疫情暴发，我第一时间报名参加了龙岗区教师发展中心组织的公益直播，放弃休假，大年初二就拜别八旬父母返深，接受区"小学语文学科首席负责人"工作，负责小学语文直播课程的师资安排及备课授课任务。虽然担子重、困难多，但我没有一丝犹豫，因为疫情当前，正是我辈担当之时。短短几天时间，我们就组建学科团队、开展科组备课磨课、克服种种困难，带领团队42人两个月间为龙岗区域学生、面向全国开发了100多节专题课程、新授课程，246.34万人次观看学习。

"高质量的在线教学，就是最好的防疫。"为了给学生提供高质量的在线课堂，我克服身体不适、视力下降等困难，每天伏案工作12个小时以上，认真打磨每一个细节，往往一节20分钟的线上课程，要在深夜反复录播数小时。开发的"凤华老师的趣味语文课"系列备受欢迎，学习人次达15余万，课程被龙岗融媒等多平台报道，我被语文报社聘为"基础教育研究院首批讲习专家"。与此同时，我还参与了广东省教育厅线上"粤课堂"两节名师方法指导课的录制，并作为学术审查专家对广东省教育厅"粤课堂"教学资源进行课程学术审查。2020年，我被深圳市教育局授予"线上教学先进教师"称号。

2021年春节，我积极响应龙岗区组织部、教育工委号召，带领工作室成员第一时间报名参加"寒假课堂"志愿先锋队，为社区留深家庭子女开设系列"趣味假期课堂"，陪伴孩子们度过别样快乐的春节。疫情期间，积极参加多次抗疫"党员志愿者"活动，任劳任怨，起到了良好的示范引领作用。

作为深圳市教师继续教育课程开发及授课专家，几年来，我带领团队先后到北京、广州、成都、苏州、陆丰、榆林、南阳等地开展交流活动，开展省、市、区线上线下教师培训近百场，参训教师近3万人次，课程受到学员一致好评，2023年被评为深圳市教师继续教育"五星主讲教师"。

"云山苍苍，江水泱泱。先生之风，山高水长。"从"人师""导师""名师"到"明师"，再到向往的"四有"教师、"大先生"，我一直在一线深耕，努力生长，向上生长——为热爱的语文教育、为引以为傲的每一位学生、为葆有向学之心的伙伴们，更为要做"大先生"那颗不改的初心！

教育应该是有灵魂的

按照"存在即合理"的推论,我认为《科场现形记》里展现的种种怪相,自有它生发的原因和适合的土壤,都深深烙刻着时代的印记。类似的事情,我也曾经历过,记得 20 世纪 80 年代上小学时,校长在全校集会上大力表扬了一位五年级学长的刻苦:他每天苦读到十二点才睡觉,早上四五点就闻鸡起舞起床读书了。校长希望大家向他学习。这一事迹深深震撼了我幼小的心灵,我现在都还记得我和同学们发出的一片啧啧惊叹声。终于明白,我这每晚睡十个小时的人注定是学不好习的,只有羡慕慨叹罢了。

同年,我受教于一位优秀的语文老师,后来成为我们学校第一位特级教师,作为她的学生,我倍感荣光。但有一件事,令小小的我倍感疑惑。记得是老师是为第二天公开课做准备,也许这堂课太重要了,老师把每个同学的发言顺序和问题的答案,一一安排妥当才放心,我牢牢记住了我的问题和答案,睡觉前还念叨了好几遍。第二天,我们就认真配合老师"演"了这节课,据说反响很好。

工作后,初出茅庐,一心向善好学,看到年级里有位成熟教师班上的成绩每次都很优秀,就反复求教秘籍,最后得知,是"严师出高徒",严到什么地步呢?平时默词出错,订正少则 50 遍,多则 100 遍,作文书人手一本,背范文,抄范文。

现在自己做老师已经很多年了,回想起这些事,没有丝毫的指责之意,只有深深的悲哀和感慨。我曾经从僵化应试的教育中走过,现在的教育又如何?

私以为,教育的问题主要有二:一为评价制度落后。二为观念腐旧。"以人为本"喊了好多年,但评价方式的滞后与敷衍,观念的"言行不一"仍大行其道,甚有市场。

人们对现行教育恨铁不成钢,但我认为教育绝不能速成钢。教育理念转变仍需努力,教育改革更是任重而道远。尽管批评、质疑教育的声音不少,但不可否认,我们正在朝正确的方向摸索努力。相信,只要我们自上而下,每个教育人都能秉持信念,坚持走下去,我们的教育就一定有希望,我想,一定会比中国男足更有希望。

作为一名一线教师,我也时常会有无力感,但更有些许的庆幸。因为我有一间教室,有一方属于自己的试验田,我可以把自己的想法付诸实践,把自己的课堂扮靓,把自己的学生当作朋友,一起学习,共同成长。

教育最高层次就是洗涤精神的尘埃,点燃智慧的灵光,引导学生"做有意义的事,做有尊严的人,过有品位的生活"。教育不仅是有效率的,更应该是有灵魂的,让教育的身体与灵魂一起在路上,同志仍需努力!

主要参考文献

[1] 王道俊,郭文安.教育学[M].北京:人民教育出版社,2016.

[2] 钟启泉."批判性思维"及其教学[J].全球教育展望,2002(1):34-38.

[3] 中国教育科学研究院.叶圣陶语文教育论集(纪念典藏版)[M].北京:教育科学出版社,2021.

[4] 鲁道夫·谢弗.儿童心理学[M].王莉,译.北京:电子工业出版社,2010.

[5] 海德格尔.在通向语言的途中[M].北京:商务印书馆,2010.

[6] 陆红兵."儿童深度":小学语文教学的重要命题[J].人民教育,2011(C3):68-70.

[7] 张存建.文化变迁中的批判性思维教育:理性基础与着力点[J].当代教育科学,2016(7):3-6,38.

[8] 张华.论核心素养的内涵[J].全球教育展望,2016,45(4):10-24.

[9] 钱理群.和中学老师谈鲁迅作品教学[J].鲁迅研究月刊,2012(1):4-17.

[10] 何必钻.学习任务群理念下大单元教学的实施路径——以四年级上册第七单元为例[J].语文建设,2022(22):21-26.

[11] 左民安.细说汉字[M].北京:中华书局,2015.

[12] 格兰特·威金斯,杰伊·麦克泰格.追求理解的教学设计[M].上海:华东师范大学出版,2017.

[13] 温儒敏.温儒敏论语文教育[M].北京:北京大学出版社,2010.

[14] 语文学习任务群的"是"与"非"——北京师范大学王宁教授访谈[J].语文建设,2019(1):4-7.

[15] 薛法根.薛法根教阅读[M].郑州:文心出版社,2014.

[16] 王崧舟,林志芳.诗意语文课谱:王崧舟十年经典课堂实录与品悟[M].上海:华东师范大学出版社,2011.

后记:写在"三味"之后

> "语文"两字前加任何修饰语都显多余;"育人"的背后是百种滋味千番感慨。"三"是对这个奇妙汉字字义的引申,"三味"是我对小学语文教学和育人达己的思考和追求。
>
> ——写在前面

2023 年 12 月底,我到成都参加了由光明日报出版社主办,《教育家》杂志社发起,北京师范大学大国良师成长专项基金管委会支持的第二届"寻找大国良师"公益活动的颁奖盛典,活动从全国 8000 多名参评教师中评选出十名"大国良师",很幸运,我忝列其中。会议期间,我同步在进行这本《"三味"语文与育人"三味"》的二稿修改。回忆,在颁奖活动交流个人成长经历时,在审视修改文稿过程中展开。

不想做校长的老师

1991 年从开封第一师范学校毕业后,我第一站来到百年名校县街小学,很幸运遇到了教学生涯的启蒙老师——张玉洁老师。她是当时稀缺的小学语文特级教师,在低年级拼音教学、识字教学方面享有盛誉。退休后被学校邀请回校,指导我们这些茫然无措的小年轻。我现在还清晰记得她在一个偌大的报告厅给三百多名一年级小朋友上拼音课的场景,她声音清亮,精神抖擞,和小孩子笑在一起,玩在一起,哪里像一位六七十岁的老人哟。这让我震撼且羡慕,我想,这就是做老师的样子,做老师的快乐吧。

1999 年我调入金明学校,一个全新、有爱、蒸蒸日上的学校,学校的文化重塑了我,也让大家看到了我。从班主任、科组长、少先队辅导员到科室主任,一路顺风顺水。在即将被提拔为副校长的时候,我却并没有遂愿的开心,反而内心在做艰难的抉择:是走上去脱离教学做行政,还是退下来走专业、做教师?因为在日复一日的行政事务中,我始终有种"入不敷出"的感觉,一直在往外输出而鲜少吸纳,缺少时间静心去读书、去思考、去研究,整个人浮浮躁躁,我很是排斥这种状态。

在犹豫与挣扎中,我想到了《鲁滨逊漂流记》中鲁滨逊用"幸与不幸"图表来记录、调整自己的心态的方法。于是我也用一表两格,逼着自己一条条去梳理做教师和干行政对于自己的"好处"。表格中,做老师的优势能列很长,而做行政的,只有干巴巴的几条。那一刻,我又想到了张玉洁老师,心中豁然开朗。于是,我选择了退下,换场,到了苏州。做一名普通老师,很辛苦,却很充实,很快乐。2015 年,我通过深圳市龙岗区教育局面向全国引进教育高端人才的行动来到了南湾学校,继续做语文老师、做班主任,至今。

老朋友聚会时,大家开玩笑说我有闯劲儿,是名"游泳健将":从黄河流域的汴京出发,一路向南游,游经长江流域的苏州城,最后抵达珠江流域的鹏城深圳。"泳池"不停在换,"泳姿"却保持一致,那就是坚持在一线教学。我从种种经历中领悟到,想清楚自己要什么,真的很重要。它决定着当你在工作或生活遇到困境时,将如何选择,会不会后悔。33 年来,选择做老师,我从未后悔过。也只有做老师,才能让我得到真正的滋养和内心的满足。

关于"三味"语文

经历造就人。北方教学的大气厚重,苏式课堂的精致灵动,大湾区的开放包容,让我将南北融合,从中萃取精华、汲取营养,提出"三味"语文的教学主张,逐渐形成了"简(简约)、精(精致)、灵(灵动)"的教学风格。

对"三味"语文的思考,来自少年时代对《从百草园到三味书屋》文字的天然喜爱,来自对鲁迅先生的敬仰和追随,来自对小学语文同行的学习,更来自三十多年来自己对小学语文教学的思考与实践。在新理念新课标背景下,我愈发坚持小学语文的教与学要具有"三味"——儿童味、语文味和研究味。

我认为,语文味是语文教学的应有之义,儿童味指向以学习者为中心,研究味是学生为未来生活做准备必需的进阶。三者相互交融,互相促进,遵循整体教育哲学——整体、融合、转化,不可割裂而论。对照 2022 年版语文新课标,"三味"语文的三个维度表征着三个核心质量坐标,共同指向语文核心素养"文化自信、语言运用、思维能力、审美创造"四个方面的理解和落实。

有了自己的思考,以"三味"语文为指引,站在儿童的立场上,用语文的方式去教语文,提升学生思维水平研究能力,就成为我秉持的教学理念。在教学中,我总是仔细打磨每一篇课文的教学,精心设计每一个活动,力争花最深的功夫去研究,用最儿童的方式去表达。2013 年江苏省蓝天杯优质课一等奖、2016 年广东省"一师一优课"省级优课、2017 年教育部"一师一优课"部级优课、2020 年全国青年教师教学大赛特等奖、2021 年全国教师教育信息化教学大赛一等奖、2022 年全国"好课我来上"课例征集特等奖的获得,让我对"三味"语文有了更切实的践行理解。

作为省、市、区三级名师工作室主持人,九年来,我坚持带领成员立足"三味"语文开展课题和课程研究。2015 年以来,相继主持完成"统编教材视域下小学语文文体分类教学实践研究""基于批判性思维培养的小学高年级读写课程开发研究""'基本汉字'与校本课程开发深度融合的实践研究""文体意识关照下的语文教学策略研究""'二十四节气深圳表达'项目式实践研究"等多项国家级、省级、市级课题研究。同时,研发了"熊猫小博士的汉字研究系列""从课本中走出来的苏东坡""你从没见过的鲁迅先生""思维圆桌派""快乐名著+"等多门课程,其中"基本字中的大自然"获广东省课程开发一等奖,"神奇自然"获深圳市"精品课程"。

立足课堂,一体两翼,工作室先后培养了 50 多所学校的 130 多位青年教师成为省、市、区教学骨干,成员获国家级奖项 12 次、省市级奖项 84 次、区级奖项 300 余次。教师成长,学生受益。系列研究对于培养提升学生的核心素养发挥了积极、正面的辐射作用,就像专家评价的那样:"研究了一个课题,开发了一套课程,引领了一个团队,影响了一大批学生。"

把班级理想"种"出来

2023 年 12 月,南湾学校举行了"班级文化建设评比"决赛,作为已有 32 年教龄、27 年班主任工作经历的"老班",我以"把理想种出来"为主题,将一连串的班级文化建设实践故事串连,脱颖而出,一举夺魁。这金奖的获得,是因为我和孩子们一起种下了一棵班级"成长树"。

"乐活班"是我们集体拟定的班名。其设计意图一是关注"时代大背景":乐活是全球兴起的一种健康、绿色、可持续、有活力的生活方式。二是立足"教育小环境":教育就是生活,生活就是教育。班级教育的目标就是让学生身心健康、快乐生活,且具有发展性。它就像一棵小树,一棵向上生长、向下扎根的成长树。在文化建设中,我们对这棵"树"的成长规划越来越清晰,它的根基"两点一向"——"两点":它扎根于《中小学生守则》和南湾学校的"和乐文化";"一向":它的目标指向中国学生发展核心素养——培养全面发展的人。它的树干呈现"三体两美"——三根主枝分别为"生活共同体""学习共同体""实践共同体",内涵指向核心素养的沟通、合作和创新;"各美其美,美美与共"是班级"成长树"的理想。

在文化建设评比决赛答辩环节,我抽到的题目是"谈一谈你在班级文化建设中有什么与众不同的亮点",我以"成长树的'三阶四步进阶'"作为亮点进行了阐述。我们的"三阶四步进阶"是"提升班级文化建设亮点""打造家校共育平台""构建班级特色课程体系"三个维度四步进阶的实践创新,是硬文化和软文化相互促进的结合体,建设思路和成果展示受到专业评委和大众评委的一致好评。

做一位"斜杠班主任",是我一直的坚持和梦想。2013 年,在苏州,我带领全班学生和家长共同参加"超级变变变"比赛,自行创编的节目《好饿的毛毛虫》,从"市长杯"特等奖一路走到了中央少儿频道,当孩子们在央视的舞台上表演时,我觉得他们每一个都光芒四射,成了一只只美丽的小蝴蝶。2022 年,在深圳,北京冬奥会开幕式上,"二十四节气倒计时"短片惊艳全球,学生们因此对节气产生了浓厚的研究兴趣。我就顺势而为,带领学生们展开"二十四节气深圳表达"项目式学习研究,引导学生观察、记录深圳在二十四节气中的物候和气象变化,从而更了解、热爱自己生活的城市,让"来了就是深圳人"真实落地。同时,我还带领学生和家长共同组成"2022 乐活自然探秘小分队",一起参加了"2022 深圳城市自然挑战赛",用自己的脚步丈量深圳,亲近、探索、观察、记录自然。我们这个以班级为单位的团队成为整个活动的亮点,一举获得了深圳市"年度十佳团队""最高人气团队"等多项荣誉。

"我们拥有'别人家的老师'",这是学生在日记中的夸赞;"名师精心育人,适合教育典范",这是家长在赠送锦旗中的表达;"令公桃李满天下,何用堂前更种花",这是同事口中的褒奖。做为班主任,我只想和学生、家长一起种好班级建设这棵"成长树",一起记录、讲好班级成长的进阶故事,在孩子的童年里,把理想"种"出来。

那些感谢的话,写给你们

回忆至此,思绪回到手中这本待完成的小书上。我细细翻阅,看到了自己成长中最重要的三所学校,开封金明、苏州星湾、深圳南湾;看到了三所学校里那些亦师亦友、给我鼓舞、促我成长的良师益友;看到了工作室小伙伴们一起研究、共学、合作的身影与笑靥;看到了送走的十余届学生那一张张个性而稚嫩的可爱脸庞……这些都化为我成长中的点点加持,成为滋养我向上的雨露,最终,成为我生命的重量。

每本书都有自己的一套骨架。这本小书收录了我多年来对小学语文教学和班主任工作的思考,刚开始内容庞杂,从第一版的58万字到第二版的46万字,到最终要达成的目标40万左右,这是一个文字"瘦身"的过程,也是思路梳理逐渐清晰的过程。"三味"语文主要指向语文教学的思考与实践,育人"三味"分享的是在育生、育团队、自我实现方面的做法和感悟。特别感谢韩山师范学院周录祥院长、广东省名教师工作室主持人陈荪老师、深圳市名师工作室主持人王中意老师、南湾学校党总支王书斌书记对拙著的关心与指导;向工作室小伙伴高思宁、林颖、杨淳、陈思、卓文青、龚霞、王春燕、田丽等老师的支持与付出致谢,向南湾学校2019届六4班、2021届五2班积极参加"乐活"班级活动并形成生动图文记录的学生和家长致谢!你们,是我写作的底气。

《如何阅读一本书》中提出"作者是投手,读者是捕手,作品就是来回传递的球",我只是一名真诚的"投手",希望这本书的"捕手"们能从中捕获到让自己有所感悟、有所受益的点滴,足矣。

行文至此,看看日历,今天恰好是雨水节气,降雨开始增多,无声却有力,正是万物生发的好时节。

王凤华

2024年2月19日　雨水